国际工程实务丛书

国际工程承包常用合同手册

左 斌 编著

中国建筑工业出版社

图书在版编目（CIP）数据

国际工程承包常用合同手册/左斌编著. —北京：中国
建筑工业出版社，2013.10
（国际工程实务丛书）
ISBN 978-7-112-15737-2

Ⅰ.①国… Ⅱ.①左… Ⅲ.①国际承包工程-经济合同-
手册 Ⅳ.①F746.18-62

中国版本图书馆CIP数据核字（2013）第192958号

　　本书根据作者十几年来从事国际工程承包业务管理工作的经验，从承包企业的实际出发，以国际工程承包为主线，向读者提供了国际工程承包所需要的常用合同文本。这些合同文本是在遵循菲迪克合同条件的原则下，根据我国际工程承包商的特点编写的，并被实践证明是切实可行的合同范例。本书逐篇阐述了这些合同文本的基本概念、内容、格式以及使用的方法。本书最大的特点是没有通篇泛泛地讲述菲迪克合同条件，而是以国际工程承包商的角度，从实际操作和企业与项目管理的实际出发，介绍合同的使用，侧重于实用性、针对性与可操作性。其中许多合同范本是作者在实践中主持或组织撰写的，并被许多工程实践反复运用。

　　本书可供从事国际工程总承包业务的企业领导和项目经理、技术、商务等管理人员参考使用。

＊　　＊　　＊

责任编辑：封　毅
责任设计：董建平
责任校对：王雪竹　陈晶晶

国际工程实务丛书
国际工程承包常用合同手册
左　斌　编著

＊

中国建筑工业出版社出版、发行（北京西郊百万庄）
各地新华书店、建筑书店经销
北京红光制版公司制版
北京圣夫亚美印刷有限公司印刷

＊

开本：787×1092毫米　1/16　印张：14½　字数：360千字
2014年1月第一版　　2014年1月第一次印刷
定价：48.00元（含光盘）
ISBN 978-7-112-15737-2
（23151）

本书编写委员会

主　编：左　斌

副主编：王鹏飞　张景国

参　编：齐　飞　周　鑫　左莹郁　姚博林

　　　　左莹晶　毕　然　左　军　于秀荣

前　言

在国际工程承包业务中，合同管理是企业管理与项目管理的核心任务，综观我国工程承包企业自 1979 年开拓和进入国际工程市场以来三十多年的历史，在围绕合同的内容或管理上的漏洞，而产生的后果与案例层出不尽。其主要原因是我们不熟悉和没有掌握合同，不会运用合同，更谈不上编制合同了。为此，许多大型建筑承包企业在 20 世纪 80 年代初期到 90 年代末期付出了高昂的学费。正如毛泽东主席所说：错误和挫折教育了我们，使我们变得聪明起来了。进入 21 世纪，随着我国加快实施"走出去"的战略，许多大型建筑承包企业相继以现代企业管理制度为基点，引进和培养了一大批精于国际工程合同的管理专家，建立和完善了一整套国际工程合同的管理制度和体系，不仅能够在国际工程市场上善于投标获取工程项目，并能够与国际上知名承包商同台共舞，取得了良好的经济效益，也获得了许多业主的赞誉。

我在中建菲律宾公司工作期间，一位法国的监理工程师曾经和我说过"合同是圣经"，言外之意就是"合同一字值千金"。其实，仔细回味起来也确实如此，作为国际工程项目的管理者和参与者，如果对合同的理解不深或管理不当，势必徒劳无功，虽然千辛万苦，却不仅不能使项目获得利润，甚至可能达到巨额亏损。因此，学习、研究菲迪克所编制的各类有代表性的、权威性的合同文件，寻找其中的规律性，洞察合同条款中隐含的深层次的含意，才能够在国际工程承包过程中，根据工程项目的实际灵活运用与编写符合实际的合同，或在与业主进行竞争性谈判中提出合同修改的建议，实现和做到依据合同保护自己权益的目的。

本书写作的基本构思是从我国国际工程承包企业的实际应用出发，在通晓和理解国际上最通用、影响最大的菲迪克合同条件的情况下，并以其为基本原则，向从事国际工程承包第一线的各类管理人员，介绍几种常用的、并已经被工程实践证明切实可行的合同范例。这种有针对性、实用性、可操作性的初衷是：便于使用者花费较少的时间，体现"看了就懂，拿来就能用"的基本思想。力图为从事国际工程合同管理的同志们奉献一本有实用价值的工具书。这也是我耳顺之年，最良好的主观愿望。

另外，本书的编写是以国际工程建设与实施的周期为主线，按工程项目的各个阶段所发生或使用的合同顺序来排列和叙述的，以便使同行能更容易、更方便地去理解和使用。还要指出的是，本书最初的书稿是《国际工程承包常用文案手册》内容的一部分，由于《国际工程承包常用文案手册》一书成稿后，篇幅太多，无奈采取了拆分为二而形成的。本书与《国际工程承包常用文案手册》在内容上虽然具有各自的独立性，但是在结构体系上也具有一定的相似之处，对于感兴趣的同行而言，可相互参照使用。

本书在编写过程中，承蒙中建海外部以及中国机械设备工程股份有限公司等单位的同事和朋友们的大力支持和鼎力相助。在此，一并致以衷心的感谢。当这本书奉献给社会时，我和广大同仁一样共同分享这智慧的乳汁。但也深感：本书仅侧重于实际操作层面，深度和广度还很欠缺，难免挂一漏万，甚至还有许多不当乃至谬误，诚恳的期待得到专家、学者及同行的批评与不吝指正。

2013 年 9 月 1 日于北京

目　　录

第一章　基本概念 ……………………………………………………… 1

  1.1　国际工程与国际工程承包 ………………………………………… 1

    1.1.1　国际工程 ……………………………………………………… 1

    1.1.2　国际工程承包 ………………………………………………… 2

  1.2　国际工程承包企业与管理 ………………………………………… 4

    1.2.1　国际工程承包企业 …………………………………………… 4

    1.2.2　国际工程承包企业的管理 …………………………………… 4

  1.3　国际工程承包企业的合同管理 …………………………………… 5

    1.3.1　承包商合同管理的流程 ……………………………………… 5

      1.3.1.1　承包商总部与业主签订的工程合同管理的流程 ……… 5

      1.3.1.2　承包商总部与分包商签署的分包合同管理流程 ……… 6

      1.3.1.3　承包商总部与供应商或厂家签署的采购合同管理流程 … 6

      1.3.1.4　承包商分支机构（事业部或驻外分公司）对外签署的合同管理流程 … 7

      1.3.1.5　承包商企业各职能部门签署的合同管理流程 ………… 7

    1.3.2　承包商合同管理的工作划分 ………………………………… 8

第二章　调研决策 ……………………………………………………… 11

  2.1　概述 …………………………………………………………………… 11

  2.2　合同与协议 ………………………………………………………… 11

    2.2.1　咨询服务合同 ………………………………………………… 11

      2.2.1.1　世界银行的工程咨询合同 …………………………… 17

      2.2.1.2　FIDIC咨询服务合同 ………………………………… 23

    2.2.2　业主/咨询工程师标准服务协议书 ………………………… 31

    2.2.3　咨询服务协议书与技术服务合同 …………………………… 40

    2.2.4　国际工程项目可行性研究合同 ……………………………… 46

第三章　前期工程准备 ………………………………………………… 49

  3.1　概述 …………………………………………………………………… 49

  3.2　合同与协议 ………………………………………………………… 49

    3.2.1　国际工程合同 ………………………………………………… 49

    3.2.2　菲迪克（FIDIC）合同条件 ………………………………… 51

    3.2.3　代理协议 ……………………………………………………… 57

3.2.4 联营协议 ·· 71

3.2.5 合作投标协议 ··· 75

3.2.6 常用的几种合同 ··· 78

　　3.2.6.1 勘察设计合同 ··· 79

　　3.2.6.2 项目管理委托服务合同 ··· 95

　　3.2.6.3 工程监理合同 ··· 133

第四章 工程实施 ··· 149

4.1 概念 ·· 149

4.2 合同与协议 ··· 150

4.2.1 工程保险合同 ··· 150

4.2.2 施工分包合同 ··· 154

4.2.3 国际劳务合同 ··· 181

4.2.4 材料设备采购合同 ·· 188

4.2.5 设备监造委托合同 ·· 202

4.2.6 租赁合同 ·· 208

4.2.7 运输合同 ·· 218

参考文献 ··· 222

第一章 基 本 概 念

1.1 国际工程与国际工程承包

1.1.1 国际工程

国际工程是指参与工程建设的主体来自不同的国家，并且按照国际上通用的工程管理的理念、方式与方法（也称国际惯例）进行管理的工程。即面向或通过国际性公开招标投标竞争进行发包承建的工程项目。根据国际金融组织的规定及国际惯例，凡是利用国际金融组织的贷款、各国政府之间的赠款或优惠贷款作为建设资金的工程项目，都必须进行国际性的公开招标（或议标），通过公开的投标报价竞争，选定中标单位，并签订施工承包合同。从而，使该国际工程项目进入工程实施阶段。并在中标单位（国际工程承包商）的努力下，完成工程施工与竣工验收任务，达到交付业主使用，实现正式的生产运营。

按照国际工程的内容与工作范围，国际工程的参与主体详见表 1-1。

国际工程的参与主体一览表　　　　　　　　　　表 1-1

序号	名　称	职责与业务范围	备　注
1	业主（或称发包人）	业主（或发包人）是工程项目的投资决策者、资金筹集者、项目实施组织者（常常也是项目的产权所有者）	业主正式授权任命的代表人称业主代表
2	承包人/总承包商	承包人通常指承担工程项目施工及设备采购的公司或其联合体。 总承包商是指与业主签订合同，将整个工程或其中一个阶段的工作全部承包下来的公司和联合体。总承包商可以分为施工总承包商；设计—建造总承包商；EPC 交钥匙总承包商；设计、建造及运营总承包商和管理总承包商	
3	工程师/建筑师	工程师是指为委托人（业主）提供有偿的技术与管理服务，对某一工程项目实施全方位的监督、检查和协调工作的专业工程师。其主要服务内容一般包括：项目的投资机会研究与可行性研究、工程各阶段的设计、招标文件的编制、施工阶段的监理、竣工验收、试车和培训、项目后评价以及各类专题咨询。 建筑师是指按合同规定的拥有建筑师专业注册资格的个人或实体，是工程项目的设计者。AIA 合同文件中规定建筑师不仅是工程项目的设计者，也是受业主委托的项目管理负责人。但是，在美国的工程项目中，建筑师首要的职责是工程设计任务	在我国通常指承担规划、设计以及承担工程监理业务的公司
4	分包商	分包商是指那些直接与承包人签订合同，分担一部分承包人与发包人签订合同中的任务的公司	分包商一般为专业公司或劳务公司
5	供应商	供应商是指为工程实施提供工程设备、材料和建筑机械的公司和厂商	

序号	名　称	职责与业务范围	备　注
6	工料测量师	工料测量师是英国、英联邦国家以及香港地区对工程经济管理人员的称谓。在美国叫造价工程师或成本咨询工程师，在日本的称谓是建筑测量师。主要任务是为委托人（一般是发包人，也可以是承包人）进行工程造价管理，协助委托人将工程成本控制在预定目标之内	在我国通常指造价师事务所或造价咨询公司
7	管理承包商	项目管理承包是近几年发展起来的一种项目模式，是业主通过招标或委托方式聘请有实力的项目管理承包商（或咨询公司），对项目的全过程进行集约化的管理。其管理的内容和工作范围由项目管理咨询合同确定	

1.1.2　国际工程承包

国际工程承包是一国企业跨国承揽设计、建造或经营工程项目的经济活动，是国际商品交换、跨国资本输出和输入的必然产物。它是一国企业跨国输出技术、设备材料、劳务以及资本的重要载体，是国际经济技术合作的主要方式之一。

在国际工程承包中，发包人与承包人通过相互之间的这种经济合作关系，以招标、投标、议标或其他协商途径，由国际工程承包人（简称承包商或公司）以提供自己的技术、资本、劳务、管理、设备材料、许可权等方式，按发包人（简称业主）的要求，为其营造工程项目或从事其他有关的经济活动，并按事先商定的合同条件收取费用的国际经济技术合作的方式。国际工程承包既是一种综合性的国际经济合作方式，也是国际技术贸易的一种方式。之所以将这种方式作为国际技术贸易的一种方式，是因为国际承包工程项目建设过程中，包含有大量的技术转让内容，特别是项目建设的后期，承包人要培训业主的技术与劳务人员，提供所需的技术知识（专利技术、专有技术），以保证项目的正常运行。

国际工程承包业务的范围包括：建筑项目的咨询，工程设计、技术转让等技术服务；材料、设备的采购、能源的供应或资金的供给；工程施工、设备安装、试车；人员培训（使业主今后能管理工程，也有施工中培训）；建成项目的运营管理、技术指导、供销等。

在我国通常也将国际工程承包项目称为对外承包工程项目，对外承包工程项目是指依法取得中国政府批准的对外承包工程资格的企业或其他单位，承包境外建设工程项目，包括咨询、勘察、设计、监理、招标、造价、采购、施工、安装、调试、运营、管理等活动。

国际工程项目承包的方式，如表1-2所示。

其中：国际工程总承包的方式和以投、融资方式承包国际工程已经成为主要的方式和发展趋势。

（1）国际工程总承包

国际工程总承包是指从事工程总承包的企业（以下简称工程总承包企业）受业主的委托，按照合同约定对工程项目的勘察、设计、采购、施工、竣工验收、试运行（保修期满）等实行全过程或若干阶段的承包。工程总承包企业按照合同约定对工程项目的质量、工期、造价等向业主负责。工程总承包企业可依法将所承包工程中的部分工作发包给具有相应资质的分包企业；分包企业按照分包合同的约定对总承包企业负责。工程总承包的具体方式、工作内容和责任等，由业主与工程总承包企业在合同中约定。工程总承包主要有如下方式：

①设计、采购、施工（EPC）/交钥匙总承包

设计、采购、施工总承包是指工程总承包企业按照合同约定，承担工程项目的设计、采购、施工、试运行服务等工作，并对承包工程的质量、安全、工期、造价全面负责。交钥匙总承包是设计、采购、施工总承包业务和责任的延伸，最终是向业主提交一个满足使用功能、具备使用条件的工程项目。

②设计—施工总承包（D—B）

设计—施工总承包是指工程总承包企业按照合同约定，承担工程项目设计和施工，并对承包工程的质量、安全、工期、造价全面负责。根据工程项目的不同规模、类型和业主要求，工程总承包还可采用设计—采购总承包（E—P）、采购—施工总承包（P—C）等方式。

（2）投融资方式承包国际工程

近年来随着国际工程承包市场的变化，承包商以投融资方式承包国际工程已经成为一种趋势。该承包方式主要是将发包方式与资金来源紧密相结合。如图 1-1 所示。

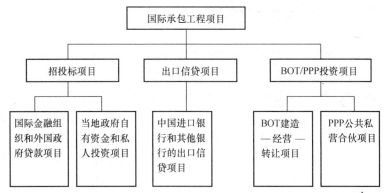

图 1-1　国际工程项目的承包方式（按发包方式与资金来源分类）

综上所述，由国际工程承包的概念与项目分类可见：国际工程承包项目内容复杂广泛；工程周期长、风险大 ；对项目的管理水平要求比较高；是典型的国际服务贸易。

国际工程承包方式一览表　　　　　　　　　　　　　　　　　　　　表 1-2

序号	承包方式	工作任务	备　注
1	单独承包	承包商（或公司）从外国业主那里独立承包某项工程。承包商（或公司）对整个工程项目负责，工程竣工后，经业主验收才结束整个承包活动。工程建设所需的材料、设备、劳动力、临时设施等全部由承包商（或公司）负责	
2	总承包	总承包是指一家承包商（或公司）总揽承包某项国际工程，并对整个工程负全部责任。但是它可以将部分工程分包给其他专业承包商（或公司），该分包商只对总承包商（或公司）负责，而不与业主直接发生关系，这是国际工程承包中普遍采用总承包的方式	
3	联合承包	几家承包商（或公司）根据各自所长，联合承包一项国际工程。各自负责所承包的那部分建设任务，并各自独立向业主负责	

1.2 国际工程承包企业与管理

1.2.1 国际工程承包企业

国际工程承包企业通常是指在国际工程承包市场上，竞争性招标的中标人，也称国际工程承包商。在我国通常指依法取得中国政府批准的对外承包工程资格、具有承包和完成境外建设工程项目，包括咨询、勘察、设计、监理、招标、造价、采购、施工、安装、调试、运营、管理等经营活动能力的企业法人或其他单位。国际工程承包企业是实施国际工程承包合同的主体和基本力量，负责工程项目施工建设以及在缺陷责任期届满以前的全部工作。

在我国许多承担国际承包业务的大型工程承包企业，为了适应国际工程实施的需要都建立了承包商总部——事业部（或称国际工程公司）——驻外分支机构（或称分公司）——项目部的四个层次的组织机构与体系。本书除特殊说明外，所叙述的国际工程承包业务，就是按照这一组织机构与体系展开的。

1.2.2 国际工程承包企业的管理

国际工程承包企业的管理是对国际工程承包企业的生产经营活动进行计划、组织、指挥、协调和控制等一系列职能的总称。而国际工程项目管理是在一定的、有限的资源条件约束下，运用系统的观点、方法和理论，对项目涉及的全部工作进行有效地管理，以最优地实现建设工程项目目标为目的，按照其内在的逻辑规律对工程项目从投资决策到项目结束的全过程进行有效的计划、组织、协调、控制、监督和评价的系统管理活动。

因此，国际工程承包企业的管理与国际工程项目管理的特征、范围也完全不同，两者的区别见表 1-3 所示。

国际工程承包企业管理与国际工程项目管理区别一览表　　　　　表 1-3

序号	区别名目	国际工程承包企业管理	国际工程项目管理	备　注
1	管理对象	企业管理的对象是一个持续稳定的经济实体，即企业	项目管理的对象是一个具体的一次性活动的工程项目	
2	管理目标	企业管理的目标则是以持续稳定的利润为目标，其目标是长远的、稳定的	项目管理具有明确的项目目标（进度、质量、造价）和时间限定等较强的约束条件，具有管理的一次性、单件的独特性、目标确定性、活动整体性、组织的临时性和开放性以及成果的不可挽回性特征	
3	管理内容	企业管理则是一种实体型管理，包括企业发展过程的全部业务管理和行为管理的工作内容	项目管理是一种任务型的管理，是以该项目任务的完成为目标的一个项目生命周期内的全过程的业务与行为的综合性管理	设计、施工总承包企业，就是适应工程项目管理的范围与内容的产物
4	实施主体	企业管理实施的主体仅是企业自身	项目管理实施的主体是项目管理者（即项目经理），同时具有参与的多元性与多方面	
5	运行规律	企业管理的规律性是以现代企业制度和企业经济活动内在规律为基础的	项目管理的规律性是以项目发展周期和项目内在规律为基础的	

1.3 国际工程承包企业的合同管理

国际工程合同的形式与分类有许多方法，一般都按工作内容分为工程咨询服务合同（含勘察合同、设计合同、监理合同等）、工程合同（或称主合同）、分包合同、货物采购合同等。由于本书阐述的主题和内容是国际工程承包，即：是从承包商的角度研究和阐述国际工程合同，这种方式和许多教科书或叙述菲迪克合同的书籍有显著的区别。其不同点在于：研究问题的出发点不同，是基于国际工程承包企业的合同管理是以工程项目的合同管理为核心展开的，按着企业合同主体资格、管理权限将合同分为：承包商总部与业主签署的工程合同（或称主合同）；与分包商签署的分包合同；与供应商或厂家签署的采购合同；承包商分支机构（事业部或驻外分公司）对外签署的合同；承包商企业各职能部门签署的对外合同。

1.3.1 承包商合同管理的流程

1.3.1.1 承包商总部与业主签订的工程合同管理的流程

工作过程	工作内容	工作输入	工作职责	工作输出
合同草拟	业主未提供合同文本时，应根据现行公司标准合同文本草拟专用条款	公司标准合同文本招标文件/投标文件法律法规等	主办：合约估算板块/合约法律部 协办：业务开拓板块	合同文本（初稿）
合同评审与会签	根据评审会签意见，由总部合约负责人对合同进行修改完善	合同文本（初稿）其他信息等	主办：合约估算板块 参加：合约法律部/财务部/其他相关部门	合同评审记录 合同审批会签单 合同文本（修订稿）
签定合同	根据《工程合同授权管理规定》规定相应授权人按联签原则签署	合同文本（修订稿）工程合同授权规定	签定：相应授权人	合同文本
合同文本保存与传递	合约估算板块将合同正本交合约法律部保存，并负责合同副本的传递	合同文本	主办：合约法律部 协办：合约估算板块/财务部/项目	发文登记表 合同文本（副本/复印件）
合同交底	将合同主要条款向相关人员交底	合同主要条款有关要求等	主办：合约估算板块/合约法律部 协办：项目/公司相关人员	合同交底记录
合同变更	当设计变更、工程变更、洽商内容超出合同约定工程范围和造价范围时，应组织评审，并经原批准人批准。再次交底	工程变更、洽商记录；合同承包范围；工期要求等	主办：项目合约商务经理 协办：合约估算板块/事业部主管副总/合约法律部 批准：原合同批准人	合同变更评审表 合同变更后的条款补充协议

1.3.1.2 承包商总部与分包商签署的分包合同管理流程

工作过程	工作内容	工作输入	工作职责	工作输出
合同草拟	应根据现行公司标准合同文本结合项目实际情况草拟	公司标准合同文本招标文件/投标文件法律法规等	主办：总部合约商务经理/项目合约商务经理	合同文本（初稿）
合同评审与会签	根据评审会签意见，由总部合约商务经理对合同进行修改完善	合同文本（初稿）其他信息等	主办：合约估算板块/项目合约商务经理参加：合约法律部/财务部/合约估算板块/项目管理板块(项目经理)	合同评审记录合同审批会签单合同文本（修订稿）
签定合同	根据《工程合同授权管理规定》规定相应授权人按联签原则签署	合同文本（修订稿）工程合同授权规定	签定：相应授权人	合同文本
合同文本保存与传递	合约估算板块将合同正本交合约法律部保存，并负责合同副本的传递	合同文本	正本：合约法律部副本：财务部/合约估算板块/项目	发文登记表合同文本（副本/复印件）
合同交底	将合同主要条款向相关人员交底	合同主要条款有关要求等	主办：合约估算板块/项目合约商务经理	合同交底记录

1.3.1.3 承包商总部与供应商或厂家签署的采购合同管理流程

工作过程	工作内容	工作输入	工作职责	工作输出
合同草拟	应根据现行公司标准合同文本结合实际采购、租赁情况草拟	公司标准合同文本招标文件/投标文件法律法规等	主办：采购中心/合约法律部	合同文本（初稿）
合同评审与会签	根据评审会签意见，对合同进行修改完善	合同文本（初稿）其他信息等	主办：采购中心/项目参加：合约法律部/财务部/合约估算板块/项目经理	合同评审记录合同审批会签单合同文本（修订稿）
签定合同	根据《工程合同授权管理规定》规定相应授权人按联签原则签署	合同文本（修订稿）工程合同授权规定	签定：相应授权人	合同文本
合同文本保存与传递	采购中心将合同正本交合约法律部保存，并负责合同副本的传递	合同文本	正本：合约法律部副本：采购中心/财务部/合约估算板块	发文登记表合同文本（副本/复印件）
合同交底	将合同主要条款向相关人员交底	合同主要条款有关要求等	主办：采购中心参加：项目合约商务经理/现场经理等	合同交底记录

1.3.1.4　承包商分支机构（事业部或驻外分公司）对外签署的合同管理流程

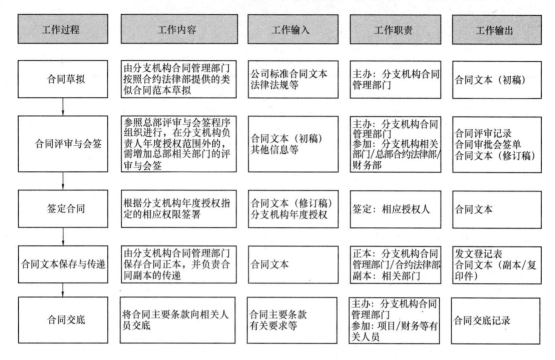

1.3.1.5　承包商企业各职能部门签署的合同管理流程

1.3.2 承包商合同管理的工作划分

承包商合同管理的工作划分如表1-4~表1-8所示。

主合同工作划分 表1-4

合同类别	阶段	公司事业部总经理/副总经理	业务(地区、专业)开拓板块	项目管理	市场营销	合约估算	公司本部职能部门	项目
工程主合同	合同草拟	按照授权批准	组织		协办	主办	重大项目合约法律部主办	
	合同谈判		组织		主办	协办	合约法律部配合	协办
	评审与会签		组织			主办	合约法律部、财务资金部、技术中心、其他相关部门参加	
	合同签订	主办				协办		
	合同用印					主办	合约法律部协办	
	合同文本传递						合约法律部主办	
	合同交底					主办	公司相关部门协办	协办
	合同变更	按照授权批准				协办	合约法律部协办	主办
	合同存档					协办	合约法律部主办	

分包合同工作划分 表1-5

合同类别	阶段	公司事业部总经理/副总经理	业务(地区、专业)开拓板块	项目管理	市场营销	合约估算	公司本部职能部门	项目
工程分包合同	合同草拟					主办		主办
	评审与会签			协办		主办	合约法律部、财务资金部等协办	主办
	合同签订	按照授权批准				主办		主办
	合同用印					主办	合约法律部协办	主办
	合同变更	按照授权批准				协办	协办	主办
	合同存档					协办	合约法律部主办	

物资与设备采购合同工作划分表 表1-6

合同类别	阶段	公司本部职能部门			项目
		采购中心	合约法律部	财务资金部	
物资与设备采购合同	供应商的选择	主办			主办
	合同草拟	主办			主办
	评审与会签	主办	参加	参加	主办
	合同签订	协办			协办
	合同用印	主办	协办		主办
	合同变更	主办			主办
	合同存档	主办	主办		协办

公司各职能部门业务合同工作划分　　　　　　　表1-7

合同类别	阶　段	公司本部职能部门		
		合约法律部	财务资金部	职能部门
职能部门合同	合同草拟	主办		主办
	评审与会签	参加	参加	主办
	合同签订	协办		主办
	合同用印	协办		主办
	合同存档	主办		

分支机构（事业部或驻外分公司）合同工作划分　　　　表1-8

合同类别	阶　段	分支机构（驻外分公司）管理部门		公司本部职能部门		事业部总经理/副总经理/分支机构总经理
		合同管理部门	其他相关部门	合约法律部	财务资金部	
分支机构合同	合同草拟	主办	协办	协办		组织
	评审与会签	主办	参加	参加	参加	
	合同签订	协办				按照授权签署
	合同用印	主办		协办		
	合同变更	主办	协办			按照授权批准
	合同文本存档	主送		主办		

　　需要指出的是承包商在合同管理中，通常都使用相关管理的表格，主要有《合同评审记录》、《合同审批会签单》、《合同变更审批会签单》等。

　　同时，为了便于使用，本书没有泛泛地介绍菲迪克合同条件，而以国际工程项目按生命周期所形成的各个阶段为主线，阐述各个阶段内承包商经常使用的合同（或协议）的格式与内容，使本书更具有实用性和可操作性。从国际工程项目各阶段按建设周期所发生的事件节点与时间顺序（如图1-2所示）可见，国际工程合同使用与发生贯穿与整个工程项目建设周期内的各个阶段，其中项目调研决策阶段；项目前期准备阶段；项目实施阶段居多，而项目试生产及竣工验收阶段几乎为零。本书将重点叙述项目调研决策阶段；项目前期准备阶段；项目实施阶段承包商所使用的合同（或协议）名称、内容与格式以及使用的方法等内容。

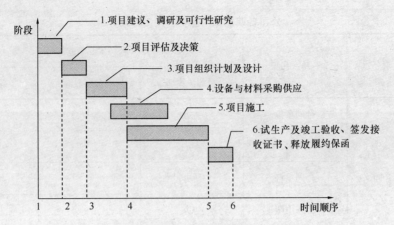

图中，按时间顺序的节点描述如下：

1~3为项目调研决策阶段。其中：1节点为项目建议书的提出；2节点为可行性研究报告提出；3节点为计划任务书下达。

3~4为项目前期准备阶段。其中：4节点为开工令下达。

4~5为项目实施阶段。其中：5节点为竣工验收。

5~6为项目试生产及竣工验收阶段。其中：6节点为项目试生产及竣工验收合格。

图1-2　国际工程项目各阶段示意图

第二章 调 研 决 策

2.1 概 述

项目调研决策阶段的主要目标是：通过调查研究，对国际工程的市场以及项目建设的可行性、必要性等战略目标，从技术上、经济上，宏观与微观的角度，进行科学的论证和多方案的评估。经过国际工程承包商领导层决策批准后，下达项目任务书。这一阶段虽然工作量不大，但在国际工程项目周期中确是极为重要的，它是企业战略方向与国际工程项目效益选择的决定性、关键性的环节，具有决定性的作用。通常该阶段的工作节点从提出《市场调研计划书》开始，到《可行性研究报告》通过论证，企业下达《项目任务书》终结。一般情况下所称的国际工程管理，则不包括项目调研决策阶段，而仅包括项目前期准备阶段；项目实施阶段和项目试生产及竣工验收阶段。

项目调研决策阶段工作实施的模式如表 2-1 所示。

项目调研决策阶段工作实施的模式一览表 表 2-1

序号	工作模式	定 义	适用条件	备 注
1	企业团队型	调查研究与项目可行性研究的业务由国际工程承包企业内部团队来完成，此类业务模式也称为团队内业型	企业从事国际工程承包的时间较长，有成熟的管理团队、丰富的海外工程经验和成功的国际工程项目调研与可行性研究的案例	
2	业务外包型	将调查研究与项目可行性研究的业务，以合同的形式，委托国际工程咨询顾问公司或咨询工程师来完成	企业从事国际工程承包的时间较短，没有成熟的管理团队和海外工程经验，没有国际工程项目调研与可行性研究的能力，首次进行项目拓展	

国际工程项目调研决策阶段承包商使用的合同与协议主要是咨询服务类合同，本章则重点介绍世界银行的工程咨询合同、FIDIC 咨询服务合同等。

2.2 合 同 与 协 议

2.2.1 咨询服务合同

【基本概念】
1. 定义

咨询服务是以信息为基础，依靠专家的知识、经验和技能对委托人委托的技术、经济、法律等问题进行分析和研究，提出建议、方案和措施，并在需要时协助实施的一种高层次、智力密集型的服务。咨询服务也是指相关专家或咨询机构付出智力劳动获取回报的过程，是一种有偿服务的知识性商品。它的特点是人才和智力的密集性，也就是说咨询专业人员提供的服务对整个工程项目的质量、工期和成本有着极为重要的影响力，因此，委托人选择咨询专业人员的原则不同于选择承包商的原则，首先考虑的不是价格因素，而咨询人员的专业技术水平、经验与能力才是影响委托人选择的决定性因素。

近年来，在国际工程承包市场上咨询服务业发展很快，市场对咨询服务的需求范围越来越广泛，涵盖了与工程建设相关的政策与技术建议、机构改革、项目管理、勘察设计、工程与技术服务、施工监理、法律、财务、采购、社会和环境研究等各个方面。能够提供咨询服务的，既有各种咨询机构或顾问公司，也有各个专业的专家、学者与咨询工程师。

在国际工程承包市场上，从事国际工程咨询服务的专家或工程咨询专业人员一般称为"咨询工程师"，但在世界银行的相关文件中，中译文本的习惯译法，称为"咨询顾问"。

2. 国际咨询服务合同的类型

国际咨询服务合同可以按不同的标准进行分类，按照工作内容大体上可分为以下几类：

（1）咨询合同

咨询合同是指供方以其拥有的技术知识和经验向受方提供咨询意见、建议方案或具体服务，而由受方接受咨询意见、建议方案或具体服务并支付报酬（咨询费）的协议。咨询服务所提供的服务范围很广，涉及工业、农业、矿业、商业、邮电通信、交通运输、桥梁工程等方面，内容也相当复杂。根据咨询合同的工作范围和内容，咨询合同一般可分为：

① 工程咨询合同

如工程的规划和设计、可行性研究、技术方案与施工技术等以及设备选购、工程建设项目的管理服务等。工程咨询服务合同按照工作内容分类，又可以分为投资前咨询、勘察、设计、施工监理、后评价等。

② 管理咨询合同

它是指有关企业经营管理、生产管理和销售管理等方面的咨询，其范围包括发展规划、可行性研究、机构设置、人员配备、经济和财务分析以及各种管理制度和办法等。

③ 技术咨询合同

有些专门技术比较复杂，不易了解和掌握，因此，需要通过专业技术力量强和经验丰富的咨询公司来解决某些有关技术方面的疑难问题，听取其意见和建议。这样做有利于减少风险、防止浪费和提高效益。

以上三种合同咨询业务，其服务方式都是供方向受方提供技术方面的知识、经验和意见。

（2）承担和进行可行性研究，制订计划或方案，进行设计、制图等技术服务项目的合同在这类合同中，受方应向供方或其派遣的专家提出项目应当达到的技术经济指标，并提供供方为完成工作任务所必需的资料与数据，其中包括水文地质资料、地图、交通运输条件、主要建筑物和设备的情况、原材料、能源、供水情况、职工和技术力量状况等。如果是分担部分设计，双方要相互提供有关资料，协调工作进度，明确双方相互提供资料的内容、数量和时间。技术服务应保证符合双方约定的要求，如达不到规定的技术经济指标时，应由供方予以补救。对于工程设计人的设计方案应由双方约定的审定办法予以审定。

（3）提供技术情报和资料的合同

这是指由供方在一定期限内通过一定方式，向受方提供普通技术资料或情报，受方取得供方提供的资料或情报，并支付约定费用的合同。

（4）提供监理服务的合同

这是由供方负责为受方对外承包的建筑施工或工程设计进行监督检验的合同。监理工程师除具有对施工中的工期、质量、成本进行控制的权利外，还有权参加所监理项目招标文件的审查及参与开标、评价和书面合同的签订，同时具有签发开工、付款凭证及下达停工、返工指令的权利。

（5）技术培训合同

这是指供方为受方指定的人员进行技术培养和训练，使之达到约定的技术水平，并收取培训费用的合同。供方对受方人员进行技术培训通常有两种方式：

① 派遣专家或技术人员到受方的合同工厂传授技术知识、指导实际操作、进行现场培训；

② 受方将自己的技术人员派往供方的工厂、车间、实验室等场所，在供方的专家或技术人员指导下进行实习培训。

3. 国际咨询服务合同的特点

（1）国际咨询服务合同是双务、有偿、诺成的合同。

（2）根据国际咨询服务合同，双方当事人的基本权利和义务是，供方以其掌握科学技术知识的劳动力为受方完成一定工作任务，提供咨询意见，如进行项目可行性研究、进行工程设计、提出工程计划、编制施工方案、派遣专家指导施工生产、培训技术、经济与管理人员、就企业工程建设的质量控制和项目管理提供咨询意见，并按约定获取报酬。受方按照合同规定检查验收，取得供方所提供的工作成果，接受咨询意见，并付给约定的报酬。

（3）供方所提供的是某种技术知识性的劳务，而这里所指的"技术"是指既不具有工业产权的技术，又不具有保密性的技术，它是发明专利技术、实用新型专利技术、外观设计专利技术和专有技术以外的技术。

4. 国际工程咨询服务合同

（1）定义

国际工程咨询服务合同是指一方当事人用自己的智力劳务，跨越国界地为另一方当事人完成一定的工作任务，或者跨越国界地派遣专家或以书面方式向另一方当事人提供咨询意见，并收取报酬；另一方当事人接受工作成果或者取得咨询意见并付给报酬的书面协议。

（2）内容

在国际工程咨询服务市场中，常见的国际工程咨询服务合同的内容主要包括以下几个方面：

① 投资前研究

投资前研究是指在确定项目之前进行的调查研究。其目的在于确定投资的优先性和投资的基本原则与方针，明确项目的基本特性及其可行性。

② 准备性服务

准备性服务是指明确项目内容和准备实施项目所需要的技术、经济和其他方面的工作，通常包括：编制详细的投资概算和营运费用概算、工程设计、编制交钥匙工程合同的实施规范以及土建/安装工程和设备的招标采购文件等。另外还包括与编制设备、材料的采购文件等有关的服务，如保险要求的确定，专利人和承包（分包）商的资格预审，参与评标，分析投标书并且提出评标建议等。

③ 执行服务

执行服务是指项目管理或设计、施工监理，包括合同管理、进度管理、质量管理、造价管理以及协调工作等管理与技术性服务。

④ 技术援助

技术援助服务涉及为国际金融机构的借款人提供开发计划、行业规划和机构建设等服务以及工程建设中出现的紧急技术、经济情况的鉴定预处理以及包括组织和管理方面的研究。

（3）类型

一般情况下，国际工程咨询市场则是以咨询服务费的支付方式来划分咨询服务合同的类型，通常可以分为如下几种：

① 总价合同

总价合同是委托人和咨询专家针对一项咨询任务协商确定一揽子付费的合同方式，常用于项目的工作范围和工作量十分明确的服务。例如：详细工程设计任务。这种计费的内容包括工资、管理费、非工资性费用、不可预见费、投资资本的利息补偿、服务态度奖励和一定数额的利润。

对某些项目的有关设计方面的服务可以采用总价法计费，也可以利用估算项目施工造价的百分比来计算费用额度，我国国内工程咨询业经常采取后一种做法。

采用总价的工程咨询服务合同应明确说明提供服务的具体时间期限，以及由于咨询专家无法控制的原因而耽搁时间如何补偿调整的规定。

总价合同的支付方式是：在咨询服务期间，一般按议定的时间表定期（通常是每月一次）向咨询专家支付报酬，每次支付的数额一般根据咨询专家完成的工作量计算。

② 计时制合同

计时制合同的价格计算包括下列两种方法。

a. 人月费单价法

人月费单价法是国际工程咨询中最常用、最基本的以时间为基础的计费方法，它通常是按酬金加上其他非工资性开支（即可报销费用）来计算的。

酬金是指人月费单价，主要包括工资、社会福利费、上级（企业）管理费、利润、特别津贴，这五项费用总计求和即得出人月费率。

以高级咨询专家为例，不同类型的国家和地区的人月费率取值范围大致如下：

发达国家：15000～25000 美元

较发达国家：9000～15000 美元

发展中国家：2000～8000 美元

可报销费用是指在执行项目期间发生的、可以据实报销的费用，是未包括在公司正常管理费中的直接成本。如：国际旅费及其他旅行开支和津贴、通信费用、各种资料的编制、复印和运输、办公设备用品费用等。

不可预见费是为了解决不可预见的工作量的增加和由于价格调整而发生的费用上涨。该项费用通常取酬金和可报销费用之和的 5%～15%。

对于工程咨询服务期限超过一年的工程咨询合同，人月费率和可报销费用应规定每年作一定幅度的价格调整。这类计费方法广泛用于一般性的项目计划和可行性研究、工程设计和施工监理以及技术援助任务。

b. 按日计费法

按日计费法也是一种以时间为基础的计费方法。这是按咨询人员工作时间（日数）计费的方法。"按日"是指以一天工作 8 小时为一日来计算天数。

采用按日计费法时，咨询人员为该项工作付出的所有时间，包括旅行和等候时间。都应作为有效工作日计算。咨询人员出差时发生的旅费、食宿费和其他杂费由委托人直接补偿，这些直接费用不包括在按每日费率计算的报价里。

由个人直接提供服务的工作通常用按日计费的方法计费。这种方法特别适合管理咨询、专家论证、其他由个人单独提供服务或间断性工作等类型的报酬计算，如 DAB 专家的报酬，一般除了每月支付的少许固定工资外，去现场调解争议所花费的全部时间（包括来往路途时间及在现场工作的时间）均按日计费，而旅费、食宿费等也由委托人另行支付。

按日计费法中每日费率与咨询服务项目的重要性、风险性和复杂程度有关，也与咨询工程师的专业水准、资历和工作经验有关。咨询工程师被要求出席有关活动时。其服务费应按出席有关活动的全天计算。当需要加班工作时，咨询工程师应与委托人协商达成一致，相应地提高日计费的费率。

国际上一些咨询公司的高级咨询专家的每日费率在 600 美元到 1500 美元之间，另外再加上直接费用。其他各类人员的平均费率大约是公司高级专家费率的 75%。

③ 成本加固定酬金合同

成本加固定酬金是在对咨询专家为完成项目任务提供的所有服务和投入用品的费用给予补偿的基础上，再加一笔固定酬金的方法来计算费用。成本包括以下三项费用：

工资性费用，即基本工资和各种社会福利。

上级（企业）管理费，与人月费率中的上级（企业）管理费内容相同。

可报销费用，与人月费率中的可报销费用内容相同。

固定酬金是一笔用于补偿咨询专家的不可预见费、投资资本的利息、服务态度奖励和利润的费用。

使用成本加固定酬金收费的前提是：工作范围、成本估算和固定酬金已在委托人与咨询专家之间的协议中加以明确。在协议条款中还应补充说明，如果咨询服务工作量发生了重大改变时，应重新协商固定酬金。

固定酬金的数额大小依据服务的范围和复杂程度不同而异。一般以成本费用的百分比来计算，它至少要占成本费用的 15%～20%，固定酬金与项目的施工造价没有直接关系。

采用这种工程咨询服务合同，应规定补偿一切会发生的与项目直接或间接有关的费用，项目费用中可补偿部分的清单应尽可能完整详细。

④ 百分比合同

百分比合同是按工程建设总费用的百分比来计算咨询专家费用的合同，广泛用于比较标准化项目的规划、设计服务、拟建项目中有关的各种非标准设备的制图、规格制定和其他合同文件等咨询服务。

表 2-2 给出了国际工程咨询项目实施中总结出来的费用估算的经验数据，可供采用这种方法计费报价时参考。

服务费占工程造价的百分比估算经验数据表

表 2-2

咨询服务项目名称	服务费占工程造价的百分比（%）	备 注
一、基础设施类项目：		
可行性研究	0.5～2	
详细设计	3～6	
二、建筑业		
建筑设计或项目管理	3～5	
三、工业项目		
可行性研究	3～5	
概念设计	1～3	
详细设计或施工监理	8～12	
四、采购服务		
采购服务	采购货物成本的 1～5	

⑤ 顾问费合同

当委托人希望确保在某一时间内随时要求某个咨询工程师或咨询公司提供咨询服务时，可以采用顾问费的方式计算咨询服务费。计价也是以时间为基础，但不是按单价，而是一揽子确定的。此种计费方式用于持续时间较长的诉讼活动，或时断时续的工作，如业务开发。

顾问费的数额与工程咨询服务的性质和价值有关，也与咨询专家的经验、专业知识和技术水平有关。顾问费的支付方式可以按月支付，也可以按双方事先商定的其他方式支付。

此类合同还有一种变形，即顾问费加成功费合同。当咨询专家为某项工作提供咨询服务，并且该项工作的成功与否和咨询专家的参与有直接关系时，常采用这种合同。酬金中的成功费通常为咨询项目的价格的一定百分比。

虽然上述各类国际工程咨询服务合同在实践中都存在，但最常用的主要是计时制和总价合同两种类型。

【内容与格式】

根据国际惯例，国际工程咨询服务合同的内容与格式，通常由下列几部分构成：

1. 合同格式或协议书

2. 合同的通用条件

合同的通用条件主要约定双方的权利和义务，具体包括关键术语的定义，服务内容，适用的法律和语言，沟通管理，服务的开始、执行、调整和终止，费用支付以及争议的解决等。

3. 合同的专用条件

合同的专用条件主要是对通用条件的具体化、修改和补充。

4. 各类附件

附件的数量取决于咨询工作的性质和复杂程度，一般有工作大纲或服务范围；关键咨询人员的简历以及拟参与本项目的工作时间；委托人为咨询专家提供的各类便利条件；咨询费用的分解等。

【文案范例】

在国际工程承包领域和国际工程咨询服务业，世界银行以时间为基础的咨询任务和总价包干的咨询任务两种标准的工程咨询合同以及 FIDIC 的咨询服务合同（简称白皮书）得到了广泛的应用。在实际工作中，委托人常常使用世界银行和 FIDIC 的咨询服务合同范本稍加修改后，就可以适用于大多数工程咨询服务项目。为此，由于篇幅的原因，本节简要地介绍世界银行的咨询服务合同范本以及 FIDIC 的"白皮书"。

2.2.1.1 世界银行的工程咨询合同

世界银行制定的工程咨询服务合同有两套：一套用于合同额超过二十万美元的复杂咨询工作；另一套用于合同额为二十万或低于二十万美元的简单咨询工作。每套合同又按计价方式不同分为基于时间支付的合同和总价支付合同。这些合同格式所适用的情况均在其前言中说明。总价支付合同多用于以质量和费用为基础的选择方法、固定预算的选择方法、最低费用选择方法；而基于时间支付的合同则多用于以质量为基础的选择方法。

下面主要以基于时间支付的咨询服务合同（2008 年修订版）为例介绍合同内容。

基于时间支付的咨询服务合同共包括四方面的内容：合同格式、通用条件、专用条件及合同附件。

（一）合同格式

1. 合同封面

标准的封页应说明咨询服务项目名称、委托人和咨询顾问正式名称及合同签订日期。

2. 合同格式

用法律性文字简明地概述双方签约日期、资金来源、合同包含的全部文件、合同双方应承担的义务和权利，最后是合同双方授权代表签字。如果聘请的咨询顾问不止一家，那么所有公司的授权代表都需在此签字。

全部合同文件的组成部分包括：

（1）合同的通用条件

（2）合同的专用条件

（3）附录：

附录 A：服务综述

附录 B：报告要求

附录 C：人员和分包咨询顾问——关键人员时间

附录 D：外汇成本估算

附录 E：当地货币成本估算

附录 F：委托人的责任

附录 G：预付款保函

（二）合同通用条件

通用条件共包括八条，每条又包括若干子款，下面依次介绍每个条款的内容。

1. 总则

总则是对合同中一般事项的总说明，包括11个子款。

1.1 用语和措辞的定义

对适用法律、世行、咨询顾问、合同、日期、生效日期、外币、通用条件、政府、当地币、成员、合同方、人员（含外籍人员和当地人员、关键人员）、可报销支出、专用条件、服务、咨询分包人、第三方和书面，进行了解释说明。

1.2 合同各方的关系

（略）

1.3 合同主导的法律

（略）

1.4 语言

本合同已按专用条件中所述的语言签订，有关本合同的含义或解释均受此语言约束和支配。

1.5 标题

标题不应限制、改变或影响本合同的含义。

1.6 通知

本合同要求的或任何给出的通知、请求或同意均应采用书面形式。任何这类通知由一方亲自递交给通知写明的对方授权代表，或送到专用条件中规定的通信地址，即认为已经提交。如改变其接受通知的地址应书面通知对方。

1.7 地点

服务应在合同附录A所述的地点完成，如果任务没有特定的地点，即在政府国家或者其他地方，在委托人批准的地点完成。

1.8 牵头方的职权

如果咨询顾问是由一方以上的实体组成的联营体，各方应授权专用条件中所述的实体作为牵头方代表各方行使全部权利并履行本合同项下委托人委托的全部义务，接受委托人的指示和支付。

1.9 授权代表

本合同项下委托人所要求采取的行动或咨询顾问被允许采取的行动，以及委托人所要求签署的文件或咨询顾问经许可签署的文件，可由专用条件所述的高级职员作为授权代表采取行动或签署。

1.10 税金和关税

咨询顾问、分包咨询顾问及有关人员应按照专用条件所述的适用法律缴纳税收、关税、费用和其他税费。

1.11 欺诈和腐败

定义了"腐败活动"、"欺诈活动"、"串通活动"、"胁迫行为"、"阻碍行为"，说明了世行查证出在采购或执行该合同的过程中有欺诈和腐败的行为后将采取的措施，要求咨询顾问披露佣金或代理费用的相关情况（与"二、咨询顾问须知"中内容相同）。

2. 合同的开始、完成、修改及终止

本条共包括下面 9 个子款：

2.1 合同生效

从委托人通知咨询顾问开始履行服务之日起合同开始生效。通知之前应确保专用条件中规定的生效条件已经得到满足。

2.2 合同因未能生效而终止

在双方签字后，如果合同在专用条件中规定的时间内没有生效，则一方可以在书面通知另一方 21 天后宣布合同无效，而另一方不得提出任何索赔要求。

2.3 开始工作

咨询顾问应在合同生效以后，在专用条件中规定的时间内开始工作。

2.4 合同期满

除非根据合同通用条件 2-9 款中的规定提前终止合同，否则应在专用条件中规定的合同期满时终止。

2.5 全部协议内容

本合同包含了双方同意的所有契约、规定和条款。任何一方的代理人或代表都无权作出任何本协议内容规定以外的声明、讲话、允诺或协议。

2.6 修改

对合同条件的任何修改必须以双方书面同意的方式进行，并在得到世界银行的同意后才有效。

2.7 不可抗力

包括不可抗力的定义，在此情形下对并非违约的解释，发生不可抗力时受影响的一方应采取的必要措施等。

2.8 暂停

在合同执行期间，如果委托人认为咨询方未履行义务，可以通知咨询顾问暂时中止合同并暂停支付，说明理由并要求咨询顾问在收到委托人通知 30 天内采取补救措施。如咨询顾问仍未按合同履行义务，委托人可以以书面形式终止对咨询顾问的所有支付。

2.9 终止

说明委托人和咨询顾问各自在什么情况下，以何种方式终止与对方的咨询服务；权利和义务的终止；服务的终止；合同终止之前及以后费用如何处理；因合同终止产生争议时的解决办法。

3. 咨询顾问的义务

3.1 总则

总则应包括对咨询顾问行为规范及服务所适用的法律法规的要求以及注意当地风俗习惯等。

3.2 利益冲突

要求咨询顾问及其分包商、代理人在合同执行期间，除合同正当支付外，不得收取任何合同规定之外的报酬（如佣金、回扣等）。遵守贷款方的采购指南。咨询顾问及其有关团体、分包商等均不得参与与本工程合同咨询服务有关的采购活动及其他相关商业活动。

3.3 保密

在任何时间内，没有委托人书面同意咨询顾问及其相关人员不得向外泄露任何与服务有关的秘密信息。

3.4 咨询顾问的责任

除非专用条件中有附加规定，咨询顾问应承担的责任以适用法律中界定的为准。

3.5 咨询顾问投保

咨询顾问应按委托人批准的条件，就专用条件中规定的风险进行投保，或要求其分包商进行投保，并向委托人提交已投保的证明材料。

3.6 会计、检查和审计

要求咨询顾问按国际通行的会计准则进行会计工作，并妥善保管所有准确的、系统的会计资料，允许委托人或其指定代表和/或世行，可以定期在合同期满或终止后五年内检查和复印所有会计资料，并接受委托人或世行指定的审计人员的审计。

3.7 须得到委托人事先批准的咨询顾问行为

咨询顾问在任命附件C中关键人员、分包商，签定分包合同及履行专用条件中规定的其他行为时，必须得到委托人书面批准。

3.8 报告义务

咨询顾问应按附件B（报告要求）中的规定向委托人提交有关的报告和文件。

3.9 咨询顾问准备的文件属于委托人的财产

咨询顾问根据合同要求为委托人准备的所有计划、图纸、规范、设计、报告、其他文件及软件均属于委托人的财产。咨询顾问需在合同期满或终止时或之前将文件清单一起交给委托人。在专用条件中规定咨询顾问在什么条件下能继续使用这些资料的复印件。

3.10 委托人提供的设备、车辆和材料

在合同执行期间，委托人提供给咨询顾问的或用委托人资金购买的设备、车辆和材料均归委托人所有。合同期满或终止时，咨询顾问应向委托人提交详细的设备、车辆和材料清单或者根据委托人指示加以处理。咨询顾问应对这些设备、车辆和材料投保，保险费由委托人承担。

3.11 咨询顾问提供的设备和材料

咨询顾问及其人员带入委托人国家为本项目或个人使用的设备和材料是咨询顾问或其人员所有的财产。

4. 咨询顾问的人员和分包咨询者

4.1 总体要求

咨询顾问可以根据服务需要雇用或提供合格、有经验的人员和分包咨询者。

4.2 人员情况说明

在附件C中应详细描述所列关键人员的职务、工作内容、资历和估计工作时间等。如果有关工作时间有所变动，且这种变动不超出原来时间的10%或一周（两者取时间长的），则不会导致总的合同支付超过限额，咨询顾问只需书面通知委托人即可。任何其他改变必须得到委托人的书面批准。

4.3 人员的批准

附件C CAA7关键人员的职务和姓名。如果咨询顾问还提议雇佣其他人员服务，则应将这些人员的简历送委托人审查和批准。如果委托人在收到这类资料21个日历日之内没有书面反对意见，则表明委托人已批准。

4.4 工作时间、加班、休假等

附件C中规定了关键人员的工作时间和假期,加班及休假的有关支付在附录C中规定。其他人员的休假应事先得到咨询顾问批准,咨询顾问应保证人员休假不影响咨询服务。

4.5 人员的调动和/或替换

非经委托人同意,不应变更人员。如确有需要,咨询顾问应提供具有同样资历的替代人员。如果委托人发现任何有关人员有严重失误、被指控为有犯罪行为或有理由不满意其提供的服务,可以要求咨询顾问替换相应人员。替换人员的报酬水平不应超过替换人员的水平,且应事先征得委托人的书面同意,任何额外费用由咨询顾问承担。

4.6 驻现场项目经理

一般在专用条件中有明确要求,咨询顾问应向委托人确保在合同执行期间派一位委托人可接受的驻现场项目经理负责其所有业务。

5. 委托人的义务

5.1 协助与豁免

除非专用条件另有规定委托人应尽力确保政府提供有利条件帮助咨询顾问完成咨询服务,包括提供咨询顾问所需要的资料,咨询顾问人员进出委托人所在国的签证手续,清关手续,外汇的提取和汇出以及必要的其他帮助。同时还应协助咨询人员获得在委托人国家从业登记或必须申请许可证的豁免权。

5.2 进入工作地点

委托人应确保咨询顾问能免费到达任何咨询服务需要的任何地点。

5.3 与税金和关税有关的适用法律的变更

如果合同适用法律在合同执行期间有所变更,由此引起咨询顾问费用的增减,委托人有责任根据双方之间协议相应增减对咨询顾问的支付。

5.4 委托人的服务、设施和财产

委托人应按附件F(委托人职责)中的规定向咨询顾问及其人员提供执行合同所必需的服务、设施和财产。如果由于委托人的原因没有及时提供,咨询顾问可以要求延长服务时间,或自己采购所需的设施而要求委托人支付相应的额外费用。

5.5 支付

委托人应按通用条件规定及时对咨询顾问予以支付。

5.6 相应的人员

委托人应按附件F规定向咨询顾问提供相应的专业人员和辅助人员,这些人员在咨询顾问领导下工作。如果相应的人员不能适当地履行职责,咨询顾问可以要求替换,没有合理理由,委托人不能无理拒绝这种要求。如委托人未按规定提供相应的人员,则由此产生的额外费用应由委托人支付。

6. 对咨询顾问的支付

6.1 成本估算、最高限额

以外币计算的成本估算和以当地币计算的成本估算分别列在附件D和E中。除非另有规定,否则不论以外币还是当地币的支付都不得超过专用条件中规定的最高支付限额。如果根据通用条件第5.3、5.4或5.6款规定需要支付额外费用,限额也应相应增长。

6.2　报酬和报销费用

委托人应支付咨询顾问限额以内的报酬和合理的报销费用。如专用条件中有特别规定，给咨询顾问的报酬还应包括价格调整内容。

6.3　支付货币

在专用条件中对哪些费用由外币支付，哪些费用由当地币支付应有详细的规定。

6.4　记账和支付方式

6.4.1　预付款

委托人应向咨询顾问提供预付款。咨询顾问在申请预付款时应按附件 G 规定的格式或委托人书面批准的格式向委托人提供一份可接受的银行保函，在咨询顾问未全部还清所有预付款之前，保函将一直有效。

6.4.2　每月支付

咨询顾问应在每个日历月月底后 15 天内或专用条件中规定的间隔时间结束后 15 天内将支付报表及有关的证明材料（发票、收据凭证等）提交给委托人申请支付。支付报表中应列明以外币支付和以当地币支付的金额，并区分开哪些是报酬，哪些是需要报销的费用。委托人应在收到咨询顾问的支付月报 60 天内给予支付。如果发现实际发生的费用与合同规定的金额有所出入，委托人可以从相应的支付中增减。

6.4.3　最终支付

在咨询顾问已经完成合同规定的所有服务，向委托人提交了最终报告，并且委托人在收到报告后 90 个日历日之内。对报告无异议并批准该报告后，委托人应按咨询顾问提交的最终支付报表给予支付。

7. 公平和守信

7.1　守信

双方应互相尊重对方在本合同项下的权利并采取所有合理措施确保合同目标的实现。

7.2　合同执行

在合同执行期间，双方都应本着公平、不损害对方利益的原则，共同排除不利于合同执行的所有因素。

8. 争议解决

8.1　友好解决

产生的争议应通过书面方式通知对方，并附详细的支持材料，在一方收到另一方争议通知的 14 天内解决。如果不能解决，则适用 8.2 条。

8.2　提交仲裁

当争议不能按照 8.1 条友好解决时，则根据专用条件中的规定提交仲裁解决。

（三）合同的专用条件

专用条件是根据不同项目的具体情况，对合同通用条件相应条款的补充、修改和具体化，是合同不可分割的组成部分，一般是合同谈判的主要内容。

（四）附件

附件也是合同的组成部分，包括：

1. 附件 A：服务描述

给出所提供咨询服务的详细描述、各种任务完成的日期、不同任务进行的地点、委托人批准的特殊任务等。

2. 附件 B：报告要求

包括报告格式、频率及内容、接收报告的人员、递交日期等。如果不需要递交报告，应在此处注明"不适用"。

3. 附件 C：关键人员和咨询分包人、关键人员工作小时

包括人员的姓名、职务、详细的工作描述以及已经获得批准的咨询分包人名单。列出关键人员的工作小时、外方人员往返工程所在国的旅行时间、有关加班费、病假工资、节假日工资等的规定。

4. 附件 D：外币费用估算（Cost Estimate in Foreign Currency）。包括外方人员（关键人员和其他人员）和以外币支付的当地人员的月费率，各种报销费用，如津贴、交通费、通信费、打印费、设备购置费及其他费用等。

5. 附件 E：当地币费用估算

主要包括当地人员（关键人员和其他人员）的月付费率，各种报销费用，如补贴、津贴、交通费、其他当地服务、租房、设施的费用，以及由咨询顾问进口的应由雇主付款的指定设备和材料的采购费。

6. 附件 F：委托人的义务

包括委托人应提供给咨询顾问的服务、设施和财产以及委托人应提供给咨询顾问的相应的人员。

7. 附件 G：预付款银行保函格式

2.2.1.2　FIDIC 咨询服务合同

FIDIC 在 1979 年和 1980 年分别编写了三本《委托人/咨询工程师服务协议书》的范本。其中：一本是被推荐用于投资前研究及可行性研究（简称 IGRA 1979 P.1）；另一本被推荐用于设计和施工管理（简称 IGRA 1979 D&S）；第三本被推荐用于项目管理（简称 IGRA 1980 PM）。FIDIC 又于 1990 年、1998 年、2006 年先后编制分别出版了第二版、第三版和第四版《委托人/咨询工程师服务协议书》范本（简称白皮书），并在 2001 年出版了第三版的《委托人/咨询工程师协议书（白皮书）指南》对该咨询协议书文件的作出了有关注释。

"白皮书"的适用范围包括投资前与可行性研究、设计、施工管理以及项目管理。本节简要的介绍 2006 年第四版"白皮书"的组成与内容。

2006 年第四版《委托人/咨询工程师服务协议书》范本（简称白皮书）共由四部分组成，包括：协议书格式、通用条件、专用条件以及附件。

（一）协议书

协议书是委托人和咨询工程师达成咨询服务协议的一个总括性的文件。协议书主要包括：通用条件中措辞和词组的定义适用于协议书中的全部文件、协议书包括的各种文件、签订协议书的约因等。

通用条件对任何类型的咨询服务都适用，一般在使用时不能被修改；而专用条件则是针对某一具体咨询服务项目的典型环境和地区将有关内容具体化，并可对通用条款进行修改和补充。

附件包括四个：

附件 1-服务范围；

附件 2-委托人提供的职员、设备、设施和其他服务；

附件 3-报酬与支付；

附件 4-服务进度表。

这四个附件要根据每个服务项目的具体情况编制。

（二）通用条件

共包含八条：

1. 总则

1.1 定义

定义对 15 个措辞或词组赋予了定义：协议书、项目、服务、工程、国家、一方与各方、委托人、咨询工程师、FIDIC、开工日期、完工时间、日与年、书面、当地币和外币、商定的补偿。

1.2 解释

组成协议书的各文件应可相互解释。

1.3 通信交流

无论何时任何人员颁发的任何通知、指示或其他通信信息（除非另有规定），均应按照专用条件中规定的语言书写，且不应被无理取消或拖延。

1.4 法律和语言

在专用条件中规定了协议书的一种或几种语言、主导语言以及协议书所遵循的法律。

1.5 立法的变动

如果在订立本协议书之后，因委托人要求的服务所在国的立法发生了变动或增补而引起服务费用或服务持续时间的改变，则应相应地调整商定的报酬和完成时间。

1.6 转让和分包合同

除款项的转让外，没有委托人的书面同意，咨询工程师不得转让本协议书涉及的任何利益。没有对方的同意，委托人或咨询工程师均不得转让本协议书规定的义务。没有委托人的书面同意，咨询工程师不得开始或终止任何为履行全部或部分服务的分包合同。

1.7 版权

咨询工程师拥有其编制的所有文件的设计权、其他知识产权和版权，但委托人有权为了工程和预定目的使用或复制此类文件，而不需要取得咨询工程师的许可。

1.8 通知

本协议书的有关通知应为书面的。并在专用条件中写明的地点收到该通知时生效。通知可由人员递送，或传真通信。但随后要有书面回执确认；或通过挂号信或电传，但随后要用信函确认。

1.9 出版

除非在专用条件中另有规定，咨询工程师可单独或与他人合作出版有关服务项目的资料。但如果在服务完成或终止后两年内出版，则须得到委托人的批准。

1.10 受贿和欺诈

在履行协议书义务时，咨询工程师和他的代表和雇员应当遵守所有适用法律、法规、规章和适用管辖区的法令，包括经济合作与发展组织关于打击在国际商务中贿赂外国公职人员的公约。

咨询工程师在此表示、保证并承诺他将既不会接受，也不会提供、支付或答应支付（包括直接和间接）任何有价值物品给一个与本协议书范围内的市场机会有关的"公职人员"。并且一旦发现任何公职人员非法索取时，咨询工程师应立即书面通知委托人所有细节。

公职人员是指：

（a）任何政府机构或政府所有，或控制企业的任何官员或雇员；

（b）执行公共职能的任何人员；

（c）公共国际组织（如世界银行）的任何官员或雇员；

（d）任何政治机构的候选人；

（e）任何政治党派或政治党派的官员。

2. 委托人

2.1 资料

委托人应在合理的时间内免费向咨询工程师提供他能够获取的并与服务有关的一切资料。

2.2 决定

为了不耽搁服务，委托人应在合理的时间内就咨询工程师以书面形式提交给他的一切事宜作出书面决定。

2.3 协助

在项目所在国，按照具体情况，委托人应尽一切力量对咨询工程师、他的职员和家属提供如下协助：

（a）用于入境、居留、工作以及出境所需的文件；

（b）服务所需要的畅通无阻的通道；

（c）个人财产和服务所需物品的进出口，以及海关结关；

（d）发生意外事件时的遣返；

（e）允许咨询工程师因服务目的和其职员和个人使用的需要将外币带入该国；允许将履行服务中所赚外币带出该国；

（f）提供与其他组织联系的渠道，以便咨询工程师收集其要获取的信息。

2.4 委托人的资金安排

委托人应当在收到咨询工程师要求后的 28 天内，提交合理的证据表明已作出了可持续的资金安排，并保证委托人可以按附件 3 ［支付与报酬］的规定支付咨询工程师费用。如果委托人想对其资金安排作出任何实质性改变，应书面通知咨询工程师并附细节说明。

2.5 设备和设施

委托人应为服务的目的，免费向咨询工程师提供附件 2 ［委托人提供的职员、设备、设施和其他服务］中所规定的设备和设施。

2.6 委托人职员的提供

在与咨询工程师协商后，委托人应按照专用条件的规定，自费从其雇员中为咨询工程师挑选并提供职员。在执行与服务相关的规定时，此类雇员只听从咨询工程师的指示。委托人提供的职员以及将来必要的人事变动，均应得到咨询工程师的批准。

如果委托人未能提供其应提供的职员，而双方均认为需要提供这些人员时，咨询工程师应安排提供此类人员，并作为一项附加服务。

2.7 委托人代表

为了执行本协议书，委托人应指定一位官员或个人作为其代表。

2.8 其他人员的服务

委托人应按附件2［委托人提供的职员、设备、设施和其他服务］的说明，自费安排其他人员提供服务。咨询工程师应配合此类服务的提供者，但不对此类人员或他们的行为负责。

2.9 服务的支付

委托人应当按照本通用条件第5条或附件3的规定对咨询工程师的服务给予支付。

3. 咨询工程师

3.1 服务范围

咨询工程师应按附件1［服务范围］履行与项目有关的服务。

3.2 常规的、附加的和额外的服务

常规的和附加的服务是指附件1［服务范围］中所述的那类服务。

额外的服务是指那些既不是正常的也不是附加的，但根据第4.8条咨询工程师必须履行的服务。

3.3 认真尽职和行使职权

除了本协议书中的其他规定和遵守该国法律要求或其他司法规定外，咨询工程师承担的职责就是应在根据协议书履行其义务时，运用合理的技能、谨慎勤奋地工作。

若咨询工程师承担的是按照委托人与任何第三方签订的合同条件中的授权或要求的义务时，咨询工程师要尊重委托人和第三方之间签订的合同，如果相关的未包括在附件1中的权利和义务他可以接受，则应书面同意；作为一名独立的专业人员（而不是仲裁员）在委托人与第三方之间进行证明、决定或处理事件时应持公平的态度；如果委托人授权，咨询工程师可变更第三方的义务。但若变更对费用、质量和时间有重大影响时，除紧急情况外，咨询工程师应事先从委托人处得到批准。

3.4 委托人的财产

任何由委托人提供或支付费用以供咨询工程师使用的物品都是委托人的财产，并应标明。

3.5 职员的提供

由咨询工程师派往项目所在国工作的职员的资质和经验一定要得到委托人的认可。

3.6 咨询工程师代表

为了执行本协议书，咨询工程师应指定一位高级职员或个人作为其代表；如委托人要求，咨询工程师应指定一人与项目所在国内的委托人代表联络。

3.7 职员的更换

如果有必要更换咨询工程师提供的任何人员，咨询工程师应安排一位具有同等能力的人员代替，更换费用由提出更换的一方承担。如果委托人一方书面说明理由要求更换人员，但经查实此人既没有渎职也能胜任工作，则更换费用由委托人承担。

4. 开始、完成、变更与终止

4.1 协议书生效

协议书生效日期以下述两个日期中较晚者为准：

咨询工程师收到委托人发给他的中标函之日，或正式协议书最后签字之日。

4.2 开始和完成

服务应在开工日期开始，根据附件4〔服务进度表〕进行，并在完工时间（包括协议书给予的延长）内完成。

4.3 变更

当任何一方提出申请并经各方书面同意时，可对本协议书进行变更。

如果委托人书面要求，咨询工程师应当提交变更服务的建议书。建议书的准备和提交应被视为附加的服务。

委托人书面同意关于变更服务的相关费用后，才可以要求咨询工程师开始变更服务。

4.4 延误

如果由于委托人或其承包商的原因，服务受到阻碍或延误，以致增加了服务的范围、费用或时间，则咨询工程师应将此情况与可能产生的影响通知委托人，增加的服务应视为附加的服务，完工时间应相应地予以延长。

4.5 情况的改变

如果出现不应由委托人和咨询工程师负责的情况，而致使咨询工程师不能负责或不能履行全部或部分服务时，他应立即通知委托人。如果因而不得不暂停某些服务时，则该类服务的完成期限应予以延长，直到此种情况不再持续。还应加上用于恢复服务的一个合理期限（最多42天）。如果因此不得不降低服务的速度，则服务的完成期限也应予以延长。

4.6 撤销、暂停或中止

1）委托人有权暂停全部或部分服务或中止协议，但应至少提前56天通知咨询工程师。此时咨询工程师即应安排停止服务并将开支减至最小。

2）如果委托人认为咨询工程师没有正当理由而未履行其义务时，他可通知咨询工程师并指出该问题。若在21天内委托人未收到满意的答复，他可在第一个通知发出后35天内发出进一步的通知，终止本协议。

3）如果发生下述两种情况：

·当已超过咨询工程师的发票的应支付日期28天而尚未支付，并且委托人未对之提出书面异议时，或

·暂停服务期限已超过182天时。

咨询工程师可至少提前14天向委托人发出通知指出上述问题，他可以决定在至少42天后向委托人发出进一步的通知，终止服务协议；或在不损害其终止权利的前提下暂停或继续暂停履行部分或全部服务。

4.7 腐败和欺诈

如果咨询工程师违反1.10款的要求，即便咨询工程师已受到工程所在国法律或其他地方规定的惩罚和制裁，委托人方仍有权依据4.6款终止协议。

4.8 额外服务

如果咨询工程师不能履行服务不是委托人和咨询工程师的原因造成的，或撤销、暂停

或恢复服务时，或未根据4.6款2）的情况终止本协议时，除常规的或附加的服务之外，咨询工程师需做的任何工作或支出的费用应被视为额外的服务。咨询工程师履行额外的服务时有权得到所需的额外的时间和费用。

4.9 各方的权利和责任

本协议书的终止不应损害或影响各方应有的权利或索赔以及债务。协议书终止后。6.3款的规定仍有强制力。

5. 支付

5.1 对咨询工程师的支付

委托人应按合同条件和附件3［报酬和支付］规定的细则向咨询工程师支付常规服务的报酬，并按照或参照附件3规定的费率和价格来支付附加服务的报酬，也可按4.3款商定的费用支付。

委托人应向咨询工程师支付额外服务的报酬，包括额外用于附加服务的时间和额外开支的净成本。

委托人要求咨询工程师任命指定的分包咨询工程师时，由咨询工程师对分包咨询工程师进行支付，这笔费用加在咨询工程师的支付费用中。

5.2 支付的时间

除非专用条件中另有规定，委托人应在收到咨询工程师的发票后28天内，支付该笔到期款项。如果在上述规定的时间内咨询工程师没有收到付款时，则应按照专用条件规定的利率对其支付商定的补偿，自发票注明的应付日期起计算复利。委托人若因故拖延对咨询工程师的支付，需在规定支付时间前4天内说明原因。如果委托人没有事先说明原因便拖延支付，则咨询工程师对该笔支付具有强制性的合同权利。

5.3 支付的货币

适用于本协议书的货币为附录3［报酬和支付］中规定的货币。

如果在服务期间，委托人的国家发生了与协议书的规定相反的下述情况：

• 阻止或延误咨询工程师把为委托人服务收到的当地货币或外币汇出国外；

• 在委托人所在国内限制得到或使用外币；

• 在咨询工程师为了用当地币开支，从国外向委托人所在国汇入外币，而随后把总额相同的当地货币带出国外时，对其征税或规定不同的汇率，从而阻止咨询工程师履行服务或使他受到财务损失。

此时若没有作出其他令咨询工程师满意的财务安排，委托人应保证此种情况适用于4.5款的规定。

5.4 第三方对咨询工程师的收费

除在专用条件或附录3［报酬和支付］中规定外，

（a）委托人应无条件地为咨询工程师及其通常不居住在项目所在国内的人员就协议书中该国政府或授权的第三方所要求的支付款项办理豁免，包括：

（i）他们的报酬；

（ii）除食品和饮料外的进口的物品；

（iii）进口的用于服务的物品；

（iv）文件。

(b) 当委托人未能成功地办理上述豁免时，他应偿付咨询工程师合理支付的此类款项。

(c) 当不再需要上述物品用于服务，且这些物品不属于委托人财产时，规定：

(i) 没有委托人的批准，不得将上述物品在项目所在国内卖掉；

(ii) 在没有向委托人支付从政府或授权的第三方处可回收并收到的退款或退税时，不得出口上述物品。

5.5 有争议的发票

如果委托人对咨询工程师提交的发票中的某一部分提出异议，委托人应立即发出通知说明理由，但不得延误支付发票中的其他款项。5.2款应适用于最终支付给咨询工程师的所有有争议的金额。

5.6 独立的审计

咨询工程师应保存能清楚地证明有关时间和费用的全部记录，并在需要时向委托人提供。

除固定总价合同外，服务完成后12个月内，委托人可指定一家有声誉的会计事务所对咨询工程师申报的任何金额进行审计。

6. 责任

6.1 双方之间的责任和补偿

双方之间的责任：如果咨询工程师未按协议要求认真工作，或委托人违背了他对咨询工程师的义务时，均应向对方赔偿。赔偿的原则如下：

1) 此类赔偿应限于由违约所造成的，可合理预见到的损失或损害的数额；

2) 在任何情况下，赔偿的数量不应超过6.3款中的赔偿限额；

3) 如果任一方与第三方共同对另一方负有责任时，则负有责任的任一方所支付的赔偿比例应限于由其违约所负责的那部分比例。

6.2 责任的期限

除了法律的规定外，如果不在专用条件中规定的期限内正式提出索赔，则任一方均不对由任何事件引起的任何损失或损害负责。

6.3 赔偿的限额

任一方向另一方支付的赔偿不应超过专用条件中规定的限额。但此限额不包括逾期未向咨询工程师付款而应支付的利息和双方商定的其他赔偿。如果赔偿额度总计超过上述规定的限额，则另一方应放弃超出部分的索赔要求。

6.4 保障

如果适用的法律允许，则委托人应保障咨询工程师免受一切索赔所造成的不利影响，包括由本协议书引起的或与之有关的第三方在6.2款责任的期限终止后提出的此类索赔，除非在7.1款保险中包括此类索赔。

6.5 例外

6.3款和6.4款不适用于由下列情况引起的索赔：

(a) 故意违约、欺骗或欺诈性的错误表述、粗心渎职；

(b) 与履行合同义务无关的事宜。

7. 保险

7.1 对责任的保险和保障

委托人可以书面形式要求咨询工程师：对6.1款规定的咨询工程师的责任进行保险；对公共的或第三方的责任进行保险；并在委托人第一次邀请咨询工程师为服务提交建议书之日进行保险的基础上，对上述两项保险追加保险额；并应进行委托人要求的其他各项保险。

在任命时已知的7.1条款下的保险费用应当算在咨询工程师的费用内。

在已达成一致意见后，对7.1款规定任何保险额的增加和变更费用由委托人负担。

7.2 委托人财产的保险

咨询工程师应尽一切合理的努力，按委托人的书面要求对下列各项进行保险：

(a) 根据第2.5款委托人提供或支付的财产发生的损失或损害；

(b) 由于使用该财产而引起的责任。

在任命时已知的7.1条款下的保险费用应当算在咨询工程师的费用内。

在已达成一致意见后，根据7.2款规定任何保险额的增加和变更费用由委托人负担。

8. 争议和仲裁

8.1 争议的友好解决

如果涉及履行协议引发了争议，双方授权的处理争议的代表应该在14天内由一方向另一方递交书面请求并进行善意的会谈，应尽最大努力解决争议。如果会谈无法解决争议，则应采用调解方法解决争议。

8.2 调解

除非双方另达成协议或在专用条件中说明，双方应从专用条件中指定的独立调解中心提供的专家表中选定中立的调解人。如果14天内双方不能够就选定一个调解人达成一致，则任何一方均有权请求FIDIC主席指定一调解人，该人对双方均有约束力。

如果对调解人的雇用已确定，任一方便可以书面形式通知另一方开始调解，调解在收到通知后的21天内开始。

调解应该按照指定调解人要求的程序进行。如果专用条件已对程序作出规定，则应该依照该程序，但调解人可随时提出供双方参考的其他程序。

调解中所有的协商和讨论都应秘密进行，并与现进行或随后的诉讼无关，除非另有书面协议。如果双方接受了调解人的建议或另就争议的解决达成一致，均应作出书面协议，当代表签字后，便对双方产生了约束力。

如果无法达成一致意见，任一方可要求调解人就争议向双方给出无约束力的书面意见。除非双方此前已书面同意，此类意见不能作为任何正在进行或随后诉讼的证据。

双方应各自承担准备证据和向调解人提交证据产生的费用。调解和调解服务的费用应该由双方平摊，但双方另有约定的情况除外。

只有双方已尝试通过调解解决争议，或调解终止，或一方无法参加调解，才可将涉及履行协议引起的争议申请仲裁。但如果争议未在发出调解通知后的90天内解决，任一方均有权申请仲裁。

8.3 仲裁

如果调解失败，双方应联合草拟一份书面说明来记录双方一致认同的争议事项。提交随后的仲裁。最迟在仲裁开始前，调解人应结束其工作。仲裁过程中，调解人既不可作为证人出庭，也不可提供任何调解期间的附加证据。

除非专用条件另有说明，否则涉及履行协议书引发的仲裁应依据国际商会仲裁准则，指定一名或数名仲裁员执行。

2.2.2 业主/咨询工程师标准服务协议书

【使用说明】

《业主/咨询工程师标准服务协议书》是国际咨询工程师联合会（FIDIC）编制的，目前依然得到了国际工程咨询业的使用，主要适用于国际工程中的投资前研究、可行性研究、设计与施工管理、项目管理等。在国际工程的项目调研决策阶段，当采取业务外包工作模式，委托或招标选择国际工程咨询顾问公司或咨询工程师，承担国际工程承包市场调查研究与项目可行性研究任务时，只要结合具体的工程咨询业务的特点对该合同文本进行修改或调整就可以形成咨询服务协议书。

【文案范例】

业主/咨询工程师标准服务协议书

业主/咨询工程师标准服务协议书的许多条款是普遍适用的，但有些条款则须考虑要履行服务的环境和地区而作必要的变更。它们将一起编入构成协议书的文件中，被称为第一部分——标准条件的通用条款已被编排在本文件中。

由条款的相应顺序编号把标准条件与被称为第二部分的特殊应用条件相联系起来，这样第一部分和第二部分共同构成确定各方权利和义务的条件。

第二部分的内容必须专门拟定，以适应每一单独的协议书和服务类型。应将必须完成的第二部分的内容刊印在活页纸上，以便在增编附加条款时可将其撤换。

FIDIC预计不久将出版"咨询协议书文件注释"，该书将包括对标准服务协议书条款的解释以及对编制附件 A 及 C（"服务范围"及"报酬和支付"）的注释。

使用者参阅 FIDIC 的其他出版物也可能是有益的，如：

- 为工程服务的独立咨询工程师使用指南；
- 根据能力进行选择；
- 咨询工程师在项目中的作用。

协 议 书

本协议书于＿＿＿＿年＿＿＿＿月＿＿＿＿日由＿＿＿＿（下简称"业主"）为一方与＿＿＿＿（以下简称"咨询工程师"）为另一方签订。

鉴于业主欲请咨询工程师履行某些服务，即＿＿＿＿并已接受咨询工程师为履行该类服务所提出的建议书。

兹就以下事项达成本协议：

1. 本协议书中的措辞和用语应与下文提及的"业主/咨询工程师标准服务协议书条件"中分别赋予它们的含义相同。

2. 下列条件应被认为是组成本协议书的一部分，并应被作为其一部分进行阅读和理解，即：

（1）中标通知书；

（2）业主/咨询工程师标准服务协议书条件（第一部分——标准条件和第二部分——特殊应用条件）；

（3）附件，即：

附件 A——服务范围

附件 B——业主提供的职员、设备、设施和其他人员的服务

附件 C——报酬和支付

_____

_____

3. 考虑到下文提及的业主对咨询工程师的支付，咨询工程师应按照本协议书的条款在此答应业主去履行服务。

4. 业主在此同意按本协议书注明的期限和方式，向咨询工程师支付根据协议书规定应支付的款项，以此作为履行服务的报酬。

本协议书谨于前文所书明之年月日，由立约双方根据其有关的法律签署并开始执行。特此证明。

由_____在场的情况下　　由_____在场的情况下

业主的具有约束力的签名　　　　　　　　咨询工程师具有约束力的签名

如需要时　　　　　　　　　　　　　　　如需要时

盖章：_____　　　　　盖章：_____

姓名：_____　　　　　姓名：_____

签字：_____　　　　　签字：_____

地址：_____　　　　　地址：_____

附件：

业主/咨询工程师标准服务协议书条件

第一部分　标　准　条　件

定义及解释

1. 定义

除上下文另有要求外，以下各词和用语，应具有如下的涵义：

（1）"项目"是指第二部分中指定的并为之建造的工程项目。

（2）"服务"是指按照协议书咨询工程师履行的服务，包括正常的服务、附加的服务和额外的服务。

（3）"工程"是指完成项目而实施的永久工程（包括提供给业主的物品和设备）。

（4）"业主"是指本协议书中所指的雇用咨询工程师的一方及业主的合法继承人和允许的代理人。

（5）"咨询工程师"是指本协议书中所指的，由业主雇用的作为一个独立的专业公司去履行服务的一方及咨询工程师的合法继承人和允许的代理人。

（6）"一方"和"各方"是指业务和咨询工程师。"第三方"是指上下文要求的任何其他当事人或实体。

（7）"协议书"是指包括业主——咨询工程师标准服务协议书的第一部分和第二部分条件以及附件 A（服务范围），附件 B（业主提供的职员、设备、设施和其他人员的服务），附件 C（报酬和支付），中标通知书和正式协议书（若已签订），或在第二部分中的其他规定。

（8）"日"是指任何一个午夜至下一个午夜的时间段。

（9）"月"是指按公历从一个月份中任何一天开始的一个月的时间段。

（10）"当地货币"（LC）是指项目所在国的货币，"外币"（FC）是指任何其他的货币。

（11）"商定的补偿"是指根据协议书支付在第二部分中所规定的款项。

2. 解释

（1）本协议书中的标题不应在其解释中使用。

（2）视上下文需要，本文中词的单数包含复数的含义，阳性包含阴性的含义，反之亦然。

（3）如果协议书条款中有相互矛盾之处，则按时间顺序以最后编写的为准。

咨询工程师的义务

3. 服务范围

咨询工程师应履行与项目有关的服务。在附件 A 中已规定了服务的范围。

4. 正常的、附加的和额外的服务

（1）在附件 A 中所述的那类服务称为正常服务。

（2）在附件 A 中所述的那类服务或通过双方的书面协议另外附加于正常服务的那类服务称为附加服务。

（3）那些既不是正常的也不是附加的，但按照第 28 条款咨询工程师需履行的服务称之为额外服务。

5. 认真地尽职和职权的行使

（1）咨询工程师应运用合理的技能，认真和勤奋地履行本协议书规定的义务。

（2）当服务包括行使权力或履行授权的或业主和任何第三方签订的合同条款要求的职责时，咨询工程师应：

①根据合同进行工作，如果该权力和职责的详细规定未在附件 A 中加以说明，则这些详细规定应是他可以接受的。

②如果授权的话，应在业主和第三方之间公正地开证明，决定或行使自己的处理权，但不是作为仲裁人而是作为一名独立的专业人员根据自己的职能和判断进行工作。

③如果授权后的话，可变更任何第三方的义务。但对费用或质量或时间可能有重大影响的任何变更，则须事先征得业主的同意（除非发生任何紧急情况，此时咨询工程师应尽快地通知业主）。

6. 业主的财产

由业主提供或支付的供咨询工程师使用的任何物品均属于业主的财产，在实际可行时应加以标明。当服务完成或终止时，咨询工程师应将履行服务中未使用的物品库存清单提交给业主，并按业主的指示移交此类物品。此类移交应视为附加的服务。

业主的义务

7. 资料

业主应在一个合理的时间内免费向咨询工程师提供他能够得到的与服务有关的所有资料以不耽误服务。

8. 决定

业主应在一个合理的时间内就咨询工程师以书面形式提交给他的一切事情作出书面决定便不耽误服务。

9. 协助

在项目所在国，对咨询工程师和他的职员及下属，业主应尽一切努力按照具体情况提供以下协助：

(1) 入境、居留、工作和出境所需的文件条款；

(2) 在服务所需要的任何地方提供畅通无阻的通道；

(3) 个人财产和服务所需物品的进口、出口以及海关结关；

(4) 发生意外事件时的遣返；

(5) 允许咨询工程师因服务目的和他的职员因个人使用将外币带入该国以及允许将履行服务中所赚外币带出该国的权力的条款；

(6) 为了方便咨询工程师收集他要获取的信息，应提供与其他组织相联系的渠道。

10. 设备和设施

为了服务的目的，业主应免费向咨询工程师提供附件 B 中所规定的设备和设施。

11. 业主的职员

在与咨询工程师协商后，业主根据附件 B 的规定，自费从其雇员中为咨询工程师挑选和提供职员。此类职员在涉及服务时只应从咨询工程师处接受指示。

12. 其他人员的服务

业主应按附件 B 的说明，自费安排其他人员的服务供给。咨询工程师应与此类服务的提供者合作，但不对此类人员或他们的行为负责。

职员

13. 职员的提供

由咨询工程师派往项目所在国工作的职员应接受体格检查并应能适应他们的工作，同时他们的资格应得到业主的认可。

根据第 11 条款，由业主提供的职员应得咨询工程师的认可。

如果业主未能提供他应负责提供的业主的职员或其他人员的服务，而双方都认为有必要提供此类服务以便于满意地履行服务时，则咨询工程师可安排此类服务的提供，并作为附加的服务。

14. 代表

每一方应指定一位职员或个人作为其代表以便于本协议书的管理。

如果业主要求的话，咨询工程师应指定一人与项目所在国的业主代表建立联络关系。

15. 职员的更换

如果有必要更换任何人员,则负责任命的一方应立即安排一位具有同等能力的人员来替换。

除非此类更换由另一方提出的,否则,这类更换的费用应由负责任命的一方承担。

(1) 这要求应以书面形式提出并申述更换理由;

(2) 如果不能把渎职或不能圆满地执行任务作为理由成立的话,则提出要求的一方应承担更换费用。

责任和保险

16. 双方之间的责任

(1) 咨询工程师的责任

如果确认咨询工程师违背了第 5 条款第 (i) 子款,则他应仅对由本协议书引起的或与此有关的事情负责向业主赔偿。

(2) 业主的责任

如果确认业主违反了他对咨询工程师的责任,则业主应负责向咨询工程师赔偿。

(3) 赔偿

如果认为任何一方对另一方负有责任时,则仅对下列条件进行支付赔偿:

①这类赔偿应限于由此违约造成的可合理预见到的损失或遭受的损害的数额,而对其他则不予赔偿;

②在任何情况下,这些赔偿数额应限于第 18.1 款规定的数额;

③如果认为任一方与第三方共同对另一方负有责任时,负有责任的任一方所支付的赔偿比例应限于由其违约所应负责的那部分比例。

17. 责任的期限

无论是业主还是咨询工程师都不应对由任何事件引起的任何损失或损害负责,除非第二部分规定的相应时段终止之前或法律可能规定的更早日期之前,正式向业主或咨询工程师提出索赔。

18. 赔偿的限额和保障

(1) 赔偿的限额

根据第 16 条款有关责任方面的款项,任何一方向另一方支付赔偿的最大数额应限于第二部分中规定的数额。此限额不影响按第 31 条款第 (ii) 子款规定的或本协议书另外规定的任何商定的补偿。

在可能另外支付的赔偿总计超过应支付的最大数额的情况下,则每一方均应同意放弃对另一方的所有索赔要求。

如果任何一方向另一方提出索赔要求而该要求不能确立的话,则提出索赔者应对由于该索赔所引起对方的各种费用完全补偿。

(2) 保障

如果适用的法律允许,则业主应保障咨询工程师免受由索赔造成的不利影响,包括由本协议书引起的或与之有关的第三方提出的这类索赔:

①除非这类索赔已包括在按第 19 条款规定办理的保险范围内;

②在第 17 条款提及的责任期终止后提出的这类索赔。

（3）例外

第（1）和（2）款不适用于由下列情况引起的索赔：

（1）故意违约或粗心引起的渎职；

（2）与本协议书规定义务的履行无关的情况。

19. 责任的保险与保障

业主可以书面的形式要求咨询工程师：

（1）对第 16.1 条款规定的咨询工程师的责任进行保险；

（2）在业主首次邀请咨询工程师为服务提交建议书之日，对按 16.1 条款规定的咨询工程师的责任进行保险的基础上，对其追加保险额；

（3）对公共的或第三方进行责任保险；

（4）在业主首次邀请咨询工程师为服务提交建议书之日，对公共的或第三方责任进行保险的基础上，对其追加保险额；

（5）对其他各项进行保险。

如果这样要求的话，在业主可接受的条件下，咨询工程师应作出一切合理努力，让此类保险或追加保险额由承保人来办理。

业主应负担此类保险的费用或追加保险额的费用。

20. 业主财产的保险

除非业主有另外的书面要求，咨询工程师应按业主可接受的条件尽一切合理的努力，进行下列各项保险：

（1）按第 6 条款提供或支付的业主财产的损失或损害；

（2）因使用该财产而产生的责任。

业主应负担此类保险的费用。

协议书的开始、完成、变更与终止

21. 协议书生效

协议书从咨询工程师收到业主对其建议发出中标通知书之日或完成正式协议书所需的最后签字之日（如有时）的较晚的那个日期起生效。

22. 开始和完成

除根据协议书可延期外，服务必须在第二部分所规定的时间或期限内开始和完成。

23. 更改

当任何一方提出申请并经双方书面同意后，可对本协议书进行更改。

24. 进一步的建议

如果业主以书面的形式提出要求的话，则咨询工程师应提交变更服务的建议。这类建议的准备和提交应视为附加的服务。

25. 延误

如果业主或其承包商使服务受到阻碍或延误，导致增加服务工作量或服务时间，则：

（1）咨询工程师应将此情况及此可能产生的影响通知业主；

（2）此增加部分应作为附加的服务；

（3）服务的完成时间应相应再予以延长。

26. 情况的改变

如果出现根据本协议书咨询工程师不应负责的情况，以及该情况使咨询工程师不负责或不能履行全部或部分服务时，他应立即通知业主。

在这种情况下，如果某些服务不得不暂停时，则此类服务的完成期限应予以延长，直到这种情况不再持续。为了恢复服务还应加上一个不超过42天的合理期限。如果某些服务履行的速度不得不减慢，则完成该类服务的期限因此情况而须给予延长。

27. 撤销、暂停或终止

（1）业主的通知

①至少在56天前业主可通知咨询工程师暂停全部或部分服务或终止本协议书，咨询工程师应立即对停止服务且将支出减到最小的事宜作出安排。

②如果业主认为咨询工程师没有正当理由而未履行其义务时，他可通知咨询工程师并说明发出该通知的原因。如果有21天内业主未收到满意的答复，则他可发出进一步的通知终止本协议书，但该进一步的通知应在业主第一个通知发出后35天内发出。

（2）咨询工程师的通知

在下列①、②情况下，当咨询工程师向业主发出通知至少14天后，咨询工程师可发出进一步的通知，在进一步通知发出至少42天后，他才能终止本协议书，或在不损害其终止权利的情况下，可自行暂停或继续暂停履行全部或部分的服务。

①当支付单据应予支付的日期后30天，他仍未收到届时未提出书面异议的那一部分款项时；

②按第26条或第27.1款当服务已暂停且暂停期限已超过182天时。

28. 额外的服务

当发生第26条款所述情况时，或撤销或暂停或恢复服务时，或并不按第27.1第（ii）子款终止本协议书时，咨询工程师需做的任何工作或支出的费用除正常的或附加的服务之外应视为额外的服务。

咨询工程师有权获得履行额外的服务所需的额外的时间和费用。

29. 各方的权利和责任

本协议书的终止不应损害或影响各方应有的权利或索赔及责任。

支付

30. 对咨询工程师的支付

（1）根据合同条件和附件C中规定的细则，业主应向咨询工程师支付正常的服务报酬，并按附件C的规定费率和价格或基于此费率和价格支付附加的服务报酬，只要此费率和价格适用，否则根据第23条款商定的费率和价格支付。

（2）业主应就有关额外的服务向咨询工程师支付下列款项，除非另有书面协定。

①在履行服务当中，咨询工程师的职员所花费额外的时间用于附加服务的报酬；

②由咨询工程师花费的所有其他额外开支的净成本。

31. 支付的时间

（1）应迅速支付给咨询工程师的到期款项。

（2）咨询工程师在第二部分规定的时间内未收到付款时，则应根据第二部分规定的利率向其支付商定的补偿，每月将该补偿加到过期未支付的金额中，此补偿以过期未付金额的货币从发票注明的应支付之日起计算。

该商定的补偿不应对第 27 款第（2）点所规定的咨询工程师的权利产生影响。

32. 支付的货币

（1）适用于本协议书的货币是第二部分中所规定的货币。

如果使用其他货币支付，则应按第二部分规定的汇率计算并支付未加扣除的净额。业主应保证咨询工程师能将其在业主所在国内收到的与履行服务有关的那部分当地货币或外币迅速汇往国外，除非在附件 C 中另有规定。

（2）如果在签订本协议书之日或服务履行期间，业主所在国内的情况与协议书中规定的情况可能相反时，如：

①阻止或延误咨询工程师将业主国内收到的当地货币或外币汇往国外，或

②在业主所在国内限制外币的有效或使用，或

③当咨询工程师因用当地货币开支而从国外向业主所在国汇入外币，以及随后将总额相等的当地货币再汇往国外时，对其征税或规定不同汇率，从而阻止咨询工程师的服务的履行或导致他财务上的损失。

这时，若在财务上未作出其他令咨询工程师满意的安排，业主应保证此情况是适用于按第 26 款所规定的情况。

33. 有关第三方对咨询工程师的收费

除在第二部分或附件 C 中规定以外

（1）对咨询工程师及其通常不居住在项目所在国内的职员因本协议书引起的，为该国政府或授权的第三方所要求的支付款，业主在任何可能时都应为他们办理豁免，包括：

①他们的报酬；

②他们进口的物品，除食品和饮料以外；

③用于服务的进口物品；

④文件。

（2）如果业主未能成功地办理上述豁免，则他应偿付合理支付的此类款项给咨询工程师。

（3）当不再需要上述物品用于服务且上述物品不是业主的财产时，规定：

①未经业主批准，不得在项目所在国内将上述物品处理掉；

②未向业主支付从政府或授权的第三方处加收并收到的退款或退税时，不得将上述物品出口。

34. 有争议的发票

如果业主对咨询工程师提交的发票中的任何项目或某项目的一部分提出异议，则业主应立即发出通知说明理由，但他不得延误支付发票中的其他项目。第 31 条款第（2）子款应适用于最终支付给咨询工程师的一切有关争议的金额。

35. 独立的审计

咨询工程师应保存能清楚证明有关时间和费用的最新记录。

除协议书规定固定总价支付外，在完成或终止服务后 12 个月内，业主可在发出通知不少于 7 天要求由他指定一家有声誉的会计事务所对咨询工程师申报的任何金额进行审计，并应在正常工作时间保存记录的办公室内进行该审计工作。

一般规定

36. 语言和法律

协议书的一种或几种语言、主导语言及协议书所遵循的法律在第二部分中作了规定。

37. 立法的变动

除第二部分指明的咨询工程师的业务总部所在地外，若在订立本协议书以后，因履行服务所在的任何国家的法规发生变动或增加从而引起服务费用或服务期的改变，则商定的报酬和完成时间应作相应的调整。

38. 转让和分包合同

(1) 未经业主书面同意，除支付款的转让外，咨询工程师不得将本协议书涉及的利益转让出去。

(2) 未经对方书面同意，无论业主或咨询工程师均不得将本协议书规定的义务转让出去。

(3) 未经业主书面同意，咨询工程师不得开始实施、更改或终止履行全部或部分服务的任何分包合同。

39. 版权

咨询工程师拥有由他编制的所有文件的版权。业主仅有权为工程和预定的目的使用或复制此类文件，为此目的使用而复制这类文件时不需经咨询工程师的许可。

40. 利益的冲突

咨询工程师及其职员不应有也不应接受协议书规定以外的与项目有关的利益和报酬，除非业主另外书面同意。

咨询工程师不得参与可能与协议书中规定的业主的利益相冲突的任何活动。

41. 通知

本协议书的有关通知应用书面的形式，并从在第二部分写明的地点收到时生效。通知可由人员递送，或传真通信，但要有书面回执确认；或通过挂号信，或电传，但随后要用信函确认。

42. 出版

咨询工程师可单独或与他人联合出版与工程和服务有关的材料，除非在第二部分中另有规定。但若在服务完成或终止后两年内出版有关材料时，则须经业主批准。

争端的解决

43. 对损失或损害的索赔

因违反或终止协议书而引起的对损失或损害的任何赔偿，按第17条款的规定，应在业主与咨询工程师之间达成一致意见。如未达成一致，则应按第44条的规定，提交仲裁。

44. 仲裁

由协议书引起的或与之有关的任何争议或索赔，或违约、终止协议书或使之无效，均应按第二部分所订的，在协议书生效日期的规则，通过仲裁解决。

双方同意遵守裁决的结果，并放弃他们的任何形式的上诉权，只要这种弃权实际有效。

第二部分　特殊应用条件

A. 参阅第一部分条款

1. 定义

（1）项目的_____

17. 责任的期限_____

计算起自_____

18.（1）赔偿的限额_____

22. 开始_____

完成_____

31.（2）支付的时间

当地货币_____天

外币_____天

用于过期应付款项

商定的补偿每天_____%

32. 协议书规定的货币

支付的货币			
协议书中货币的汇率			

36. 协议书的语言

主导语言_____

协议书遵循的法律_____

37. 业务总部所在地_____

41. 通知

业主的地址_____

电传号码_____

传真电话号码_____

咨询工程师的地址_____

电传号码_____

传真电话号码_____

44. 仲裁地及规则_____

B. 附加条款

2.2.3 咨询服务协议书与技术服务合同

【使用说明】

如前所述，咨询服务是一方当事人（或称受委托方）以技术、经济、法律方面的知识为另一方当事人（或称委托方）提供解决特定的技术、经济、法律方面问题，进行技术、经济、法律方面的方案论证比较、调查、咨询、培训等活动的总称。在国际工程承包中，我国承包商往往采取委托国内的工程咨询公司的方式，为其国际工程中的某些业务提供咨询服务。咨询服务协议书就是按照我国《合同法》的规定就一方当事人（或称服务方）为另一方当事人（或称委托方）提供国际工程技术、经济、法律方面的服务，为明确双方责任、权利、义务而订立的合同文书。在我国从事工程技术、经济、法律方面咨询服务的企业应当是具有工程咨询资格的企业法人，其从业人员多为具有国家注册执业资格的咨询工程师或特定执业资格的专业人员。

我国工程承包商在国际工程的项目调研决策阶段，当采取业务外包工作模式，委托或招标选择国内工程咨询公司或相应咨询公司，承担国际工程承包市场调查、或调查研究任务时，所采用的合同文本通常为咨询服务协议书（或技术服务合同、技术服务协议书）。

【撰写内容】

咨询服务协议书的内容与技术服务合同、技术服务协议书相类似。

【文案范例1】

咨询服务协议书

委 托 方：　　　　　　　　（以下简称甲方）

受委托方：××××咨询服务有限公司（以下简称乙方）

甲乙双方经协商，就乙方接受甲方委托，为甲方提供咨询服务，达成如下协议。

一、服务内容、方式

1. 乙方为甲方提供×××的咨询服务，向甲方提供法律、法规、政策、技术与经济方面的咨询，主要内容为_____。

2. 乙方在为甲方提供上述咨询服务时，甲方需提供必要的经济与技术资料，乙方保证确保甲方的企业机密。

3. 乙方的上述咨询服务，均以咨询报告或提供_____的方式向甲方提出解决问题的方案，且经甲方认可，即为咨询服务已完成。

二、甲方提供工作条件和协助事宜

1.

2.

3. 乙方在对甲方提供咨询服务时，甲方应主动提供相关的资料，以保证乙方咨询服务报告的顺利实施。

三、本协议履行的期限、地点

1. 本协议履行的时间为自____年____月____日～____年____月____日止。

2. 本协议的履行地点为××市。

四、验收标准和方法

1. 本咨询服务验收的标准以国家及省、市法律、法规为准。

2. 本咨询服务验收的办法即：乙方提出的咨询报告或工作方案、工作计划获得甲方的确认或批准，即为验收。

五、报酬及支付方式

1. 按国家规定的咨询服务收费标准执行，为咨询项目价值的 1.5%～2.5%，本项目咨询费用为____元。

2. 付款方式为：

①需按月支付，每月付款额度为____元。

②甲方在本协议签定后三日预付咨询费的____%（计____元），其余咨询费待本咨询报告或工作方案、工作计划等经甲方验收后，一次性付清。

③

六、其他

1. 甲乙双方任一方违背本协议上项条款，均需承担违约责任。

2. 本协议一经签定，不经公证，即具有法律效力，本协议一式四份，双方各执二份。

委托方（甲方）　　　　　　　　受委托方（乙方）

代表人　　　　　　　　　　　　代表人

　　　　　　　　　　　　　　　　　年　　月　　日

【文案范例2】

技 术 服 务 合 同

受托方（甲方）：

住　所　地：

法定代表人：

项目联系人：

联系方式

通讯地址：

电　　话：　　　　　　　　　传　　真：

受托方（乙方）：

住　所　地：

法定代表人：

项目联系人：

联系方式

通讯地址：

电　　话：　　　　　　　　　传　　真：

电子信箱：

本合同甲方委托乙方就_____项目进行的专项技术服务，并支付相应的技术服务报酬。双方经过平等协商，在真实、充分地表达各自意愿的基础上，根据《中华人民共和国合同法》的规定，达成如下协议，并由双方共同恪守。

第一条　甲方委托乙方进行技术服务的内容如下：

1. 技术服务的目标：

2. 技术服务的内容：

3. 技术服务的方式：

第二条　乙方应按下列要求完成技术服务工作：

1. 技术服务地点：

2. 技术服务期限：

3. 技术服务进度：

4. 技术服务质量要求：

5. 技术服务质量期限要求：

第三条　为保证乙方有效进行技术服务工作，甲方应当向乙方提供下列工作条件和协作事项：

1. 提供的技术资料：

(1)

(2)

(3)

(4)

2. 提供工作条件：

(1)

(2)

(3)

(4)

3. 其他：

4. 甲方提供上述工作条件和协作事项的时间及方式：

第四条　甲方向乙方支付技术服务报酬及支付方式为：

1. 技术服务费总额为：

2. 技术服务费由甲方＿＿＿＿＿＿＿＿＿＿＿＿＿（一次或分期）支付给乙方。

具体支付方式和时间如下：

(1)

(2)

(3)

乙方开户银行名称和账号为：

开户银行：

账　　号：

第五条　双方确定因履行本合同应遵守的保密义务如下：

1. 保密内容（包括技术信息和经营信息）：

2. 涉密人员范围：

3. 保密期限：

4. 泄密责任：

第六条　本合同的变更必须由双方协商一致，并以书面形式确定。但有下列情形之一的，一方可以向另一方提出变更合同权利与义务的请求，另一方应当在＿＿＿日内予以答复；逾期未予答复的，视为同意：

1.

2.

第七条　双方确定以下列标准和方式对乙方的技术服务工作成果进行验收：

1. 乙方完成技术服务工作的形式：

2. 技术服务工作成果的验收标准：

3. 技术服务工作成果的验收方法：

4. 验收的时间和地点：

第八条　双方确定：

1. 在本合同有效期内，甲方利用乙方提交的技术服务工作成果所完成的新的技术成果归____（甲、双）方所有。

2. 在本合同有效期内，乙方利用甲方提供的技术资料和工作条件所完成的新的技术成果，归____（乙、双）方所有。

第九条　双方确定，按以下约定承担各自的违约责任：

1. ____方违反本合同第____条约定，应当支付违约金____，按损失赔偿额的计算方法为____。

2. ____方违反本合同第____条约定，应当_____

（支付违约金或损失赔偿额的计算方法）。

第十条　双方确定，在本合同有效期内，甲方指定____为甲方项目联系人，乙方指定为联系人。项目联系人承担以下责任：

1.

2.

任一方变更项目联系人，应当及时以书面形式通知另一方。未及时通知并影响本合同履行或造成损失的，应承担相应的责任。

第十一条　双方确定，出现下列情形，致使本合同的履行成为不必要或不可能的，可以解除本合同：

1. 发生不可抗力；

2.

3.

第十二条　双方因履行本合同而发生的争议，应协商、调解解决。协商、调解不成的，确定按以下第____种方式处理：

1. 提交____仲裁委员会仲裁；

2. 依法向人民法院起诉。

第十三条　双方确定：本合同及相关附件中所涉及的有关名词和技术术语，其定义和解释如下：

1.

2.

3.

第十四条　与履行本合同有关的下列技术文件，经双方以____

方式确认后，为本合同的组成部分：

1. 技术背景资料：

2. 可行性论证报告：

3. 技术评价报告：

4. 技术标准和规范：

5. 原始设计和工艺文件：

6. 其他：

第十五条　双方约定本合同其他相关事项为：

第十六条　本合同一式_____份，具有同等法律效力。

第十七条　本合同经双方签字盖章后生效。

甲方：　　　　　　　　　　　　（盖章）

法定代表人/委托代理人：　　　　　（签名）

　　　　　　　　年　　　月　　　日

乙方：　　　　　　　　　　　　（盖章）

法定代表人/委托代理人：　　　　　（签名）

　　　　　　　　年　　　月　　　日

【文案范例3】

技术服务协议书

委托方：　　　　　　　　（以下简称甲方）

受托方：　　　　　　　　（以下简称乙方）

甲乙双方遵照国家法律、法规的有关规定，经协商就甲方委托乙方_____的技术服务。双方达成如下协议：

一、乙方提供技术服务的内容、方式和要求。

1.

2.

3.

二、甲方应提供的条件和协作的事宜。

1.

2.

三、履行合同的期限、地点和方式。

1. 履行合同的时间为自____年____月____日至____年____月____日。

2. 履行合同的地点为_____市。

3. 履行合同的方式为乙方提供_____，甲方付清技术服务费。

四、验收方法。

1.

2.

五、技术服务费及支付方式。

1. 本项目技术服务费为人民币＿＿＿＿＿＿＿＿元（大写为＿＿＿＿＿＿＿＿元整）。

2. 本项目技术服务费的支付方式为乙方提供的技术服务，经甲方验收后＿＿＿＿＿＿＿日内全部付清。

六、其他

1.

2.

3.

七、本协议未尽事宜甲乙双方协商解决。

八、本协议一式＿＿＿份，双方各＿＿＿份。不经公证即具有法律效力。

甲方：　　　　　　　　　　乙方：

法定代表人：　　　　　　　法定代表人：

经办人：　　　　　　　　　经办人：

　年　月　日　　　　　　　　年　月　日

2.2.4 国际工程项目可行性研究合同

【基本概念】

本国际工程项目可行性研究合同是指委托人（我国国际工程承包企业）委托国内具有国家批准的工程咨询资格的工程咨询企业为承包人，就特定的国际工程项目的可行性提出报告，委托人支付相应的研究费用的合同。委托人要提供研究资料与经费，承包人要按期向委托人提供可行性研究报告。可行性研究是国际工程项目前期开发的重要工作，通过可行性研究，提高国际工程承包企业决策的科学性。

【使用说明】

1. 对委托研究的国际工程项目要在合同中予以明确，委托人要向承包人提供相应的基础信息资料，以保证承包人的研究切合实际。

2. 委托研究的项目要细化、具体，便于验收和评价。研究项目包括市场评价、经济评价、环境评价、风险预测、盈亏评价等内容。

3. 研究费用可以是一次包干使用，也可以按照项目计算，分期拨付。按照规定的取费标准计算研究费用。

4. 双方的违约责任也要在合同中明确。比如，委托人不及时交付有关技术资料，导致研究工作不能顺利进行的，应承担相应的法律责任；承包人不能按时提出可行性研究报告，或者提出的研究报告不符合合同约定的内容的，要承担法律责任。

【文案范例】

国际工程项目可行性研究合同

委托方：

地址：　　　　　　　　邮编：　　　　　　　电话：

法定代表人： 联系人

承包方：

地址： 邮编： 电话：

法定代表人： 联系人

经双方协商，由委托方委托承包方承担_____工程项目的可行性研究，特订立本合同。

第一条 委托方在合同签订之日起_____天以内，向承包方提供所有与研究工程有关的数据和资料，并对资料的准确性负责。

1. 提供数据、资料的内容如下：①_____ ②_____ ③_____ 。

2. 在合同期内，委托方进行与本工程有关的讨论、询价、对外谈判、调研考察等所得的信息应及时提供给承包方，必要时可吸收承包方参加与本工程项目有关的对外谈判、考察等。

第二条 承包方应在____年____月____日以前，向委托方提交本合同规定的可行性研究报告，并对此承担责任。可行性报告内容应包括：

1.

2.

3.

4.

5.

承包方应向委托方提交可行性报告_____份。

委托方如在合同期间对本工程项目提出重大变更，甚至原始资料、数据有重大变化，可能导致承包方对可行性报告作修改甚至返工时；须经双方协商，对本合同进行修改或增加任务变更附件，或签订补充合同。

第三条 费用支付条款

1. 本工程的可行性研究费为人民币_____元整。于合同生效之日，委托方向承包方付给上述金额的 20% 的定金。余下金额于合同期满时全部付清。

2. 委托方中止合同时，无权要求承包方退还定金。

3. 承包方不履行本合同规定的责任与义务时，应双倍偿还定金。

第四条 违约责任

1. 承包方不按合同规定的日期提交可行性研究报告时，每拖期一天，应扣除其所得费用的_____％，作为违约金。

2. 承包方提供的可行性研究报告中出现错误，且此等错误系承包方造成者，应扣其所应得费用的 10％～30％，视错误性质严重程度而定。

3. 因委托方责任造成的资料提供延迟、可行性研究内容的重大修改或返工重作，应另行增加费用，其数额由双方商定。

4. 委托方超过合同规定日期付费时，应偿付给承包方以逾期违约罚金，以每逾期一天按合同规定费用的_____％计算。

第五条 本合同自签订之日起生效。合同中如有未尽事宜，由双方共同协商解决或作出修改或补充规定。修改或补充规定与本合同具有同等效力。

第六条 本合同正本一式两份，双方各执一份。合同副本一式_____份，送_____各_____份。

委托方：   （盖章）   负责人：

承包方：   （盖章）   负责人：

          年   月   日

第三章　前　期　工　程　准　备

3.1　概　　述

项目前期准备阶段是国际工程项目战役性决策阶段，它对于项目实施的成败起决定性作用，直接关系到项目的实施能否高效率的实现预期目标的关键性工作。这一阶段的主要工作任务是根据可行性研究报告（如果该项目是政府的公共项目，可行性研究报告还需要经过政府相关部门的批准）开展项目前期准备工作；业主组建团队或委托咨询工程师（或工程咨询机构），将业主对项目的需求或简单的描述进行谋划，编写项目策划书或拟定初步方案；咨询工程师（或工程咨询机构）会同建筑师将业主的需求转化成更加详细的书面设计描述（我国称为项目建议书）。据此，由建筑师会同专业设计师将业主关于拟建项目的功能、需求具体化，编制出项目的概念设计（相当于我国的初步设计）、基础设计和技术设计（相当于我国的扩初设计）、详细设计（相当于我国的施工图设计）；业主选配、组织项目管理团队或委托咨询工程师；进行项目的招投标；签订工程承包合同。国际工程承包商则根据中标文件和工程合同，组建项目管理班子、选派项目经理，组织编制项目管理策划书以及项目管理计划（或称施工组织设计）和总体进度计划；进行人员派遣前的培训、组织以及设备机具进场等准备工作。

如果业主采取 EPC 模式，一般从概念设计开始或承包商提交的技术建议书（技术报价）、商务建议书（商务报价），经业主批准后，双方签订工程承包合同，由承包商组织实施基础设计和技术设计、详细设计。

对于承包商而言，前期工程准备阶段也称施工准备阶段，该阶段的工作极为关键，直接关系到项目建设的成败。施工准备阶段的主要工作任务是要创造生产要素集聚的条件，创造开展施工生产活动的条件；创造有序地进行施工管理的条件。承担 EPC 总承包项目则开始进行工程设计工作，准备施工分包招标等。在此阶段，承包商要根据工程承包合同的内容和规定，做好有关工作。此期间承包商使用的合同，主要有国际工程合同（主合同）、勘察设计合同、项目管理委托服务合同、工程监理合同以及相关的协议等。

3.2　合　同　与　协　议

3.2.1　国际工程合同

1. 定义

合同是一个契约。合同是平等主体的自然人、法人以及其他组织之间设立、变更、终止民事权利义务关系的协议。

国际工程合同是指不同国家的平等主体的自然人、法人、其他组织之间，为了实现某个工程项目的特定目的而签订的设立、变更和终止相互民事权利和义务的协议。由于国际工程是跨越国界的经济活动，因而国际工程合同要比一般国界内的工程承包合同复杂得多。

合同文件包括在合同协议书中指明的全部文件；一般包括合同协议书及其附件、合同条件、投标书、中标函、技术规范、图纸、工程量表以及其他列入的文件（如 FIDIC "银皮书"中还包括业主的要求，承包商的建议书，附录等）。FIDIC 合同条件中还规定合同实施后所发出的修改命令（包括由各方签署的对合同的书面补充，变更命令，施工变更指示，由建筑师发布的书面的次要工程变更等）也属于合同文件。

2. 特点

国际工程合同具有如下特点；

（1）合同文件内容全面详尽

国际工程合同文件一般包括合同协议书、中标函、投标书、合同条件、技术规范、图纸、资料表（含工程量表）及合同数据表等。

（2）合同范本较多

国际工程咨询与承包已经具有上百年的历史，经过不断的总结，已经有了一批比较规范的合同文本，而且每经过一段时间，相关的国际组织就会对这些范本进行修订和完善。

（3）国际工程合同管理的核心是工程项目管理的核心

国际工程合同从编制招标文件、招投标、谈判、修改、签约到实施。一环扣一环，各个环节均十分重要。合同当事人对任一个环节都不可粗心大意。因为，只有订立一个好的合同，才能保证项目的顺利实施。

（4）分析研究合同管理，就是研究工程项目的特点

由于工程项目具有一次性和不可重复性，因而分析研究国际工程合同管理就是分析和研究工程项目的共性与特性。

（5）合同订立与实施的时间较长

一般的情况下，一个工程项目的实施期少则 1～2 年，多则 5～10 年（如 BOT/PPP项目），因而合同当事人都十分重视谈判、订立和实施。

（6）合同范本体现了调解争议的理念

近几年来，有关国际组织编制的国际工程合同范本，不提倡凡有争议就提交仲裁或诉讼，而增加了"争议审查委员会（DRB）"等调解人的角色，以便及时通过调解解决争议，这种方法有利于工程项目的顺利实施。

（7）国际工程合同项下包括多个合同

由于国际工程项目是一个综合性的商务与经济活动，所以为了实施一项国际工程合同（称主合同），还要签订许多相关合同。例如：融资贷款合同、物资采购合同、分包合同、设备租赁合同等。这些合同围绕主合同，为主合同服务，而每一个合同的订立与管理都对主合同的实施产生一定的影响。

3. 合同的类别

国际工程合同的分类，按不同的形式有不同的类别：

（1）按工作内容分为工程咨询合同（包括：勘察合同、设计合同、监理合同等）、工

程施工合同（或称工程承包合同）、货物采购合同（包含各类机械设备采购、材料采购等）、安装合同、装修合同等。

（2）按工程承包范围分为设计－建造合同、EPC/交钥匙合同，施工总承包合同、分包合同、劳务合同、项目管理承包（PMC）合同、CM 合同等。

（3）按支付方式分为总价合同、单价合同和成本补偿合同。

在国际工程承包行业内，比较普遍的将国际工程承包合同按照总价合同、单价合同或成本补偿合同进行分类，这也是国际工程承包业内区分合同类型、方式与风险判断的基本方式。

3.2.2 菲迪克（FIDIC）合同条件

1. 基本概念

菲迪克（FIDIC）合同条件也称菲迪克（FIDIC）合同条款，是由国际咨询工程师联合会（法文名字为 Fédération Internationale Des lngénieurs Conseils，法文缩写为 FIDIC；英文名称为 International Federation of Consulting Engineers；中文音译为"菲迪克"）出版的一系列合同条件，也称为合同格式。国际咨询工程师联合会（简称 FIDIC）是国际工程咨询业权威性的行业组织，与世界银行等国际金融组织有着密切的联系。FIDIC 的各种文献，包括各种合同、协议标准范本、工作指南以及工作惯例建议等，得到了世界各有关组织的广泛承认和实施，是国际工程以及工程咨询行业的重要指导性文献。

自 1957 年开始国际咨询工程师联合会（简称 FIDIC）在不同的时期起草和编制了各种标准合同格式，已经形成了比较完整的合同体系。详见表 3-1。

菲迪克（FIDIC）合同体系一览表　　　　表 3-1

分　类	合同文件名称	出版时间
第 1 版红皮书	土木施工（国际）合同条件	1957 年
第 2 版红皮书	土木施工（国际）合同条件	1969 年
第 3 版红皮书	土木施工（国际）合同条件	1977 年
彩虹族合同	土木施工（国际）合同条件（红皮书）	1987 年
	电气与机械设备合同条件（黄皮书）	1987 年
	设计-建造和交钥匙合同条件（橘皮书）	1995 年
	客户/咨询工程师标准服务协议（白皮书）	1998 年
	土木工程施工分包合同条件	1994 年
新彩虹族合同	施工合同条件（新红皮书）	1999 年
	生产设备和设计-建造合同条件（新黄皮书）	1999 年
	EPC/交钥匙项目合同条件（银皮书）	1999 年
	简明合同格式（绿皮书）	1999 年
	疏浚和开垦工程合同条件（蓝皮书）	2001 年
	施工合同条件协调版	2005 年
	设计-建造和运营项目合同条件	2008 年
	施工分包合同条件（测试版）	2009 年

2. 适用范围

国际咨询工程师联合会（简称 FIDIC）2002 年编写与出版的权威性的《菲迪克（FIDIC）合同指南》涵盖了《施工合同条件》（新红皮书）、《生产设备和设计－施工工程合同条件》（新黄皮书）、《设计采购施工（EPC）交钥匙工程合同条件》（银皮书），并规定了新版本（1999 年）合同条件适用的范围，详见表 3-2。

新版本（1999 年版）合同条件适用的范围一览表　　　　　　　　表 3-2

序号	合同条件名称	《菲迪克（FIDIC）合同指南》推荐适用的范围	通常实际应用范围	风险的分配
1	施工合同条件	推荐用于由雇主或代表——工程师设计的建筑或工程项目。这种合同的通常情况是：由承包商按照雇主提供的设计进行工程施工。但该工程可以包含由承包商设计的土木、机械、电气和（或）构筑物的某些部分。	各类大型或复杂工程；主要工作为施工；业主负责大部分设计工作；由工程师承担施工监理和签发支付证书；按工程量表的单价来支付已完工程量（即单价工程。）	风险分担均衡
2	生产设备和设计-建造合同条件	推荐用于电气和（或）机械设备供货和建筑或工程的设计与施工。这种合同的通常情况是，由承包商按照雇主要求，设计和提供生产设备和（或）其他工程；可以包括土木、机械、电气和（或）构筑物的任何组合。	机电设备或其他基础设施项目及其他类项目；业主只负责编制项目纲要（业主要求）和永久设备性能要求，承包商负责大部分设计和全部施工安装任务；工程师负责监督设备的制造、安装和施工及签发支付证书；在包干价格下实施里程碑支付方式，在个别情况下，也可以采用单价支付。	风险分担均衡
3	EPC/交钥匙项目合同条件	推荐用于以交钥匙方式提供加工厂或动力工厂；也可用于由一个实体承担全部设计和实施职责的，涉及很少或没有地下工程的私人融资的基础设施项目。这种合同的通常情况是，由该实体进行全部设计、采购和施工（EPC），提供一个配套完善的设施，（"转动钥匙"时）即可运行。	大型生产性成套项目、基础设施项目、技术含量高的特殊性项目（地下工程多的除外）或卖方信贷或买方信贷项目；固定总价不变的交钥匙合同并按里程碑方式支付；业主代表直接管理项目的实施过程，采取较宽松的管理方式，但严格竣工与竣工后的检验，以保证完工项目的质量。	项目风险大部分由承包商承担，但业主愿意为此多付出一定的费用。
4	简明合同格式	推荐用于较简单或重复性的，或工期较短的，或资本额较小的工程项目。	施工合同额较小（低于 50 万美元）、施工工期较短（低于 6 个月）；土木工程或机电工程；设计工作可以是业主负责，也可以由承包商负责；合同可以是单价合同，也可以是总价合同，需在合同中规定。	

备注：《菲迪克（FIDIC）合同指南》不包括《简明合同格式》。

3. 内容与特点

菲迪克（FIDIC）合同条件的最新文本是 1999 年出版的《施工合同条件》（新红皮书）、《生产设备和设计－施工工程合同条件》（新黄皮书）、《设计采购施工（EPC）交钥匙工程合同条件》（银皮书），其主要内容包括20条"通用条件"或各自"专用条件"。国际咨询工程师联合会、中国工程咨询协会在2003年编译出版了《FIDIC新版合同条件》（中译文版）、《菲迪克（FIDIC）合同指南》（中英文对照本），比较详细地介绍了《施工合同条件》（新红皮书）、《生产设备和设计－施工工程合同条件》（新黄皮书）、《设计采购施工（EPC）交钥匙工程合同条件》（银皮书）的内容，《施工合同条件》（新红皮书）、《生产设备和设计－施工工程合同条件》（新黄皮书）、《设计采购施工（EPC）交钥匙工程合同条件》（银皮书）的主要特点对比，详见表3-3。

菲迪克（FIDIC）合同条件特点对比表   表 3-3

序号	《施工合同条件》	《生产设备和设计-建造合同条件》	《（EPC）/交钥匙项目合同条件》	评 析
1	推荐用于由雇主（或其代表），承担大部分（或全部）设计的建筑或工程项目。	推荐用于由承包商（或其代表），承担大部分（或全部）设计的电气和（或）机械设备供货和建筑或工程项目。	适用于：(1) 项目的最终价格和工期要求有更大的确定性；(2) 由承包商承担项目的设计和实施全部职责的，加工或动力设备、工厂或类似设施、基础设施项目或其他类型开发项目。	适用的条件不同
2	一般在雇主给承包商颁发中标函时，合同在法律上生效。也可以不要这种函，合同按照合同协议书生效。	同左	一般按照合同协议书规定，合同在法律上生效。投标函可以写明，允许采用替代做法，在雇主颁发中标函时合同生效。	合同生效的条件不同
3	合同由雇主指派的工程师管理。如发生争端，交由DAB决定。也可以在专用条件中规定，工程师的决定代替DAB决定。	同左	合同由雇主管理（除非由其指派一个雇主代表）努力与承包商就每项索赔达成协议。如果发生争端，交由DAB决定。	合同管理不同
4	由承包商按照合同（包括规范要求和图纸）和工程师指示，设计（只按规定的范围）和实施工程。	由承包商按照合同，包括其建议书和雇主要求，提供所有生产设备、设计（另有规定除外）和实施其他工程。	由承包商按照合同，包括其投标书和雇主要求，提供生产设备、设计和实施其他工程，达到准备好运行投产。	承包商承担的工作范围不同
5	期中付款和最终付款由工程师证明，一般是按实际工程量的测量及应用工程量表或其他资料表中的费率和价格计算确定。其他估价原则可以在专用条件中规定。	期中付款和最终付款由工程师证明，一般参照付款计划表确定。替代的按实际工程量的测量和应用价格表中的费率和价格的办法，可在专用条件中规定。	期中付款和最终付款无须任何证明，一般参照付款计划表确定。替代的按实际工程量的测量和应用价格表中的费率和价格的办法，可在专用条件中规定。	期中付款和最终付款的规定不同
6	通用条件在考虑保险可能性、项目管理的合理原则和各方对每种风险的有关情况的预见能力和减轻影响的能力等事项后，在公正、公平基础上，在双方间分配风险。	同左	根据通用条件，把较多的风险不平衡地分配给承包商。投标人将需要更多的对工程具体类型有关的现场水文、地下及其他条件的数据，以及更多的时间审查这些数据和评价此类风险。	

菲迪克（FIDIC）合同条件还具有如下特点：

（1）具有国际性、通用性和权威性

菲迪克（FIDIC）合同条件是国际咨询工程师联合会（简称 FIDIC）在总结国际工程合同管理各方面经验教训的基础上编制的，并不断地吸收多个国际或区域专业机构的建议和意见后加以修改和完善的，是国际上公认的高水平的通用性文件，并广泛应用于国际工程承包中。许多国际金融组织的贷款项目，也都采用菲迪克（FIDIC）合同条件。目前，我国有关部委编制的合同或协议书范本，也都把菲迪克（FIDIC）合同条件作为重要的参考文本。

（2）公正合理、职责分明

菲迪克（FIDIC）合同条件的各项规定比较具体的体现了业主、承包商或工程师（或业主代表）的权利（或权限）、义务和职责。由于国际咨询工程师联合会（简称 FIDIC）大量听取了各个方面的意见和建议，因而菲迪克（FIDIC）合同条件的各项规定，也体现了业主和承包商之间的风险合理分担的基本精神，并倡导各方面要以坦诚相待与精诚合作的基本原则去完成工程建设。同时，对各方的职责既有明确而严格的规定与要求，也有必要的限制，这些对于合同的实施也是极为重要的。

（3）程序严谨、易于操作

菲迪克（FIDIC）合同条件中比较严谨的规定了对于处理各种问题的程序，特别强调要及时处理和解决问题，这是比较符合工程建设的实际的，可以避免由于任一方的拖延而产生新的问题。另外，还特别强调各种书面文件及证据的重要性，这些规定是合同条款更易于操作和实施。

（4）通用条件与专用条件实现了有机的结合

菲迪克（FIDIC）合同条件一般都分为"通用条件"、"专用条件"两个部分。通用条件中的内容主要包括在国际工程承包市场中应用于某项管理模式的条款；而专用条件则是针对该项目，在考虑到项目所在国或地区法律环境，项目的特点和业主对合同实施的特殊要求，从而对通用条件进行了具体化的修改与补充。

4. FIDIC 各合同条件简介及应用

从表 3-1 及表 3-3，我们可以看出，菲迪克（FIDIC）合同条件的最新文本体现了国际工程不同的工程承包方式和项目管理模式。由于本书篇幅有限，对菲迪克（FIDIC）各合同条件的详细内容不一一叙述，仅简要地作一介绍，并说明其应用。

（1）《施工合同条件》

1999 年出版的 FIDIC《施工合同条件》（第一版）适用于业主提供设计，承包商负责设备材料采购和施工，咨询工程师负责监理，三方按图纸估价，按实结算，不可预见条件和物价变动允许调价。这是一种业主参与和控制较多，承担风险也较多的工程合同格式。

1999 年出版的 FIDIC《施工合同条件》（第一版）是以原"红皮书"为基础。与原"红皮书"相比，内容与条款有约 20% 基本相同。大约 40% 作了较多补充和修改，40% 为新条款。

1999 年出版的 FIDIC《施工合同条件》（第一版）通常称为"新红皮书"，其通用条件包含了 20 条，163 款。20 条内容包括：一般规定；业主；工程师；承包商；指定分包商；职员和劳工；生产设备；材料和工艺；开工；延误和暂停；竣工检修；业主的接收；

缺陷责任；计量和估价；变更和调整；合同价格和支付；业主提出终止；承包商提出暂停和终止；风险和责任；保险；不可抗力；索赔；争议和仲裁。后附"争议评判协议书一般条件"和"程序规则"。

专用条件的内容主要是专用条件的编写指南，包括部分范例条款，后附 7 个体现"国际商会"统一规则的保函格式。上述两部分后还附有投标函、合同协议书及争议评判协议书的格式。

由于各个开发银行在使用 FIDIC《施工合同条件》时，一般都会在专用合同条件中加入一些附加条款，对通用合同条件进行一些修改和补充。造成各个开发银行之间在使用中存在的差异性，并增加了发生争议的几率。为此 2004 年到 2005 年多边开发银行会同 FIDIC 对"新红皮书"的通用条款进行了修改，使之标准化。协调修改后的文件不仅方便了银行及其借款人，也方便了所有涉及项目采购的人员（如咨询工程师、承包商等）。

FIDIC 保留了对该书的版权和对新的多边银行协调版的管理责任。需要指出的是：多边银行协调版并不是对 FIDIC1999 年出版的《施工合同条件》（第一版）（简称"新红皮书"）的替代，而是只适用于多边银行融资的项目使用。2006 年 FIDIC 又对"新红皮书"的通用条款作了进一步的修改，发布了 FIDIC《施工合同条件》（多边银行协调版，第二版）。并规定凡是非洲开发银行、亚洲开发银行、黑海贸易与开发银行、加勒比开发银行、欧洲复兴与开发银行、泛美开发银行、国际复兴与开发银行、伊斯兰开发银行、北欧发展基金的贷款项目，一律采用最新修改的 FIDIC《施工合同条件》（多边银行协调版，第二版）。该版本并没有对 1999 年出版的红皮书作根本性的改变，在格式上的重要改变是将"投标附录"变成了"合同数据"，并定为专用条件的 A 部分，而 B 部分是专用合同条件的特定条款，由一套示例条款组成。

目前，1999 年出版的 FIDIC《施工合同条件》（第一版）已经在世界各地得到了广泛的认同与使用；2006 年出版的 FIDIC《施工合同条件》（多边银行协调版，第二版）也在世界各银行的贷款项目中得到了普遍的应用。

（2）《生产设备和设计—建造合同条件》

《生产设备和设计—建造合同条件》（1999 年第一版）通常称为"新黄皮书"，是在 FIDIC1988 年出版的《电气与机械工程合同条件》（黄皮书）与 1995 年出版的《设计—建造工程合同条件》（橘皮书）的基础上重新编写的。"新黄皮书"通用条件共 20 条，170 款。20 条内容包括：一般规定；业主；工程师；承包商；设计；职员和劳工；生产设备；材料和工艺；开工；延误和暂停；竣工检修；业主的接收；缺陷责任；竣工后检验；变更和调整；合同价格和支付；业主提出终止；承包商提出暂停和终止；风险和责任；保险；不可抗力；索赔；争议和仲裁。后附"争议评判协议书一般条件"。

专用条件的内容主要是专用条件的编写指南，包括部分范例条款，后附 7 个体现"国际商会"统一规则的保函格式。上述两部分后还附有投标函、合同协议书及争议评判协议书的格式。

《生产设备和设计-建造合同条件》（1999 年第一版）适用于承包商负责设备采购、设计和施工，咨询工程师负责监理，总额价格承包，但不可预见条件和物价变动可以调价。这是一种业主控制较多的总承包合同格式。

（3）《EPC/交钥匙项目合同条件》

《EPC/交钥匙项目合同条件》（1999年第一版）通常简称"银皮书"，是在1995年出版的《设计—建造于交钥匙工程合同条件》（橘皮书）的基础上重新编写的。"银皮书"通用条件共20条，166款。20条内容包括：一般规定；业主；业主的管理；承包商；一般设计义务；职员和劳工；生产设备；材料和工艺；开工；延误和暂停；竣工检验；业主的接收；变更和调整；合同价格和支付；业主提出终止；承包商提出暂停和终止；风险和责任；保险；不可抗力；索赔；争议和仲裁。后附"争议评判协议书一般条件"。

专用条件的内容主要是专用条件的编写指南，包括部分范例条款，后附7个体现"国际商会"统一规则的保函格式。上述两部分后还附有投标函、合同协议书及争议评判协议书的格式。

"银皮书"适用于承包商承担全部设计、采购和施工，直到投产运行，合同价格总额包干，除不可抗力条件外，其他风险都由承包商承担，业主只派代表管理，只重视最终成果，对工程介入很少。这是较彻底的交钥匙总承包合同格式。

（4）《简明合同格式》

《简明合同格式》是综合上述几种模式，用于工程量较小、工期短的工程项目的简明灵活的合同格式。由于在国际工程中，一般情况下，工程量较小、工期短的项目很少，所以《简明合同格式》也很少使用。在《菲迪克（FIDIC）合同指南》中，也不包括《简明合同格式》。

菲迪克（FIDIC）合同条件中的《施工合同条件》"新红皮书"、《生产设备和设计—建造合同条件》"新黄皮书"、《EPC/交钥匙项目合同条件》"银皮书"，在国际工程承包业务中应用的比较多，可以比较方便的适应业主或承包商，在招标文件的选择或合同管理中能方便地任意选择，在固定和规定的20条"通用条件"或各自"专用条件"中，结合具体的工程实际可互相借鉴调整"拼装"。例如：设计（或部分设计）由谁做？价格（或部分价格）是包干还是可调？雇主（也称业主）和承包商各承担多少风险等，都可在"专用条件"中，根据项目的需要进行选择，编制出既符合菲迪克合同条件，又满足工程项目实际要求的工程承包合同。所以，菲迪克合同条件在国际工程承包活动中得到了普遍的应用。国际金融组织（世行、亚行、非行等）贷款的工程项目以及一些国家的国际工程项目招标文件中都采用了菲迪克合同条件。许多国家在编制本国的合同条件时，都对比分析的采用了菲迪克合同条件。由于菲迪克合同条件是国际上权威性的合同文件。所以在许多国际工程谈判中，承包商与业主的谈判中，对把菲迪克合同条件作为"国际惯例"来使用，修改或补充某些条款。另外，咨询工程师在协助业主编制招标文件时，或承包商编制分包项目招标文件时也可以局部选择菲迪克合同条件中的某些条款以及规定。

（5）另外，FIDIC还先后出版了《设计，建造及运营项目合同条件》（2008年第一版）简称金皮书、《土木工程施工合同条件》（1987年第四版、1988年修订、1992年再次修订）以及《土木工程施工分包合同条件》（1994年第一版）。其中：

①《设计，建造及运营项目合同条件》（2008年第一版）简称金皮书是在1999年FIDIC《生产设备和设计—建造合同条件》（新黄皮书）的基础上，加入了有关运营与维护的要求和内容编写的。设计，建造与运营（简称DBO模式）的主要特点是业主将项目的设计、施工以及运营和维护工作，一并交给一个承包商来完成。对于业主而言，这种模式易于保证项目在运营期满前一直处于良好的运营状态，减少由于设计失误或建造质量等

原因导致在缺陷通知期期满后出现的各种问题和造成的损失。在DBO模式下，承包商不仅负责项目的设计与建造，而且要负责项目建成后提供持续性的运营服务。DBO模式是由业主融资，承包商仅负责按照业主的要求按时保质保量的完成设计、施工和运营工作。业主负责按时向承包商支付工程款。

FIDIC《设计，建造及运营项目合同条件》（2008年第一版）通用条件共有20条，195款。包括：一般规定；业主；业主代表；承包商；设计；员工；生产设备；材料和工艺；开工日期；竣工和进度计划；设计－建造；运营服务；试验；缺陷；变更和调整；合同价格和支付；由业主终止；由承包商暂停和终止；风险分担；特殊风险；保险；索赔；争议和仲裁。

专用条件的内容分为A、B两部分，A部分为合同数据，B部分是专用条款的特定条款，包括招标文件编写说明，特定条款编写说明和示例。

②《土木工程施工合同条件》（1987年第四版、1988年修订、1992年再次修订）适用于单价与子项包干混合式合同，适用于业主任命工程师管理合同的土木工程施工合同。

③《土木工程施工分包合同条件》（1994年第一版）是与《土木工程施工合同条件》配套使用的。由于该合同条件是承包商与分包商之间签订的，因而合同条件主要论述承包商与分包商的职责、义务和权力。该合同条件第一部分为通用条件，包括22节、22条、70款。内容包括：定义与解释；一般义务；分包合同文件；主合同；临时工程；承包商的设备和（或）其他设备；现场工作和通道；开工和竣工；指示和决定；变更；变更的估价；通知和索赔；保障；未完成的工作和缺陷；保险；支付；主合同终止；分包商的违约；争议的解决；通知和指示；费用和法规的变更；货币和汇率。第二部分为专用条件的编写指南，之后附有分包商报价书，报价书附录以及分包合同协议书范例格式。

3.2.3　代理协议

【基本概念】

1. 定义

代理是指接受委托，代表当事人进行某种活动或指接受委托在授权范围内代表当事人所从事的具有法律效力的法律行为。

代理人也叫经纪人或"授权代表"。指自然人根据代理契约、协议或授权书或口头约定，向被代理者收取一定佣金（或者免费），全权或在一定的授权范围内，代表被代理人或者授权单位，在代理期限内行使被代理者的权力，完成相关的使命或者任务。

2. 代理人的作用

在国际工程承包市场上，代理人是国际承包商在新的环境下获得工程项目的主要信息来源。代理人可以及时获得当地大型项目的招标信息，并且可以跟踪一些潜在招标项目的进展状况，可以随时向业主宣传公司的经营能力和业绩，甚至可直接引见公司代表与业主洽谈。代理人可向国际承包商提供与实施工程项目有关的各种法律规定、经济和政治情况。如提供与实施工程有关的当地材料和设备的价格、劳务水平和价格、国家的各种税收及税收优惠、货物进出口的规定等。这些资料将有助于承包商进行合理的投标报价。代理人也可通过对当地目前局势和今后一定时期的发展前景作出分析后，对国际承包商在当地的业务提出合理化建议，供领导层决策时参考；还可以为国际承包商介绍一些当地的技术人员或信誉较高的咨询公司参与企业的业务；以及可以代表承包商在承包商的授权范围内，办理日常事宜等。

由代理人提供的各种服务均应在协议中写明服务的范围。

3. 代理协议

代理协议实际上是一种委托合同，是指当事人双方约定一方为另一方处理事务的协议。本文称其为委托人（Principal）和代理人（Agent）。依据代理协议，代理人应以委托人的名义办理所委托的事宜，而委托人则应对代理人所进行的合法委托事务的法律后果承担责任。

在国际工程承包业务中，有时有些代理业务也往往以技术咨询的方式进行，本节文案范例中对此类技术咨询协议，也给出了示例。

【内容与格式】

代理协议的格式和主要内容，包括：

1. 基本情况

双方当事人的名称、国籍、注册地址以及代表人的姓名、职称和联系地址；代理协议的签订日期和地点等。

2. 委托和授权

委托的事项以及授权的范围。

3. 服务

委托代理人提供的服务内容、代理范围或代理项目的名称。

4. 义务和责任

双方的义务和责任、代理人的保障义务。

5. 代理费用

代理费用金额以及代理费用的支付方式。

6. 代理期限

代理的期限；协议的生效日期；协议期限的延长。

7. 保密

保密资料的范围、种类；保密期限。必要时可对泄密后果作出相应规定。

8. 代理协议终止

协议终止的条件；协议终止后的善后事宜。并要明确规定协议终止的赔偿金额。

9. 争议解决的方式

建议争议解决以仲裁为主，要明确仲裁机构的名称。

10. 代理协议的文本、生效时间与条件

协议使用的语言；适用的法律；协议份数以及双方商定的其他事宜。

11. 双方代表人签字及日期

【文案范例1】

代 理 协 议

本协议由以下各方于×年×月×日，在中国北京签订：

委托人名称：

国籍：

办公地址：

通讯地址：　　　　　　　联系电话：

代理人名称：

国籍：

办公地址：

通讯地址：　　　　　　　联系电话：

委托人具有从事工程建设承包领域各项工作的合法权利。希望在××国××地区委任一名唯一代理，代表其处理在与其所从事的工作领域相关地区的全部事宜。

代理人愿意接受委托人的委托，作为委托人在该地区从事本领域工作的唯一代理，并且愿意在本地区内向委托人提供本协议条款和条件下委托人所要求的帮助。

为此，双方就如下事项达成协议：

1. 委托和授权

委托人在本协议期间，对以下事项在此委任代理人为该地区的唯一代理和负责人，而代理人在此根据本协议条款和条件接受委托人的委任：

（1）为委托人在本领域的工作提交投标书；

（2）保证投标书的安全；以及

（3）双方商定的其他委托事务。

没有委托人的事先书面同意，代理人无权以委托人的名义签订任何合同或承担任何义务或工作。

2. 服务

本协议期间，代理人代表委托人在本地区为其活动提供下列服务（仅就委托人所要求的服务而言），并且提供双方达成协议的此类其他服务：

（1）向委托人提供潜在的雇主、咨询人、其他承包商以及政府当局的信息；

（2）向委托人提供市场和其他信息，包括有关的法律法规和为通过资格预审的正确方法以及其他编制合同文件和实施合同所必需的规则；

（3）在本地区帮助委托人办理其获得和实施合同所必需的政府当局的任何执照、证书或许可；

（4）对所有与将货物、设备和材料进口到本地区相关的事宜提供帮助和提出建议；在与此相关的海关手续方面，安排从当地目的港到交货地的运输方面以及在设备和材料再出口（如有的话）方面提供帮助；在准备工作上提供帮助并递交和办理全部或部分免除海关关税或其他评估的所有申请（如有的话）。

3. 代理费用

（1）考虑到代理人在本地区提供的此类服务，委托人同意向代理人支付代理费用，代理费用额按委托人与第三方在本协议期间协商确定。代理费用不应超过当地法律有关代理费的规定或当地的惯例。双方初步确定代理费的比例为合同额的 0.5%～5%。若政府对代理费未作出规定时，应根据提供的服务和当地的惯例确定代理费用。

(2) 当委托人收到实施这些合同的每一笔款项时，应按相同的币种和上述的百分比，并以代理协议所规定的支付方式向代理人支付代理费用。即：委托人在收到每一笔合同支付款额的 30 天内（或在双方商定的其他时间内）向代理人支付代理费用。代理费由委托人直接付给代理人指定的银行账号或按照代理人随时书面要求的其他方式支付。

(3) 在进行采购、履行协议，或提供上述协议规定的其他服务方面，使代理人发生了费用。只要事先已征得委托人的书面同意，可按支出凭据向委托人报销。可按月或按季进行报销。

(4) 上述代理费支付的前提是：只有在委托人获得工程合同并收到工程业主的付款之后，才按比例支付代理费用。代理费用支付的次数双方根据工程合同另行商议。

4. 协议期限

(1) 本协议期限为×年×月—×年×月。从本协议生效日自签订日开始计算。

(2) 无论本协议期满与否，本协议应在委托人与任何第三方签订的合同实施期间持续有效，直到完成该合同的全部工作。

(3) 协议期满时，任何一方可在协议终止日前 60 天向对方发出要求延期的书面通知。经双方商定可延长协议期限。

5. 保密

由一方提供给另一方的无论何种性质的所有信息和资料，双方均应严格保密。没有获得提供信息和资料方的明确同意，不应该向任何第三方透露。任一方发生泄密均应承担经济与法律责任。

6. 义务和责任

6.1　代理人的义务和责任：

(1) 依据协议规定，亲自办理事务。要求代理人在其授权范围内，亲自办理事务，没有委托人的事先同意，代理人不得将被委托的事务进行再次委托；

(2) 按约定时间和方式报告有关委托事务的进展情况，并提交必要的证明文件；

(3) 办理委托事务中所得收益应及时转移给委托人；

(4) 应代表和维护委托人的利益，努力获得工程合同。

6.2　委托人的义务和责任：

(1) 承担代理人在其授权范围内办理委托事务的法律责任；

(2) 预支和返还给代理人办理委托事务所需的日常费用开支；

(3) 按协议规定及时支付代理费用。

6.3　除非有委托人的书面指示，委托人对代理人所进行的各种活动不承担任何道义和法律上的责任；代理人不得以委托人的名义从事非法活动或对外承担任何义务。

7. 代理协议终止

7.1　如发生下列情况之一，可终止协议：

(1) 任何一方当事人终止协议，提出终止协议方应赔偿对方的损失；

(2) 任何一方当事人丧失履约能力，如其法人资格被撤销，破产等。

发生上述事件后，提出终止协议方，应立即通知对方，并应采取必要的措施减少由此造成的损失。

（备注：协议中应明确规定赔偿金额。）

8. 其他

8.1 本协议使用中英两种语言，其中英文为主导语言，在出现相互矛盾时，以主导语言编写的协议文本为准。同时，双方相互发送的通知和来往信函均应使用与本协议相同的语言。

8.2 本协议适用于中国的法律。

8.3 协议在执行期间，如果出现争议，双方应友好协商解决。友好解决不成，可向双方商定的仲裁机构申请仲裁。仲裁机构的名称为_____。

8.4 本协议一式六份，正本二份，副本四份。双方各执正本一份，副本二份。本协议经双方授权代表人，签字后生效。

甲　　方：

法定代表人（授权代表）：

乙　　方：

法定代表人（授权代表）：

×年×月×日

【文案范例2】

_____ **Agreement**

_____**协议**

注意事项：

对于本协议的名称，应根据项目的不同情况填写具体的协议名称，例如代理协议、咨询协议、合作协议等。

Agreement NO. _____

协议号：_____

BETWEEN

_____, duly incorporated pursuant to the laws of The Peoples Republic Of China, having it's registered office and Principal place of business at _____ Street，Beijing，China

(hereinafter referred to as "Party A") .

_____作为一个国有公司是根据中华人民共和国法律成立的，其注册地和主要办公地为中国北京市_____大街_____号。（以下简称"甲方"）

AND

_____

_____

_____

(hereinafter referred to as "Party B")

(以下简称"乙方")

(Party A and Party B hereinafter being collectively the "Parties" and each individually a "Party")

(甲方和乙方以下合称为协议双方，单独称为一方)

WHEREAS, _____ (hereinafter referred to as "Project Owner") is planning to develop _____ (hereinafter referred to as "Project") in _____, and the Parties agreed to cooperate to ensure the Party A to be awarded _____ contract for the Project (hereinafter referred to as "the Project Contract") and hereby ensure Party A to implement Project successfully；

鉴于，_____（以下简称"业主"）计划开发位于_____ 的 _____项目（以下简称"该项目"），协议双方同意合作参与该项目以使得甲方获得该项目的_____合同（以下简称"项目合同"）以及顺利实施该项目。

Now therefore the "Parties" agree as follows：

现双方同意：

1. Obligations of Party B

a) The Party B shall render all possible services and make all efforts so that the Project Owner award the Project Contract to the Party A and protect the interest of the Party A in the process of the project implementation.

b) Party B shall be responsible for communicating with Project Owner prior to and after the execution of Project Contract and during the implementation period of the Project Contract.

c) Party B shall regularly submit and/ or cause to submit without delay to the Party A any and all information pertaining to the Projects.

d) Party B shall keep Party A regularly informed of the rules and regulations in _____ pertaining to taxes, duties, customs clearance, currency, legal norms, and all other matters that could have a direct or indirect effect on the interest and preparations of the Party A in the Project.

e) Party B shall assist the Party A in obtaining entry and exit visas, work permits, residency permits, etc., to facilitate entry into, and stay in _____ of the Party A's staff prior to and after the execution of Project Contract and during the implementation period of the Project Contract.

f) Party B shall assist the Party A in having any bank guarantee or other forms of guarantees, issued by Party A relating to Project or under Project Contract, returned by the Project Owner and getting full payment, in good time, for each maturing payment (s) under Project Contract from the Project Owner. If Party A claims for the extension to time for completion or increasing in contract price under Project Contract, Party B shall give full assistance to Party A to make sure such claims to be accepted by Project Owner.

g) Party B shall warrants that it shall not enter into any form of Agreement or carry out any form of cooperation with any competitor of the Party A on the Project.

h) Party B shall assist Party A in improving the Project proposal, Project quotation and Project Contract prepared by Party A. Party B shall procure such Project proposal, Project quotation and Project Contract are accepted by Project Owner.

i) Party B undertakes to keep strictly confidential all documents, information, processes, practices, contracts, software, data base, plans, etc. disclosed by Party A, and especially shall not disclose the Project information to the Party A's competitor.

j) Party B undertakes that it shall strictly abide by applicable laws of _____ in performing its obligations of this Agreement. Party A shall not be responsible for any of the Party B's acts, which violate laws of _____ . In the event of Party A incurs any loss . or cost due to illegal act above of Party B, Party B shall compensate Party A for such loss or cost.

k) Without prior written consent of Party A, Party B shall not make any promise to, accept or sign any clause and/or documents on behalf of Party A.

1. 乙方责任

a) 乙方将提供所有的服务并尽一切努力使得业主能够将项目合同授予甲方并且维护甲方在项目实施过程中的权益。

b) 乙方负责项目合同签订前后和项目合同履行期间与业主的联系及沟通工作。

c) 乙方应随时并及时地向甲方提供与该项目相关的任何及所有信息。

d) 乙方应及时向甲方提供_____当地的国内税制、关税、清关、货币、法律规范以及其他可能直接或者间接影响到甲方利益及甲方项目准备工作的规章制度。

e) 为方便甲方人员进入_____，并在_____逗留，乙方应协助甲方在项目合同签订前后和项目合同履行期间获得_____当地的签证、工作许可、居留许可等。

f) 乙方应协助甲方从业主处收回项目合同下或有关该项目的所有银行保函或其他形式保证，并协助甲方从业主处及时获得项目合同下每期付款。如果甲方在项目合同下要求工期的延长或合同金额的增加，乙方应给予全力协助以确保项目业主接受甲方上述要求。

g) 乙方承诺不与甲方的任何竞争对手就本项目达成任何形式的协议或进行任何形式的合作。

h) 乙方应协助甲方完善甲方准备的项目建议书，项目报价及项目合同，并使上述项目建议书，项目报价及项目合同为项目业主确认认可。

i）乙方承诺对所有甲方提供的文件、信息、流程、惯例、合同、软件、数据、方案等承担保密义务，尤其是不向甲方的竞争对手披露本项目的信息。

j）乙方保证在履行本协议义务时，应遵守当地法律。甲方不对乙方违反当地法律的行为承担任何责任。如果甲方因为乙方的上述违法行为遭受任何损失或费用，乙方应赔偿甲方上述损失及费用。

k）未获得甲方的书面同意，乙方不得以甲方的名义承诺，接受或者签署任何条款和/或文件。

注意事项：

以上a），f），g），i），k）为乙方义务中的核心部分，建议不要直接做删改。

2. Obligations of Party A

a) Party A shall pay remuneration to Party B according to Article 3 of this Agreement;

b) Party A shall be responsible for drafting Project proposal and Project Contract and other documents reasonably required by Project Owner.

2. 甲方义务

a）甲方应按照本协议第三条的规定支付乙方报酬；

b）甲方应负责起草项目建议书，项目合同书及其他项目业主合理要求的文件。

3. Remuneration：

In the event of the Project Contract coming into force, for all services to be rendered by the Party B under this Agreement on the Project submitted to the Party A by the Party B, the Party A agrees to pay the Party B the remuneration of _____ percent (_____%) of the Project Contract value between the Party A and the Project Owner based on the Project Contract value of the Party A's portion of the Project Contract. The total remuneration is $_____ (say _____ US Dollars) .

Each Party shall bear its own costs and expenses incurred from undertaking its respective obligations under this Agreement. None of payment other than remuneration stipulated in this Article 3 of this Agreement shall be paid by Party A for work undertaken by Party B to fulfil this Agreement. Any risk incurred by Party B from performing this agreement shall be born itself.

Each Party shall borne any tax which by itself. Party A shall deduct all taxes which should be borne by Party B according to any tax law or regulation of P. R. China, if any, before any payment to the Party B under this Agreement.

3. 报酬

项目合同生效后，作为乙方为甲方获得项目所作的所有服务的报酬，甲方同意向乙方支付其与业主项目合同价格的_____%。总的报酬是_____美元。

因履行本协议项下义务而遭致的费用及花销由各方自己承担。除了本协议第三条规定的报酬外，甲方不再向乙方支付任何费用。乙方在履行本协议过程中所遭受的风险由乙方自己承担。乙方根据中国法律法规应承担的所有税费，甲方有权在向乙方根据本协议支付任何款项中予以扣除。

注意事项：

项目佣金尽量在本协议中规定一个确定的数额，如果数额在签订本协议时仍未能确定，那么按照我们与业主之间的项目合同的百分比确定时，其计算基数应当是我们与业主签订的项目合同中我们所得的那部分金额。

报酬支付的币种请根据实际情况修改。

鉴于目前国家税务部门对于代理费税款的征收有了严格的规定，因此此条规定代理费将由我们代扣代缴中国境内的税费。

4. Terms and Conditions of Payment

The Remuneration stipulated in article 3 of this Agreement shall be paid in the manner as follows：

a) First Payment：_____% (_____ percent) of the total remuneration shall be paid by Party A within thirty (30) days of the Party A has received full amount of advance payment under Project Contract and Project Contract has come into force.

b) Second Payment：_____% (_____ percent) of remuneration shall be paid by Party A within thirty (30) days after Party A has received Provisional Acceptance Certificate or any other certificate issued by Project Owner which certifies the Project has been substantially completed and taken over by the Project Owner in accordance with the requirements of the Project Contract.

c) Third Payment：_____% (_____ percent) of remuneration shall be paid within thirty (30) days after Party A received Final Acceptance Certificate or any other certificate issued by Project Owner which certifies Party A has completed performance of Party A's obligations of Project Contract and Project Owner has returned all bank guarantees or other forms of guarantees, issued by Party A relating to Project or under Project Contract, to Party A.

The aforesaid payment of the remuneration shall be made by Party A in United States Dollars (USD) to any nominated account with the name of Part B as informed to Party A by Party B in writing.

4. 支付方式

本协议项下报酬应按以下方式支付：

a) 第一笔支付：甲方在收到项目合同项下预付款全额且该项目合同生效后30天，甲方应支付报酬的_____%给乙方。

b) 第二笔付款：甲方在收到项目业主签发的临时接受证书或者其他证明项目已按照合同约定基本完工并且被项目业主接管的证书后30日，甲方支付报酬的_____%给乙方。

c) 第三笔付款：甲方在收到项目业主签发的最终接受证书或者其他证明甲方已全部履行完项目合同项下甲方义务的证书，并且项目业主释放项目合同下或有关该项目的所有银行保函或其他形式保证后30日，甲方支付报酬的_____%给乙方。

前款所述报酬将由甲方以美元支付到乙方书面指定的以乙方名称开立的账户。

注意事项：

请各业务部门根据项目性质（卖贷、现汇）以及收汇进度的不同安排每期佣金支付的进度，以及支付的依据。需要注意的是，尽量不要在项目没有开始执行前就将全部或者大部分佣金支付到代理手中，应当考虑保留部分佣金在项目执行过程中以及项目质保期后支付，以制约代理在项目执行中配合我公司。

5. Notices

Any notice, communication or demand from one Party is deemed to have been received by the other Party if it is delivered in writing by hand, by registered mail, by facsimile transmission, or by courier to the other Party's following address stated in this Agreement or any other address of which the other Party will notify in writing. Such notice, communication or demand sent by e-mail shall still need to be subsequently confirmed by delivery by hand, by registered mail, by facsimile transmission, or by courier.

Address of Party A _____

Address of Party B _____

5. 通知

如果来自协议一方的任何通知、通讯或者要求是通过当面递交、挂号信、传真或者快递方式送达到另一方的下列地址或另一方以书面形式通知的任何其他地址，则上述通知、通讯或者要求应视为已被另一方接收。如果上述通知、通讯或者要求是以电子邮件方式发送，则随后仍需通过当面递交、挂号信、传真或者快递方式送达以进行确认。

甲方地址：_____

乙方地址：_____

6. Term and Termination

This Agreement shall enter into force upon the date when the Parties' representatives appends their signature on this Agreement and shall remain in force for a period of two years from the date of its signature by the Parties. This Agreement may be renewed for subsequent period (s) of time upon written consent of both the Parties. If either party decides not to renew this Agreement or do not agree on the terms of its renewal, then it shall expire automatically on its then valid expiry date. If the Project Contract hasn't come into force within the above validity period of this Agreement, this Agreement shall be deemed to be null and void.

In the event of the Project Contract coming into force within the above validity period, this Agreement shall be extended and shall remain in force until the fulfillment of the relevant obligations herein, unless terminated earlier as per clauses a), b) or c) here below or as per clause 7.

a) Either Party may upon written notice terminate this Agreement upon the occurrence of any of the following events：

◆If the Project is cancelled by the Project Owner.

◆If the Party A's offer is rejected by the Project Owner for any reason whatsoever.

◆If the Project Contract is awarded by the Project Owner to another contractor.

◆The Project Contract is terminated earlier for any reason during the execution of the Project Contract.

b) Party A may forthwith upon written notice terminate this Agreement upon the occurrence of any of the following events:

◆If Party B is subject to bankruptcy or liquidation or similar procedure or makes any arrangement or composition with its creditors;

◆If Party B is subject to any criminal proceedings.

c) The Parties mutually agree to terminate this agreement for any reason with a written consent, or sign an alternative agreement to replace this Agreement.

Party B shall not be entitled to any further compensation or indemnity if this Agreement is deemed to be null and void or terminated earlier.

6. 协议期限与终止

本协议将在双方的授权代表签字后开始生效，有效期为两年。本协议可依据双方的书面同意续订。如果任何一方决定不续订本协议或者不同意续订条款，本协议将在到期日自动到期。如果项目合同没有在上述本协议的有效期内生效，本协议将视为无效。

如果项目合同在上述本协议的有效期内生效，本协议将自动延期直至本协议相关责任全部履行完毕，除非本协议因以下 a) 或 b) 或 c) 的原因被提前终止：

a) 在以下情况发生时任何一方可通过书面通知终止本协议：

◆如果本项目被项目业主取消；

◆如果甲方的报价因任何原因未被项目业主接受；

◆如果项目合同被项目业主授予其他承包商；

◆如果在项目合同执行期内项目合同因任何原因被提前终止。

b) 在以下情况发生时甲方可通过书面通知立即终止本协议：

◆ 如果乙方遭遇破产、清算或类似程序，或与债权人达成协议或和解；

◆ 如果乙方遭遇任何刑事诉讼。

c) 如果双方一致书面同意因任何原因终止本协议，或者签订了一份协议以替代本协议。

如果本协议被视为无效或者被提前终止，乙方无权要求任何补偿或者赔偿。

7. BREACH OF CONTRACT

Except as otherwise provided herein, if a Party (hereinafter referred as "Breaching Party") fails to perform any of its obligations under this Agreement or otherwise is in breach of this Agreement, then the other Party (hereinafter referred as "Aggrieved Party") may:

a) give written notice to the Breaching Party describing the nature and scope of the breach and demand that the Breaching Party cure the breach at cost of Breaching Party within a reasonable time specified in the notice (hereinafter referred as "Cure Period") ; and

b) if the breaching Party fails to cure the breach within the Cure Period, then the Aggrieved Party may by written notice terminate this Agreement immediately, and in addition to its other rights under this Agreement or applicable Laws, the aggrieved Party may claim damages arising from the breach.

7. 违约

除本协议其他条款另有规定外，如果一方（"违约方"）未履行其在本协议项下某项义务或以其他方式对本协议构成违反，则另一方（"受损害方"）可以：

a) 向违约方发出书面通知，说明违约的性质以及范围，并且要求违约方在通知中规定的合理期限内自费予以补救（"补救期"）；并且

b) 如果违约方未在补救期内予以补救，则受损害方可向违约方发出书面通知，立即终止本协议，除了本协议或有关法律下的权利之外，受损害方还可就违约引起的损失提出索赔。

8. Governing Law

This Agreement shall be construed and enforced in accordance with the laws of People's Republic of China.

8. 适用法律

本协议将适用中华人民共和国的实体法律。

注意事项：

由于代理所在国以及项目所在国关于代理的法律规定我们并不能一一了解，因此建议适用中国的实体法律，也可以适用英国法、法国法等第三国法律。避免适用代理所在国以及项目所在国的法律。

9. Arbitration

Option 1

Any dispute between the parties that cannot be settled by mutual agreement and that relates to the interpretation, carrying out of obligations, breach, termination and enforcement of this Agreement or in any way arises out or is connected with this agreement shall be submitted to China International Economic and Trade Arbitration Commission (hereinafter referred to as "CIETAC") arbitration which shall be conducted in accordance with CIETAC Arbitration Rules. The arbitral award is final and binding upon both parties. The arbitration place is Beijing, China. All proceedings of the arbitration, including arguments and briefs shall be conducted in English.

Option 2

Any dispute between the parties that cannot be settled by mutual agreement and that relates to the interpretation, carrying out of obligations, breach, termination and enforcement of this Agreement or in any way arises out or is connected with this agreement shall be submitted to Singapore International Arbitration Centre (hereinafter referred as "SIAC") for arbitration in Singapore in accordance with the Arbitration Rules of the SIAC then in force. The tribunal shall consist of three arbitrators to be appointed by the Chairman of the SIAC. The arbitral award is final and binding upon both parties. All proceedings of the arbitration, including arguments and briefs shall be conducted in English.

Option 3

All disputes arising out of or in connection with this Contract, including any question regarding its existence, validity or termination, shall be submitted to the International Court of Arbitration of the International Chamber of Commerce (ICC) in Paris and finally settled under the Rules of Arbitration of ICC by three or more arbitrators appointed in accordance with said Rules. The language to be used in the arbitration proceedings shall be English. The Place of Arbitration shall be in Paris, France, and the arbitration award shall be final and binding on the parties.

9. 仲裁

选项一

有关协议的解释，义务履行，违约以及协议的终止及执行或以其他方式产生的或与本协议有关的任何不能通过协商解决的纠纷都应交由中国国际经济贸易仲裁委员会（以下称"CIETAC"）依据该会仲裁规则予以仲裁。仲裁裁决是终局的且对双方当事人具有约束力。仲裁地为中国北京。包括辩论及陈述在内的所有仲裁程序都以英语进行。

选项二

有关协议的解释，义务履行，违约以及协议的终止及执行或以其他方式产生的或与本协议有关的任何不能通过协商解决的纠纷都应交由新加坡国际仲裁中心（以下称"SIAC"）依据该中心仲裁规则在新加坡予以仲裁。仲裁庭将由 SIAC 主席任命的三名仲裁员组成。仲裁裁决是终局的且对双方当事人具有约束力。包括辩论及陈述在内的所有仲裁程序都以英语进行。

选项三

有关协议的解释，义务履行，违约以及协议的终止及执行或以其他方式产生的或与本协议有关的任何不能通过协商解决的纠纷都应交由位于巴黎的国际商会（ICC）的国际仲裁院（以下称"ICA"）依据 ICC 仲裁规则由三名或多名仲裁员予以仲裁。仲裁程序以英语进行。仲裁地为法国巴黎。仲裁裁决是终局的且对双方当事人具有约束力。

注意事项：

（1）仲裁依据项目所在地的不同以及代理的偏好，我们推荐了三个可选择的仲裁机构（国际商会，新加坡国际仲裁中心，中国国际贸易仲裁委员会），建议业务部门在使用时尽量在此三地中进行选择。首选仲裁机构推荐贸仲，但是鉴于代理的接受程度，也可考虑与非洲国家在巴黎的国际商会进行仲裁，与亚洲国家在新加坡国际仲裁中心仲裁。避免在协议中达成在项目所在国或者代理所在国进行诉讼或者仲裁。

（2）一个完整、全面的仲裁条款应包括仲裁机构、仲裁地、仲裁规则、仲裁员、仲裁语言，仲裁裁决终局的规定。

10. Independent Relationship between the Parties

The Parties are only establishing an independent cooperation relationship with each other by entering into this Agreement. Nothing in this Agreement shall be construed or implied as:

a) establishing between the Parties hereto any partnership or any other form of relationship entailing joint liability;

b) authorizing either Party to incur any expenses or bear any other form of obligation on behalf of the other Party (except with the other Party's prior written consent).

10. 协议双方之间的独立关系

协议双方签订本协议仅仅在他们之间产生独立合同关系。本协议任何条款均不得被解释为：

a) 在协议双方之间形成合伙关系或其他导致共同责任的关系；

b) 授权一方代表另一方签订任何文件或协议、代表另一方对外进行任何承诺（另一方事先书面同意的除外）。

注意事项：

本条规定是为了防止代理方将本协议用于以我公司名义对外进行不负责任地承诺等用途，并且需要注意的是在履行本协议的过程中不得给对方进行书面授权。

11. Waiver

Either Party's failure to exercise or delay in exercising any right, power or privilege under this Agreement shall not operate as a waiver thereof, and any single or partial exercise of any right, power or privilege shall not preclude the exercise of any other right, power or privilege.

11. 不放弃权利

如果一方未行使或延迟行使其在本协议项下的某项权利、权力或特权，不构成该方对此项权利、权力或特权的放弃，如果该方已经行使或者部分行使某项权利、权力或特权，并不妨碍其在将来行使其他权利、权力或特权。

12. Entire Agreement

This Agreement and the Schedules and Annexes hereto constitute the entire agreement between the Parties hereto with respect to the subject matter of this Agreement and supersede all prior discussions, negotiations and agreements between them, including, the Memorandum of Understanding between _____ and _____ dated on _____, the agreement between _____ and _____ dated on _____ about the Project [refer to all MOUs, agreements previously signed].

12. 完整协议

本协议及其附录和附件构成双方就本协议标的达成的完整协议，并且取代双方之间此前就该标进行的所有磋商、谈判以及达成的协议，包括_____与_____于_____（日期）达成的备忘录以及_____与_____于_____（日期）就本协议达成的协议（指签订本协议之前的所有备忘录及协议）。

注意事项：

由于在签订代理协议之前，我公司很可能与代理之间就本项目签订了备忘录或者前期的协议，为了防止前期签订的备忘录与协议与本代理协议之间的规定有冲突，请在本条中详细列出双方就协议涉及的项目达成的全部备忘录或者协议。

13. Schedules and Annexes

The Schedules and Annexes hereto are made an integral part of this Agreement. In the event of any conflict between above-mentioned terms and provisions of this text and the Schedules or Annexes, such terms and provisions of this text shall prevail.

13. 协议附件

本协议的附录以及附件为本协议不可分割的部分。如果上述文本中的条款及规定与附录以及附件的条款有冲突，则以文本中的条款及规定为准。

注意事项：

如果本协议有附件，请在协议后附上附件文本，作为本协议的一部分。

14. Others

This Agreement is made out in the Chinese language and the English language in _____ (_____) originals, and _____ (_____) original copies for each party. If there is any inconsistency or ambiguity between the English version and the Chinese version, the English version shall prevail.

This Agreement shall be subject to change only upon written consent of both the Parties.

14. 其他

本协议原件以中英文书就，正本_____份，双方各持_____份正本。如果两种文本之间有冲突或者不一致，英文文本优先。本协议的修改必须得到协议双方的书面同意。

注意事项：

鉴于我公司涉及项目的国别非常广泛，可能适用的语言众多，代理协议也可以以其他语言签署，但是建议在协议中规定"英文文本优先"，避免其他语言优先的规定。

Signed in _____, _____ on the _____ day of _____, _____

For and on behalf of "CMEC"

_____

授权代表_____于_____年_____月_____日签署于_____

Signed in _____, _____ on the _____ day of _____, _____

For and on behalf of _____

_____

授权代表 _____于_____年_____月_____日签署于_____

3.2.4 联营协议

【基本概念】

1. 定义

在国际工程承包业务中联营是指我国工程承包商与项目所在国工程承包商组成联营体（Joint Venture，简称JV），并在项目所在地登记注册，遵守项目所在国的法律法规，实施工程项目的建设与施工。组成联营体的目的，或是为了增强自己的竞争实力；或是项目所在国实行地方保护政策，要求外国投标者必须与本地承包商组成JV共同投标；或是项目所在国给予本国承包商许多优惠。例如，世界银行贷款项目也对外国企业与本地承包商组成的JV在评标时给予优惠。另外，许多外国承包商也愿意与项目所在国承包商组成JV，以便使投标更具竞争力，同时还可以利用项目所在国承包商的社会关系，为夺标和实现项目的目标创造更为便利的条件。

2. 联营体的类型和特点

联营体一般可分为两大类：法人型 JV 和合同型 JV。

（1）法人型联营体

法人型联营体实际上是一种合资公司，是具有独立法人资格的各方同意联合组成新的经济实体，共同承担民事责任，并注册登记的新的法人。其合作方式为各当事人认缴一定的注册资本金，并按照其认缴的资本金额度在联营体总注册资本中所占的直接比例，分享联营体的利润，分担风险和损失。联营各方关心的是整个项目的利润和损失，因此他们必须一同制定项目的目标，共同决策。即使有具体事项的分歧，但最终目的与权益是一致的。

（2）合同型联营体

合同型联营体也称为合作型联营体或分担型联营体，但性质是一样的，即具有独立法人资格的各方按照合同的约定进行经营，其权利和义务由合同约定。他们具有共同的经济目的，为了获取投标的项目，在项目实施和经营等方面进行协作，而就相互间的职责、权利和义务关系达成协议。所订立的联营体协议书是制约各方的主要手段。

工程项目实施时的联营体多半是合同型联营体，在具体协作时，各方可根据自己的特长，在实施项目时分担自己的责任，分担方法可以按设计、施工、货物采购等，也可以把土建工程分为若干部分（如基础工程，上部结构等），由各方分担。

协议书的订立只是针对某一具体的工程项目，在完成项目，清理了该项工程的一切财务账目（即清理了 JV 的财务和权益）后，即宣告联营终止。

合同型联营体又可分为两种：

① 投资入股型

投资入股型类似于法人型联营体，但不注册为新的法人，不产生新的经济实体，只是一个关系较为紧密的联营体。联营各方约定共同出资，共同经营，共负经营风险。各方按照出资的比例或者协议的约定分享利润，承担民事责任和连带责任。

② 协作型

协作型联营体也不产生新的经济体，且是一个较为松散的联合体，其组织性较弱，在承包经营中独立核算，不必设立出资条款和盈亏分派条款。通常规定建立一个共同管理联营体的机构，或由一个联营体成员对联营的项目进行组织和协调，负责对外进行业务联系，对内组织、协调生产使各联营体成员相互提供便利和优惠。各联营体成员出一部分资金作为协调组织机构的办公费用，但此部分费用不具有出资的性质。联营体成员间的业务往来，仍然通过订立各种合同来进行，如购销合同、技术转让合同等。

【内容与格式】

根据联营体的类型分别介绍法人型联营体协议书、投资入股型联营体协议书、协作（或合作）型协议书的内容与格式。

一、法人型联营体协议书的内容与格式

1. 联营体名称和地址

成立联营体所依据的法律，联营体的名称和名称的使用原则，股东的责任形式为有限责任公司。

2. 联营体各成员的名称，办公地址及其经济性质联营体各成员在其所属国注册的全称名称，注册的法定办公地址及其经济性质，联系电话和传真机号，法定代表人及其职务和国籍。

3. 联营体的经营宗旨、范围和规模

组成联营体的目的和经营宗旨，经营范围和规模，联营体的年生产能力应达到或超过的营业额，联营体如何设立独立的账户。

4. 投资总额和注册资本

联营体的投资总额及来源组成；联营体的注册资本额；联营体各方认缴注册资本的百分比及具体金额，认缴的方式和时间安排；联营体各方注册资本缴纳的验资和核实。投资总额以及注册资本额的任何变化须经董事会和有关部门同意。

5. 董事会

董事会的成立，董事会的组成和任期，董事长的职责和权力，董事长、副董事长和董事任命方法，各董事的姓名、职务和地址，董事会的职责，召集董事会议和形成董事会议决议的有关规定。

6. 经营管理机构

经营管理机构的产生，人员组成和管理机构的职责，决策程序；主要负责人的姓名、任期、职责；现场经理部的组成和人员任命；现场经理部的职责和权限。

7. 购买设备、物资和服务

采购设备、物资和服务的原则。

8. 联营体各成员的职责和义务

分别规定联营体各成员的职责和义务。

9. 盈余及亏损分派的比例或标准

联营体成员应按照其所缴纳的资本在注册资本中所占的直接比例，分享联营体的利润，分担风险和损失。另应说明如何处理联营体任何债务和义务。

10. 协议书的修改

协议书条款内容的修改程序。

11. 联营体成员以现金以外的财产出资

联营体成员以现金以外的财产出资的方法和审批程序。

12. 工程投标

国际市场的调查，工程项目投标价格的确定，投标的原则。

13. 劳动管理

联营体的职工、管理人员在雇用、劳动纪律、辞职和报酬等方面的具体规定；董事会确定联营体高级管理人员的工资、劳动保险、福利、住房补贴和差旅标准等；董事会决定联营体的雇用人员总数、工作时间，并可随时对其进行修改；总经理依照联营体内部劳动规则行使劳动管理权力，同时，具有向职工直接发放应得奖金和解聘职工的自主权力；联营体职工有关辞职的规定；职工雇用试用期及解雇职工的有关规定。

14. 联营体的联营期限及期满后的资产处理

要规定联营体的具体联营期限，联营期限的起算日期，延长联营期限，联营期满后的资产处理规定。

15. 保险

联营体投保的范围、险种，保险的金额，保险公司的选择。

16. 违约责任、争议的解决

协议书终止的有关规定，协议书终止后各方所享有的权利，争议的解决。

17. 权益的转让

联营体任何一方转让其在联营体内权益的规定。

18. 其他

不可抗力，协议书适用的法律及采用的语言，联营体各种货币资金的使用平衡，有关税收、财务和审计的规定，相关技术保密的规定，协议书的生效日期，协议书的排他性，发给联营体各成员的通知。协议的份数，签字、时间等。

二、投资入股型联营体协议书的内容与格式

1. 联营体的名称

联营体的名称、组建联营体的目的。

2. 联营体各个成员的情况

说明联营体各个成员的情况。

3. 联营体主办公司

联营体主办公司的名称，对各方的要求。

4. 联营体内部管理

联营体管理的组织机构设置。

5. 投资入股的比例与损益分担

联营体成员投资入股的比例，损益分担的条件，所得税的缴纳等。

6. 授予协议书前后发生的费用

授予协议书前发生的费用的分担以及授予协议书后履行协议书过程中发生的费用分担。

7. 项目团队中的主要管理人员

项目经理和项目副经理的委派，项目经理的义务。

8. 项目员工

项目员工的雇佣、替换和调离，实施工程的其他人员的雇佣。

9. 联营体的融资

资金的筹集方式，联营体获取资金的优先顺序，启动资金。

10. 联营体的账户和账目

联营体账户和账目的规定，联营体收入和支出程序，项目预算的编制，对联营体账目的检查和审计等。

11. 担保、保函和其他担保

联营体提供担保和保函的规定。

12. 生产设备、材料和施工设备

生产设备和材料的采购规定，施工设备的采购和租赁规定。

13. 退出联营体

联营体协议书下收益或负债的转让。

14. 联营协议的终止

联营体终止的情况，终止后的清算。

15. 争议解决

联营体成员违约的处理，争议解决的方式和程序。

16. 其他事项

保密责任，联营体协议书等适用的语言。

17. 协议书的生效日期，协议的份数，签字，时间等。

三、协作（或合作）型协议书的内容与格式

此种协议书当事人在注意自己经济利益的同时，还要注意共同经营的经济效益，服从主办公司的统一管理，以实现协作的目的。协作（或合作）型协议书的格式与内容，如下：

1. 协作型（或合作）企业的名称及合法地址及办公地址。

2. 协作型（或合作）各方，根据工程项目所在国的有关法规，本着互利互惠、共同发展的原则，通过友好协商，在不改变各自企业性质及隶属关系的前提下，同意组成联营体参加＊＊＊工程项目的投标和实施。

3. 说明协作型（或合作）各方在整个工程项目中的具体分工。分工内容一定要十分明确，将业主方要求实施的内容，充分考虑各方的专长，具体分给协作型（或合作）企业各个成员。

4. 协作型（或合作）企业各方的权利与义务。

要明确各方均是独立的经济实体，各自经营，独立核算，自负盈亏。联营体对各方的债务不负连带责任。成员间的业务来往（包括原材料供货，设备租赁，技术服务及技术转让等）须分别订立经济合同，实行内部优惠。为实施工程项目，各个成员所需的同质同价产品和服务应优先采用，可获取的产品和服务。

5. 协作型（或合作）企业成员各自的财产所有权、正常经济活动和合法收入受法律保护，其他联营成员不得干预和处理。

各个成员有独立进行其他经济活动的权利。

各个成员有服从协调组织机构统一管理的义务，不得以任何理由拒绝这种统一管理。

6. 为了实现共同的经济目的，要求联营体各方积极履行其工程项目合同义务，同时为协作（或合作）其他方履约创造条件。

7. 利益分配。

8. 其他。

保密责任，联营体协议书等适用的语言。协议书的生效日期，协议的份数，签字，时间等。

【文案范例】

（略）

3.2.5 合作投标协议

【基本概念】

合作是指个人与个人、群体与群体之间为达到共同目的，彼此相互配合的一种联合行动或工作方式。

合作投标也称联合体投标，是指两个或两个以上的单位，合并在一起投标一个项目。并在投标以及中标以后的权益分配上，双方共同享有。

合作投标在工程建设领域是比较普遍的，在国际工程承包中也是一种常见的模式。

【内容与格式】

合作投标协议类似与协作（或合作）型协议书，其不同点是具有比较明确的指向性。其内容与格式一般包括：

1. 合作投标各方名称、住址等基本信息
2. 投标项目的名称、范围
3. 合作投标的主体与管理
4. 共同投标协议的有效期
5. 合作投标各成员的责任、权利、业务
6. 投标以及中标后的权益分配
7. 其他
8. 合作成员法定代表人（签名）及日期

【文案范例】

合作投标协议书

协议编号：

中国××××有限公司（以下简称甲方）与＿＿＿＿＿＿＿＿＿＿＿＿公司（以下简称乙方），就项目＿＿＿＿＿＿标号为＿＿＿＿＿＿合作投标事宜，经双方友好协商，达成协议如下：

1. 项目背景与概要

1.1　甲乙双方合作投标的项目标号为＿＿＿＿＿＿＿＿＿＿＿＿，项目名称为＿＿＿＿＿＿＿＿＿＿（以下简称项目）。

1.2　甲方同意以自己名义独立参加该项目的投标，乙方同意以产品、技术和服务配合甲方的投标工作。具体的投标产品规格、型号、报价、技术要求等详见附件一。

1.3　如该项目甲方能够中标，甲乙双方在中标后应以本协议及乙方提供投标文件的技术、产品、服务（包括产品和服务的价格）等内容为基础签订供货合同。

1.4　甲乙双方一致确认为履行本协议（包括投标过程中）而发生的一切费用由甲乙方各自承担。

2. 甲方的权利与义务

2.1　甲方以自己的名义独立参加＿＿＿＿＿＿＿＿＿＿项目的投标，并全权负责投标全过程的有关事项，包括招标文件购买，投标文件中商务部分文件的制作，技术部分文件的审核，投标文件汇总、制作，提供投标保证金，向招标方进行澄清、谈判、签约等。

2.2　甲方同意在本协议有效期内，不再与第三方就本协议项下的项目进行合作或采用第三方的产品进行投标（由于乙方提供的产品、规格、型号等原因产生的不符合招标文件的要求，导致甲方无法投标的除外）。

2.3　甲方同意对于乙方提供给甲方且用于此项目投标的技术文件、材料等予以保密。

3. 乙方的权利和义务

3.1 乙方同意在本协议有效期内，不再与任何第三方就本协议项下的项目进行合作，包括委托第三方或提供其产品以第三方名义进行投标、合作投标，或以自己名义参加本项目项下的投标。

3.2 乙方同意在投标的标书制作阶段，乙方应根据招标文件的要求向甲方提供一切有利于中标的产品技术性能资料或技术方案、产品（服务）价格、商务资格证明文件、服务措施等有关资料，以便甲方确定投标方案和制作标书。

3.3 乙方同意按照招标文件的规定和甲方的要求负责投标文件中技术部分文件的编制，并在投标前_____日内提交甲方审核、汇总。

3.4 乙方同意并确认其提供给甲方的产品（服务）价格为：

□ 以本协议附件一中确认的报价为准。

□ 以开标前_____日内最终确认的报价为准。

3.5 乙方在投标过程中协助甲方向招标方进行技术方面的澄清。

3.6 乙方确认并保证在甲方中标后与甲方签订的供货合同中，以不高于本协议中乙方确认的价格提供给甲方相应的产品、技术及服务。

3.7 乙方同意并确认在甲方中标后，由甲乙双方按照本协议的原则、招标文件的有关要求及甲方签署的合同的有关规定，协商签订供货合同，以明确双方在履行项目合同中的职责和分工。

3.8 乙方确认其所负责提供的产品（服务）质量完全符合招投标文件中的规定。

4. 保密条款

甲、乙双方一致同意在本协议生效期间任何一方均不得以任何方式向第三方泄漏对方的技术资料、报价资料及与此项目有关的信息等商业秘密。

5. 知识产权条款

乙方保证其提供的产品（服务）使用的商标、专利等知识产权为其注册或被许可使用的，也不存在任何侵犯知识产权的行为。由于乙方提供的产品（服务）涉及侵权或被提起诉讼，乙方应承担由此给甲方造成的一切损失。

6. 违约责任

6.1 如甲方中标后，由于乙方改变价格或所提供产品（服务）不符合招投标文件而导致甲方无法或不能顺利履行项目合同项下义务的，乙方应承担违约责任，违约金为甲方对外投标总价的_____％，如仍不足以弥补甲方实际损失的，甲方有权向乙方主张由此给甲方造成的实际损失。

6.2 在本协议签字生效后，如一方违反本协议的规定而与第三方就此项目进行合作，另一方应承担全部违约责任，违约金为由此给守约方造成的直接经济损失。

6.3 甲乙双方应严格遵守本协议第4条保密、第5条知识产权条款，如因一方违反本协议第4条或者第5条给另一方造成损失的，应承担由此给另一方造成的所有损失。

7. 不可抗力

甲、乙任何一方，由于火灾、地震、雷击等自然灾害以及双方共同认可的不可抗力因素而影响本协议及中标合同的执行，双方均不承担任何责任。

8. 争议解决

8.1　本协议受中华人民共和国法律约束。

8.2　凡发生与本协议有关的一切争执，双方应通过友好协商解决。经协商不能达成一致时，双方均有权提交甲方所在地人民法院诉讼解决。

9. 其他

9.1　本协议在发生下列情况下自动终止：

a 项目招投标因各种原因取消。

b 项目流标。

c 项目招标方已确定其他公司作为中标方。

9.2　如甲方就＿＿＿＿＿＿项目中标，则自双方就＿＿＿＿＿＿项目签订的供货合同生效之日起终止。

9.3　本协议未尽事宜或投标过程中双方代表协商一致的事项可以形成补充协议，补充协议与本协议具有同等效力。

9.4　本协议经双方法定代表人或授权代表签字并加盖合同章后生效。本协议的附件与正文具有同等效力。本协议一式四份，甲、乙双方各执两份。

9.5　本协议于＿＿＿＿＿＿年＿＿＿＿月＿＿＿＿＿＿日在北京签署。

甲方：（盖章）　　　　　　　　　　　　乙方：（盖章）

法定代表人（授权代表）签字：　　　　　法定代表人（授权代表）签字：

3.2.6　常用的几种合同

近几年来，随着我国企业"走出去"步伐的加快，许多中国工程承包商在国际工程承包市场上采用 EPC 设计、采购、施工交钥匙工程总承包的模式，承建了一些国际工程项目。作为承担 EPC 国际总承包项目的中国企业而言，其设计、采购、施工分包商的选择首选中国公司，已经成为一种比较普遍的情况。但是，由于项目的履约地在国外，而合同的洽商、签约又往往在国内进行。与此同时任一项 EPC 国际总承包合同（简称主合同），都是按照国际咨询工程师联合会（FIDIC）1999 年版本"银皮书"的基本原则与业主签署的，也就是说作为承担 EPC 国际总承包项目的中国工程承包商，在招标选择中国企业承担设计、采购、施工分包中，除了必须遵守我国政府的法律法规外，还必须遵守和执行 FIDIC 合同条件和主合同。因而也就具有了"国际工程，国内招标"，"国内签约，国外履约"的双重特点。

根据近几年来的实践，许多国际承包企业在总结经验教训的基础上先后编制了适应于"国际工程，国内招标"，"国内签约，国外履约"的双重特点的分包合同，并确定这些分包合同的依据和优先权顺序为：

（1）国际咨询工程师联合会（FIDIC）合同条件和该项目的主合同。

（2）中国国家法律、法规等。

（3）中国国家标准（或其他国家标准）和规范及施工图文件等。这些分包合同一方面实现确保了 FIDIC 合同条件和国际工程承包惯例与我国建设领域有关法律法规的无缝对接，同时也确保分包合同与主合同的顺利衔接。

这些合同主要有勘察设计合同、项目管理合同、工程监理合同、施工承包（或分包）

合同。本章节主要介绍比较常用的勘察设计合同、项目管理合同和工程监理合同。

3.2.6.1　勘察设计合同

勘察设计是工程建设项目准备阶段的主要工作内容。其中：

1. 工程勘察

所谓建设工程勘察，是指根据建设工程的要求，查明、分析、评价建设场地的地质、地理环境特征和岩土工程条件，编制建设工程勘察文件的工作。

工程勘察的目的是为工程建设单位及工程设计单位提供地质、测量、水文、地震等勘察文件，以满足建设工程规划、选址、设计、岩土治理和施工的需要。

一般情况下，设计单位提出准确的范围与深度要求，由勘察单位组织完成。提交的勘察文件不仅应提供图纸，还要写出文字说明。

在国际工程承包业务中勘察单位提供的勘察成果要符合业主和工程承包合同规定的国家标准、规范、规程。勘察单位要加强对原始资料收集、现场踏勘、勘察纲要编制和成果处理等各环节的质量控制。勘察单位应认真做好后期服务工作，参加工程地基基础检验，参加与地基基础有关工程质量事故调查，并配合设计单位提出技术处理方案。勘察单位要对勘察质量承担相应的经济责任与法律责任。勘察单位内部要建立质量责任制度，明确各自的质量责任。

2. 工程设计

工程设计是对拟建工程的生产工艺流程、设备选型、建筑物外型和内部空间布置、结构构造、建筑群的组合以及与周围环境的相互联系等方面提出清晰、明确、详细的概念，并体现于图纸和文件上的技术经济工作。其主要目的是解决如何进行建设的具体工程技术和经济问题。

根据国际惯例，在国际工程承包业务中一般工程设计分为"初步设计"（有的也称为概念设计）和"施工图设计"两个阶段；大型工程或技术程度高难的工程，分为"技术设计"、"初步设计"和"施工图设计"三个阶段。设计单位提供的设计文件应当符合业主和工程承包合同规定的国家标准或设计深度的要求，并注明工程合理使用年限。各设计阶段主要内容及深度要求。

（1）初步设计

初步设计（有的也称为概念设计）的内容依项目的类型不同而有所变化，一般来讲，它是项目的宏观设计，即项目的①总体设计、②布局设计、③主要的工艺流程、④设备的选型和安装设计、⑤工程概算等。初步设计文件应当满足编制施工招标文件、主要设备材料订货和编制施工图设计文件的需要，是施工图设计的基础。

（2）施工图设计

施工图设计（详细设计）的主要内容是根据批准的初步设计，绘制出正确、完整和尽可能详细的建筑、安装图纸，包括①建设项目部分工程的详图、②零部件结构明细表、③验收标准、④方法、⑤施工图预算等。此设计文件应当满足设备材料采购、非标准设备制作和施工的需要，并注明建筑工程合理使用年限。

【基本概念】

勘察设计合同是指委托方与承包方为完成一定的勘察设计任务，而签订的用以明确双方相互权利义务关系的协议。

按照我国《建筑法》等有关规定，在我国从事建筑勘察、设计等建筑活动，发包单位应当与承包单位依法签订书面合同，明确双方的权利和义务。《建设工程勘察合同》和《建设工程设计合同》是建设单位在工程勘察、工程设计项目发包时，与工程勘察单位、建设工程设计单位签定明确双方的权利和义务法律文书。为了规范我国建筑市场的行为，国家建设部、国家工商行政管理局于 2000 年 3 月 1 日颁布了《建设工程勘察合同》（示范文本）和《建设工程设计合同》（示范文本），该合同属于格式化合同。

在国际工程承包业务中，勘察设计合同属于咨询服务合同，本书第二章 2.3.2 节已经比较详细的做了介绍。本节主要介绍用于承担 EPC 设计、采购、施工交钥匙工程的我国总承包商，基于"国际工程，国内招标"，"国内签约，国外履约"的双重特点，在国内招标选择勘察设计分包商时，所采用的勘察设计合同。所以，本节除了对我国政府规定《建设工程勘察合同》示范文本（格式 1. 为 GF-2000-0203；格式 2. 为 GF-2000-0204）、《建设工程设计合同》示范文本（格式 1. 为 GF-2000-0209；格式 2. 为 GF-2000-0210）作以介绍外。同时，根据工作实践，介绍了适应我国国际工程承包商在国内招标选择勘察设计分包商时，所采用的勘察设计合同。

1. 建设工程勘察合同

建设工程勘察是指依据工程建设目标；通过对地形、地质、水文等要素进行测绘、勘探、测试、综合分析评定，查明建设场地和有关范围内的地质、地理环境特征，提供工程建设所需要的勘察资料及其相关的活动。建设工程勘察合同是发包人与勘察人之间，为了完成一定的勘察任务而签订的明确双方责任、权利、义务关系的协议。建设单位或者有关单位为发包人（也称为委托人），建设工程勘察单位为承包人（也称为受托人）承包人完成发包人委托的勘察项目，发包人接受符合约定要求的勘察成果，并付给报酬。我国建设主管部门制定的《建设工程勘察合同》为格式化示范文本（格式 1. 为 GF-2000-0203；格式 2. 为 GF-2000-0204）。

建设工程勘察合同的当事人必须是具有权利能力和行为能力的特定的法人。建设工程勘察合同的勘察人不仅必须具有法人资格，而且必须是经我国国家行政主管部门批准的有勘察资质的勘察单位。任何不具有勘察资质的法人，任何个人都不能从事或作为建设工程勘察合同的当事人。

订立建设工程勘察合同必须符合我国国家规定的基本建设程序。勘察合同由建设单位或有关单位提出委托，经与勘察单位协商，双方取得一致意见，即可签订。

我国国家有关主管部门监督建设工程勘察合同的履行，合同双方当事人应当接受其监督。

建设工程勘察合同必须采用书面形式订立，双方当事人经协商一致，由双方的法定代表人或者其授权的代表签字并加盖公章，合同才有效。

对于比较简单的建设工程勘察合同，如果当事人彼此了解对方的签约资格、资信和履约能力，只要一方对他方的要约作出承诺，双方即可订立正式合同。如果合同的内容比较复杂、权利和义务的条款有待进一步商讨，或者当事人的资信及履约能力尚需了解，可以由当事人草签订立建设工程勘察合同的意向书或者协议书，待其他事宜准备就绪后，再根据意向书或者协议书起草正式合同。

2. 建筑工程设计合同

建筑工程设计是指依据工程建设目标，运用工程技术和经济方法，对建设工程的工艺、土木、建筑环境、建筑设备等系统进行综合策划、论证，编制建设所需要的设计文件及其相关的活动。建设工程设计合同是发包人与设计人之间，为了完成一定的设计任务而签订的明确双方权利、义务关系的合同。建设单位或有关单位为发包人，建设工程设计单位为设计人。承包人完成发包人委托的设计项目，发包人接受符合约定要求的设计成果，并付给报酬。我国建设主管部门制定的《建设工程设计合同》为格式化示范文本（格式1. 为 GF-2000-0209；格式 2. 为 GF-2000-0210）。

建设工程设计合同的当事人必须是具有权利能力和行为能力的特定的法人。建设工程设计合同的设计人不仅必须具有法人资格，而且必须经国家或者省、自治区、直辖市一级的主管机关批准，具有资格的设计单位。任何不具有法人资格的社团组织，任何不具有设计资格的任何个人，都不能作为建设工程设计合同的当事人。

建设工程设计合同必须具有上级机关批准的设计任务书或建设计划才能订立。小型单项工程必须有上级机关批准的文件方能订立。如单独委托施工图设计任务，应当同时具有经有关部门批准的初步设计文件方能订立。

国家有关主管部门监督建设工程设计合同的履行，合同双方当事人应当接受其监督。

建设工程设计合同必须采用书面形式订立，双方当事人经协商一致，由双方法定代表人或者其指定的授权代表签字并加盖公章，合同才有效。对于比较简单的建设工程设计合同，如果当事人彼此了解对方的签约资格、资信和履约能力，只要一方对他方的要约作出承诺，双方即可订立正式合同。如果合同的内容比较复杂。权利和义务的条款有待进一步商讨，或者当事人的资信及履约能力尚需了解，可以由当事人草签订立建设工程设计合同的意向书或协议书，待其他事宜准备就绪后，再根据意向书或协议书起草正式合同。

【内容与格式】

1. 建设工程勘察合同

在我国国内建设工程勘察合同为格式化合同，内容应当具备以下主要条款：建设工程的名称、规模、投资额、建设地点；发包人提供勘察基础资料、勘察成果的期限，勘察的范围、进度和质量要求以及其他协作条件，勘察工作的取费依据、取费标准和拨付办法；违约责任。当事人在相互了解对方的资格、资信、履约能力之后，就可以就勘察合同的正式签订进行谈判，谈判时要对合同中的条款逐条讨论、协商，明确双方的权利义务。合同一旦签订，就具有法律效力。除法律规定的特殊情况外，合同双方均不得违反合同规定。在制作该合同时应当注意的问题包括：

（1）合同中对工程勘察任务与技术要求应作明确的规定，发包人应当及时向勘察人提供相应的勘察资料，包括工程批准文件、工程勘察任务委托书、建筑总平面图、地下埋藏物的资料及具体位置分布图等基本情况。

（2）勘察人要向发包人提交勘察成果资料，双方对成果资料的形式和要求作出约定，以便于交接和验收。

（3）对勘察时间和提交成果的时间合同要明确，遇到特殊情况需要延长，应当签订补充协议。

（4）勘察费用及付款方式是合同的重要内容，付费标准要写清楚。

2. 建设工程设计合同

在我国国内建设工程勘察合同为格式化合同，建设工程设计合同的主要条款包括：建设工程的名称、规模、投资额、建设地点；发包人提供设计基础资料、设计文件（包括概预算）、设计阶段、进度、质量和设计文件的份数以及其他协作条件；设计工作的取费依据、取费标准和拨付办法；违约责任等。

当事人在相互了解对方的资格、资信、履约能力之后，可以就设计的内容进行谈判，谈判时要对合同中的条款逐一讨论、协商，明确双方的权利义务，合同一旦签订，就具有法律效力。除法律规定的特殊情况外，合同双方均不得违反合同规定。

3. 其他

鉴于承担国际工程总承包的我国工程承包商在招标或议标选择勘察、设计单位，从事国际工程的勘察、设计任务，本节文案范例1中也介绍了国际承包企业在总结经验教训的基础上编制了适应于"国际工程，国内招标"，"国内签约，国外履约"的双重特点的勘察设计合同。

【文案范例1】

_____ 项目

勘 测 设 计 合 同

（合同编号： ）

甲方：中国××××有限公司
乙方：_____
_____年_____月_____日

目 录

1 总则

2 合同的生效、完成、修改及终止

3 乙方的责任及义务

4 甲方的责任及义务

5 合同价格

6 争议的解决

7 其他条款

附件一：工作范围

1.1 乙方勘测工作内容

1.2 乙方设计及技术服务内容

附件二：工作进度及付款比例

2.1 勘测工作进度及付款比例

2.2 设计工作进度及付款比例

附件三：图纸、资料提交要求

3.1 图纸卷册清单

3.2 图纸资料提交份数

3.3 图纸资料提交清单格式

3.4 图纸资料提交包装

附件四：履约保函格式

附件五：勘测设计人员名单

5.1 各专业主要设计人员名单

5.2 计划赴现场人员名单

（注意事项：附件内容应视具体项目情况调整。）

本合同由中国××有限公司，注册地址为北京××街××号（以下简称"甲方"），与 _____ ，注册地址为 _____ （以下简称"乙方"）于 _____ 年 _____ 月 _____ 日在 _____ 签署。

鉴于：

（A）甲方已与××国 _____ （以下简称"业主"）签署了 _____ 合同（合同编号为 _____ ，以下简称"主合同"），将为业主提供 _____ （以下简称"项目"或"工程"）。

（B）乙方已对主合同作了全面、仔细的研究，同意接受主合同及其附件规定的全部内容和条件，并将根据主合同以及本合同的规定提供项目的设计及相关服务。

为进一步明确双方的责任和义务，甲、乙双方经友好协商并达成一致，特签订本合同如下：

1. 总则

1.1　定义：除非上下文中另有说明，本合同中的下列术语具有以下含义：

1.1.1　"适用法律"指在中国国内随时发布并生效的具有法律效力的法律、法规、规章等。

1.1.2　"主合同"指甲方与××国 _____ 签署的 _____ 合同（包括合同条款及其附件以及合同签订后根据需要不时进行的修改和补充）。

1.1.3　"本合同"指甲方和乙方签署的本设计合同（视具体项目工作范围情况调整）（包括合同条款及其附件以及合同签订后根据需要不时进行的修改和补充）。

1.1.4　"生效日"指本合同按第 2.1 条生效的日期。

1.1.5　"乙方人员"指由乙方提供的来完成本合同全部服务或部分服务的人员，包括但不限于乙方的雇员、代表、代理人等。

1.1.6　"合同一方"指甲方或乙方。

1.1.7　"服务"或"工作"指按照本合同规定应由乙方完成的所有工作和服务。

1.1.8　"第三方"指甲方、乙方以外的其他人或实体。

1.1.9　"现场"指甲方与业主在主合同中规定的项目场地，即位于 _____ 的现场。

1.1.10　"设备"指根据主合同甲方应供给业主的全部或部分设备，包括备品备件等。

1.1.11　"工程"是指 _____ 。

（注意事项：根据项目标的性质进行定义。）

1.1.12　"日"指以公元纪年的日历日。

1.1.13　"临时验收证书（　　）"是指根据主合同性能试验结束后由业主签发的对工程的临时验收证书。

1.1.14　"最终验收证书（　　）"是指主合同质保期结束后由业主签发的对工程的最终验收证书。

（注意事项：

1）添加主合同中的英文名称，并根据主合同规定调整。

2）如果主合同或本合同中另有重要节点或证书文件，特别是与付款进度挂钩的内容，补充写入定义。）

本合同中其他词语定义与主合同规定相同，如在本合同和主合同中都未规定，参照有关法律法规的规定或参照通常惯例确定。

1.2　乙方应对乙方人员的一切行为（包括其提供的本合同项下的服务）全面负责。

1.3　本合同及其条款的含义和解释以及各方之间的关系受本合同第 1.1.1 条规定的适用法律的限制。但是涉及对主合同的解释以及权利义务范围的确定时，适用主合同中有关规定。

1.4　本合同语言为汉语，有关本合同含义和解释以汉语为约束性和支配性语言。但是，其中涉及主合同及相关文件的语言，应以英语为准。

1.5　标题不应限制、改变或影响本合同的含义。

1.6　通知。

1.6.1　本合同要求的或允许给出的任何通知、要求或承诺均应以书面形式递交。任何这类通知、要求和承诺，如由一方亲自递交给对方授权代表，在该授权代表签收后，即认为已经提交；如按下列地址，以挂号信或传真方式发出，也认为已经提交。

甲方名称：

地　址：

邮　编：

电　话：

传　真：

联系人：

乙方名称：

地　址：

邮　编：

电　话：

传　真：

联系人：

1.6.2　通知按以下方式发出即视为送达：

a）派人送交时，以递交签收时为准；

b）挂号信（以特快专递的形式）邮寄时，以寄出邮戳时为准；

c）传真时，以发出时为准。

1.6.3　按照本条款，一方如改变通信地址，应将其改变及时通知对方。否则，原地址有效。

1.7　任何合同项下所要求或允许采取的行动以及要求或允许执行的文件应由下列代表（以下简称"授权代表"）执行或签署：

1.7.1　本合同所指定的甲方授权代表为：

1.7.2　本合同所指定的乙方授权代表为：

1.8　以下构成本合同的文件被认为是互为说明的。如果在文件中出现含糊或歧义时，甲方将向乙方发出必要的澄清或指示。文件效力的优先次序如下：

1.8.1　本合同条款及其修改和补充。

1.8.2　本合同的所有附件及其修改和补充。

1.8.3　其他与本合同有关的经双方代表签署的文件、协议、会议纪要等，若内容发生矛盾，以时间后者为准。

1.9　本合同签订时，乙方被认为已对合同签订时主合同、本合同及其附件以及构成本合同的价格和执行本合同所需的一切条件、资料、信息有了充分的了解和认可，并通过现场考察、已充分认真地考虑了现场的气候、地形、地貌、地质状况、环境、材料供应以及合理工程量等所有影响履行本合同义务和责任的全部风险（包括但不限于政治的、法律的、商业的、自然的、税收的等等），任何资料或信息的正确性、准确性、完整性均由乙方自行负责，任何错误、误差、误解等造成的后果均由乙方自行承担。

1.10　与主合同的关系：甲乙双方均同意本合同签订的依据是甲方与业主签订的主合同，主合同规定适用的有关技术标准和要求是本合同最基本的文件和依据，亦是本合同不可分割的组成部分。凡本合同未列入但主合同中有规定的各有关事项以及本合同内容与主合同有矛盾的地方，则应以主合同为准。

2. 工程概况

2.1　工程名称：_____。

2.2　工程规模、特征：_____。

2.3　设计任务（内容）与技术要求：_____。

2.4　工期：_____个月得到总合同项下业主签发的 Taking-Over Certificate。

（注意事项：对于项目的具体描述根据项目情况确定。）

3. 乙方的责任及义务

3.1　乙方应根据主合同中规定的技术服务和设计服务范围和技术要求（包括其附件及所有的技术规范、技术要求和会谈纪要），国家及行业现行的标准、规程、规范、技术条例，本合同要求及_____当地法律法规，完成本项目的全部勘测、设计工作和有关技术服务工作（视具体项目工作范围情况调整），以组成一个完整的功能齐全的符合主合同规定的_____。

3.1.1　乙方的服务范围详见附件一。如果在本合同签订后，上述工程设计所依据的法律、标准、规程、规范等有任何修改，乙方应立即书面通知甲方此类改变，具体描述若遵照此类改变进行设计将对工程质量、造价、工期等造成的影响。甲方应审查该报告，并与业主协商处理的办法。

3.1.2　乙方应确保勘测、设计进度（视具体项目工作范围情况调整），按本合同规定期限完成相关资料收集、勘测、工程测量、设计、交付设计文件和技术资料、技术交底、技术澄清、施工检查、为完成主合同所需的其他技术服务等工作（视具体项目工作范围情况调整）；如果本合同中未规定乙方完成这些工作的具体期限，则乙方完成工作的时间应能满足甲方在主合同下的进度要求，使总工期不会延误。具体工作进度详见附件二。

3.2　乙方提出完成本合同（包括但不限于工程勘测、初步设计及详细设计）（视具体项目工作范围情况调整）所需要的一切资料的清单，自行收集并确认这些资料的可用性，甲方予以配合。

3.2.1　乙方应根据其已经完成的类似项目的设备选择，提供甲方合格供货商清单并提供技术规范书或协议书，以及设备材料采购概算表供甲方批准。甲方确定供货厂家后，书面通知乙方，乙方应按照工程进度直接向供货厂家收集有关设计资料，甲方予以配合。

3.2.2　乙方应按照主合同的进度要求或根据甲方要求，提出召开设计审查会及设计联络会要求，并在审查会或联络会中负责解释其设计原则及解答疑问。

3.3　乙方应按照主合同要求的标准和深度，根据相关的国家、行业的现行标准、规范、技术条例，按照主合同及_____当地法规严格掌握设计标准，推行限额设计，控制工程造价并对设计质量全面负责。

3.3.1　乙方应按_____标准的要求，结合本工程的特点，编写工程设计《质量计划》，提出具体有效的措施，保证工程设计质量高、投资省、接口明确。《质量计划》需交甲方认可后付诸实施。该计划应于设计合同签字后_____日内提供。

3.3.2　在初步设计完成后，作为质量见证点（即 W 点），由甲方组织有关人员进行设计评审，评审中提出的意见应作为整改依据，并提供修改总结。在详细设计阶段，根据业主确认设计文件的需要，由甲方确定质量见证点（即 W 点），分专业或系统组织设计评审。

3.3.3 设计人员进入现场后，现场的设计总代表每月应书面向甲方现场项目经理部报告设计修改目录及修改原因，供甲方分析。

3.3.4 现场设计更改需按甲方现场项目经理部规定的程序执行。设计修改通知单和工程联系单均应交甲方分发各有关单位。

3.3.5 乙方应接受甲方和业主对此项目设计的质量审核。

3.3.6 在设计过程中，应对各系统及布置进行多方案优化，采用先进技术，既要保证项目安全运行、又要为甲方尽量节省投资，真正体现出设计工作的龙头作用。

3.3.7 设计过程中要求推行限额设计，设计人员要真正为甲方负责，切实降低工程造价。

3.3.8 乙方协助甲方做好_____的选型、优化和招标工作，充分作好技术经济比较论证工作，明确供货范围，做到不漏定、不重复，对进口设备要确认合理的进口范围，严把进口关，从设备上降低工程造价。

3.3.9 乙方按本合同附件二和附件三规定的时间、内容及份数等向甲方交付设计文件，并对委托范围内设计的完整性，准确性负责。

3.4 乙方应接受甲方和甲方聘请的单位（以下简称"监理"），采纳其合理建议，并按照监理的合理建议修改设计，为监理在乙方所在地工作期间提供办公场所及其他便利条件。设计监理的任何建议、指令或类似行为不减轻或免除乙方的责任。

3.5 除非经甲方书面同意，乙方不得将本合同项下的服务全部或部分分包给任何第三方。

3.6 乙方及所派人员不得收受任何第三方的佣金、回扣等。

3.7 在本合同期间及本合同提前终止后，除非经甲方书面同意，乙方及乙方人员不得单独或与其他第三方共同为本项目和/或与本项目密切相关的或由此产生的其他项目提供货物、工程或服务（本合同和本合同的延续除外）。

3.7.1 乙方人员不能直接或间接地从事与本合同中的活动相冲突的商业或职业活动。

3.7.2 在本合同期间及本合同终止后_____年内，在未事先征得甲方的书面同意时，乙方及乙方人员不应泄漏、扩散、转让与本项目、本服务、本合同或甲方的业务活动有关的任何资料。

3.7.3 乙方应对其违反本合同义务给甲方所造成的一切损失承担赔偿责任，这些损失包括甲方因乙方违约而参加诉讼或仲裁而产生的诉讼费用、仲裁费用及律师费用等。甲方有权从应支付给乙方的合同价款中扣除乙方应支付给甲方的赔偿金额。

3.7.4 无论在合同有效期内、合同期满后或合同被解除或终止后，乙方都应当无条件地对由于乙方或乙方人员的任何错误行为、疏忽或违约，包括侵犯版权、专利权、商业机密、专有技术或发明权而给甲方或任何第三者造成的损失、损害、伤害、死亡、费用、诉讼、要求和索赔，包括但不限于法律费用，而给予甲方充分有效的赔偿。甲方有权从应支付给乙方的合同价款中扣除乙方应支付给甲方的赔偿金额。

3.8 乙方应根据项目的进展提供月进度报告，内容包括但不限于：（a）设计工作的进展情况和完成的主要工作；（b）整体工作情况及下一阶段的工作安排；（c）任何可能影响工程进度和/或本合同或主合同价格的因素或事件及改进的意见。

3.9 乙方在进行以下行动前需事先征得甲方的同意：

任命或替换履行本合同项下服务的主要人员；

为履行本合同而必须签订的分包合同；

以甲方的名义与业主联系工作。

对国内的分包单位及设备制造厂，乙方可直接与之进行日常联系工作，但重大事项及涉及甲方权利义务的内容应征得甲方同意。

4. 乙方的人员

4.1 乙方应提供有资格的、有经验的人员履行服务。

4.2 乙方成立项目组，项目组中的人员固定，且专心从事此项目的设计工作。

4.3 乙方应在合同签字后_____日内提供给甲方_____工程勘测设计人员名单，包括各专业主要设计人员名单及计划赴现场人员名单，同时向甲方提供一份这些人员的简历，并说明各主要专业负责人均有类似项目的设计经验供甲方审查和批准。该勘测设计人员名单经甲方批准后，作为本合同附件五。

4.4 按甲方的要求及现场对专业设计人员的需要，乙方应及时委派业务能力强、遵守外事纪律、能够胜任工作的专业工程技术人员进行现场服务，并指定一人为总代表。乙方委派人员不得搞 AB 角轮换，工作结束后立即返回，不能照顾临时出国。

4.5 人员的调动和/或替换：

4.5.1 除甲方另行书面同意外，不应做主要人员的变动。如果由于非乙方能正常控制的原因而有必要替换人员，乙方应替换同等或更好的人员，并事先经甲方认可。所有派驻现场的人员原则上不能替换（生病不能继续工作者除外）。由于人员调动和替换发生的费用由乙方自理。

4.5.2 如果甲方（i）发现某乙方人员犯了严重的错误或被指控犯罪，或（ii）有适当的理由对某乙方人员履行的服务不满意，则乙方应在甲方提出书面要求后立即派出可为甲方接受的人员替换并承担相关费用。该替换工作应最迟在甲方向乙方发出书面通知后_____日内完成。

4.6 乙方应自费为其派赴____的现场服务人员投保在____工作期间及往来旅途中所需要的足够的保险。在乙方派遣的现场服务人员赴现场前，乙方应向甲方提供其所派遣人员的健康证明和为其人员办理的意外伤害险的保险单复印件，并得到甲方书面认可。

4.7 本合同中没有明确要求乙方承担的工作，但事实上又是为完成工程所必不可少的设计方面的工作，应由乙方及时有效地完成，该部分工作的报酬已经包含在本合同第 5 条的"合同价格"中，乙方将不再要求甲方另行支付。

4.8 乙方应负责按照中国法律及_____法律的规定交纳乙方及乙方人员在中国境内及在_____境内需要交纳的各项税、费。

5. 甲方的责任及义务

5.1 在乙方按合同要求履行义务后，按本合同第 5 条规定向乙方支付合同价款。

5.2 在合同履行期间，由于非乙方原因甲方要求终止或解除合同，甲方应根据乙方所发生的实际工作量支付相应金额费用，而相应的勘测设计成果应归甲方所有。

5.3 负责与业主联系本工程的有关事宜，协助乙方收集用于工程的初步设计及详细设计所需要的资料。

5.4 甲方应按照主合同的进度及乙方要求，及时组织召开设计审查会及设计联络会。

5.5 在本工程设计过程中，如果业主提出与主合同不一致的设计要求，甲方应以书面形式通知乙方，并由甲乙双方协商解决。

5.6 乙方的知识产权应得到保护，未经乙方同意，不得将设计文件用于本合同外的工程。

5.7 负责对外联系，并负责协助乙方现场服务人员得到必需的有效签证和其他文件。乙方须提前_____个月报送赴现场服务人员的有关资料。

5.8 负责组织并协助乙方的设计文件取得业主的确认；甲方及业主对乙方各阶段图纸设计及其行为的审查、批准或认可均不能减轻或免除乙方在其工作范围内对工程所负的责任。

5.9 甲方聘请设计监理时，应明确所赋予设计监理代行的责任、义务、权利和工作范围。设计监理无权变更或免除乙方在合同中的任何职责、义务和责任。

5.10 负责协调设计过程中与有关单位的配合问题。

5.11 在_____施工现场为乙方人员提供办公、住宿用房及必备的办公条件（如办公家具等），并提供必要的交通工具之便利。乙方应自行承担。

（注意事项：根据项目情况，将费用分担具体化，例如明确我方提供办公、住宿用房和交通工具后，使用费（油费、水电费、网络费、通信费等）由谁承担。）

6. 设计文件及图纸提交

6.1 总的要求：

乙方应按照总合同设计服务范围、技术要求（包括其附件及所有的技术规范、技术要求和会谈纪要）和本合同要求，对规定的项目，完成全部设计工作，并编制工程概算。在此概算内，以勤勉、完整、安全、经济、实用、节省、高效的原则尽一切应有的努力，遵循正确的管理和工程惯例并选用总合同分包商清单所规定的设备、材料对本项目进行优化设计。就与合同或服务有关的事宜，乙方应始终作为甲方的忠实顾问，在与第三方的交往中应始终支持和维护甲方的合法利益。乙方应尊重工程当地的风俗。

6.2 进度要求：

乙方应按照本合同附件_____的要求按时间进度按时向甲方提供设计文件。

6.3 文件的要求：

详见本合同附件_____。

6.4 设计文件交付地点：

所有图纸、文件均交付到甲方指定地点，乙方可在甲方授权下将文件发给本项工程现场或甲方国内总部。国外文件邮寄费用由甲方支付，乙方按月向甲方核报，甲方在15日内支付给乙方此项费用。

（注意事项：对于设计文件的内容、进度等要求应在附件中予以明确。）

7 合同价格

7.1 本合同金额

本合同的总价为_____（大写：_____）。

本合同的总价指乙方完成其工作范围全部费用和应纳税款，包括但不限于勘测设计费、文件和图纸费、邮寄费、签证费、保险费、交通费、通讯费、国内外现场补助费、医疗费、食宿费以及为工程设计所进行的科学实验、试验，新技术开发工作以及若干专利、专有技术应用费用等。无论设计收费政策有何调整，合同价款不变。

7.2　支付办法

支付办法：

通过银行转账支付到乙方下述账户：

　　开户行：

　　帐　号：

7.3　支付时间和条件

7.3.1　本合同签订后_____日内乙方应向甲方提供无条件见索即付履约保函，为其全面履行本合同项下义务提供担保，担保金额为本合同总价款的_____％，计_____（大写：_____）人民币。保函格式详见附件四。保函开立银行需甲方书面认可，保函有效期截止日为业主向甲方颁发_____项目最终验收证书（　　）并释放甲方根据主合同向业主递交的全部保函之后_____日。

甲方在收到乙方提交的履约保函和等额的服务业发票并审核无误后____日内支付本合同总价款的____％，计_____（大写：_____）人民币。

7.3.2　乙方按本合同附件二的工作进度完成初步设计和施工图设计各阶段后，甲方在收到乙方提交的相应金额的服务业发票和甲方对各阶段完成的书面确认并审核无误后_____日内按本合同附件二的付款比例依次支付，共计本合同设计工作价款的_____％，计_____（大写：_____）人民币。

7.3.3　项目竣工图经甲方和业主验收合格后，甲方在收到乙方提交的等额的服务业发票并审核无误后_____日内支付本合同设计工作价款的_____％，计_____（大写：_____）人民币。

7.3.4　甲方收到业主签发的临时验收证书（_____）后，甲方在收到乙方提交的等额的服务业发票并审核无误后_____日内支付本合同设计工作价款的_____％，计_____（大写：_____）人民币。

7.3.5　甲方收到业主签发的最终验收证书（_____）后，甲方在收到乙方提交的等额的服务业发票并审核无误后_____日内支付本合同设计工作价款的_____％，计_____（大写：_____）人民币。

（注意事项：根据项目情况，可考虑增加其他付款节点。）

7.4　如果由于业主提出删减、增加或修改主合同项下的工作范围导致本合同项下乙方的工作范围发生删减、增加或修改，则双方应根据业主是否增加或减少主合同价款而相应增加或减少本合同价格。

7.5　若乙方因违约、侵权或其他原因应赔偿甲方损失，则甲方有权从应付给乙方的任何款项中扣除此应赔偿金额。但本条的规定不限制甲方根据本合同应有的其他权利（包括但不限于兑付乙方履约保函获得赔偿的权利）。

7.6　本合同价格已包含乙方履行本合同所应获得的全部报酬、费用等。勘测工作和设计工作中调整方案，均属于本合同工作范围，合同价格不因此增加。

7.7　除本合同第7.4条规定的情况外，本合同价格在任何情况下不应增加，甲方无需向乙方另行支付任何款项。

8. 违约责任

如发生以下情况，乙方将承担相应的经济责任。

8.1 经甲方或监理审核发现乙方设计有方案性错误或设备选型性错误，则乙方必须迅速改正其错误，不能延误甲方在主合同下的工程进度及对总工期要求。

8.2 除 a）项错误外，甲方或监理审核乙方的设计并发现其他错误，或无错误但比甲方或监理的建议方案或所用设备造价高，均视为乙方的失误（未按合同要求完成优化设计），乙方必须迅速改正其错误，并保证不延误甲方的工程进度。

8.3 由于设计深度不够或漏项引起的设计变更而造成的工程投资增加的总量不能超过 _____ 元人民币，如超出该控制额度，按超出部分的金额_____％相应扣减设计合同价款。

8.4 乙方延期交付设计文件时，每册图每延误_____日甲方应扣除该文件合同价款的 _____‰，但该项延误累计支付的违约金最多不超过该文件合同价款的_____％。

8.5 进入现场的设计服务人员数协商确定后，乙方不按合同规定进行现场服务或服务质量达不到合同要求，乙方应赔偿甲方由此增加的一切费用或遭受的损失，其中对于未按时到达现场并进行现场服务的乙方人员，按每人每天_____元扣减设计合同价款。

8.6 如果乙方履行本合同给甲方造成损失，包括但不限于业主的扣款和索赔，且本合同约定的违约金不足以弥补该损失，甲方有权向乙方主张赔偿金额并从应向乙方支付的任何款项中扣除，以弥补遭受的全部损失。

9. 暂停

9.1 如果乙方没有按照本合同的规定履行其义务，甲方有权书面通知乙方并暂停对相关部分的所有支付。该通知应（Ⅰ）说明未履约的性质以及（Ⅱ）要求乙方在收到暂停通知后_____日内采取有效的补救措施。

9.2 如果乙方没有按照本合同的规定履行其义务，甲方有权书面通知乙方并暂停其部分或全部工作。该通知应（Ⅰ）说明未履约的性质以及（Ⅱ）要求乙方在收到暂停通知后_____日内采取有效的补救措施。

9.3 如果业主提出暂停主合同的履行，导致本合同履行暂停，则乙方在接到甲方书面通知后应立即停止工作并妥善保管有关合同案卷、设计文件、资料、图纸。在接到甲方继续履行合同的书面通知后，以最快的速度重新继续执行本合同。本合同价格不因此发生变化。如果主合同工期发生变化，则乙方履行本合同的期限应相应调整。

10. 终止

10.1 由甲方终止：

如发生如下 a 至 f 所述的任一情况，甲方可在提前_____日书面通知乙方后终止本合同：

a 如果乙方在收到甲方发出的暂停通知后_____日内，或者在甲方后来书面同意的延期内，仍未能按甲方要求补救其违约行为；

b 如果乙方破产、清算、解散被接管或发生其他丧失其法律上的独立性的事件；

c 如果乙方未按本合同规定进度提交设计成果或提供服务，拖期超过_____日；

d 如果乙方未经甲方书面同意，将本合同项下服务的全部或任何部分分包给第三方；

　　e　如果乙方因不可抗力无法履行本合同规定的义务超过_____日，且双方未能就下一步的工作达成一致；

　　f　如果主合同被终止。

　　10.2　由乙方终止：

　　如果甲方破产、清算、解散被接管或发生其他丧失其法律上的独立性的事件，乙方可在提前_____日书面通知甲方后终止本合同。

　　10.3　如果本合同终止，各方所有的权利和义务将终止，但不包括

　　(i)　合同终止或到期之日所发生的权利和义务，

　　(ii)　第3.10条规定的保密义务，

　　(iii)　一方由适用法律所赋予的权利。

　　10.4　如果一方按本合同第10.1或10.2条的规定通知另一方终止本合同，乙方应在寄出或收到该通知后立即采取所有的必要措施，迅速而有条理地结束服务，并尽一切合理的努力使因终止而产生的费用保持最低。一经甲方要求，乙方应立即向甲方交付已经完成或尚在制作过程中的尚未交付的设计文件、技术资料及各种图纸。乙方因此发生的费用由其自行承担。

　　10.5　如果一方按本合同第10.1或10.2条的规定通知另一方终止本合同，甲方应向乙方支付在合同终止日前乙方完成并经业主和甲方共同确认的各项工作的报酬。但是如果因乙方原因致使主合同终止，则对于乙方已完成的但甲方未使用的乙方工作成果或乙方已完成但甲方未得到业主相应支付的服务，乙方无权从甲方得到相应报酬。甲方在向乙方支付应付报酬前，有权先扣除乙方应向甲方支付的赔偿金额。

　　10.6　如果一方按本合同第10.1或10.2条的规定通知另一方终止本合同，甲方除按第10.5条的规定向乙方支付报酬外，不承担任何其他责任，包括但不限于费用、违约金、损害赔偿金、第三方索赔等。

　　11.　知识产权

　　11.1　双方均应保护对方的知识产权，未经对方同意，任何一方均不得对对方的资料及文件擅自修改、复制或向执行本项目无关的第三人转让或用于本合同项目外的项目。

　　11.2　乙方在履行本合同中产生的知识产权归乙方所有，但乙方授予甲方、业主及可能执行本项目的相关人无偿的、无期限及全球范围的与项目有关的许可使用权。

　　12.　不可抗力

　　12.1　定义：

　　在本条中，"不可抗力"系指无法预见、无法避免、无法克服并使任何一方不能继续履约的事件，包括但不限于：

　　(a)　宣布战争、暴乱以及破坏行为，妨碍本合同和主合同执行的闪电、爆炸、火灾、暴风雨、台风、地震、潮汐、洪水等，抵制、罢工、停业、怠工、占据工厂停工抗议（但发生在乙方人员中的此类事件除外）。

　　(b)　不可抗力不应包括（Ⅰ）因一方人员的疏忽或有意行为引起的事件，或（Ⅱ）有经验的一方在签署合同时能合理考虑到的事件和在履行合同义务时能避免或克服的事件。

（c）本合同中"不可抗力"的范围不得超出主合同中规定的"不可抗力"的范围。如果某一事件根据主合同不被认为是"不可抗力"，那么根据本合同也不应被认为是"不可抗力"。不可抗力证明应由甲方转交业主确认，如业主不予确认，则不构成不可抗力。

12.2　如果不能履约是出于不可抗力事件，且遭受不可抗力影响的一方为了履行本合同中的合同义务采取了所有合理的预防措施、应有的小心和其他措施，则该方未完成合同项下的义务不应视为合同违约。

12.3　受不可抗力影响时需采取的措施：

a　受阻于不可抗力的一方应采取所有的合理措施消除无法履约的因素，以最少的延期完成其合同项下的义务。

b　受阻于不可抗力事件的一方应尽快通知另一方所发生的不可抗力事件，最晚不得于发生事件后_____日，提供不可抗力的性质和发生原因的证明，同样，在情况恢复正常后尽快通知另一方。

c　各方应按实际可能尽最大努力继续履行其义务，采取所有的合理措施将不可抗力事件的影响降低到最低程度。

d　乙方应将各种建议（包括其他合适的履约方法）通知甲方，但是，未经甲方同意，乙方不得将上述建议付诸实施。

12.4　任何一方因不可抗力事件的发生不能按照合同规定履行其义务的，其履行该合同义务的时间应相应延长，所延长的时间应与不可抗力影响该方不能履行义务的时间相同。因不可抗力给任何一方造成的经济损失或费用的增加由该方自行承担。

12.5　任何一方因不可抗力不能履行合同义务超过_____日时，各方应就针对不可抗力事件采取适当措施进行协商并争取达成一致意见。

13. 争议的解决

13.1　因本合同发生任何争议，双方应首先友好协商解决。如果经协商仍未能达成一致，则应提交甲方所在地有管辖权的人民法院诉讼解决。

13.2　在诉讼审理期间，除提交审理的事项外，本合同仍应继续履行。

14. 合同的生效、完成、修改及终止

14.1　本合同自下列条件全部满足之日起生效：

（1）本合同已由双方授权代表签字盖章；

（2）甲方与业主签订的主合同生效；

（3）乙方根据本合同第5.2条向甲方提交履约保函。

（注意事项：根据具体项目需要，如有其他生效条件，可在此加入。）

14.2　除非按照本合同第10条规定提前终止外，本合同应按本条之规定，在双方履行完毕本合同规定的全部义务之日终止。

14.3　本合同包括所有双方书面同意的契约、规定和条款。如果双方在此之前达成的与本合同有关的协议、备忘录、会议纪要等任何文件与本合同冲突，均以本合同为准。任何一方的代理人或代表未经合法授权，均无权作出本合同之外的声明、说明、许诺或协议，各方均不受这些声明、说明、许诺或协议的约束，也不负任何责任。

14.4　对本合同的任何修改或补充，只有经双方协商一致并经双方代表以书面形式签署后方对双方产生约束力。但如果由于主合同的修改（包括但不限于：业主要求增加、删减或修改工作范围）而导致本合同需要修改，则乙方一经接到甲方的书面通知，应及时地予以修改。

15. 其他条款

15.1　如果本合同部分条款无效，应根据原有意图结合上下文内容进行修改，不影响各方的合法利益和其他条款的效力。

15.2　本合同正本 ＿＿＿＿＿ 份副本 ＿＿＿＿＿ 份，甲方执 ＿＿＿＿＿ 正本 ＿＿＿＿＿ 副本，乙方执＿＿＿＿＿正本＿＿＿＿＿副本，具有同等法律效力。

甲方（盖章）：　　　　　　　　　乙方（盖章）：

中国××有限公司

代　表：　　　　　　　　　　　代　表：

地　址：　　　　　　　　　　　地　址：

联系人：　　　　　　　　　　　联系人：

电　话：　　　　　　　　　　　电　话：

开户行：　　　　　　　　　　　开户行：

账　号：　　　　　　　　　　　账　号：

【文案范例 2-1】

建设工程勘察合同示范文本（一）GF-2000-0203

（2000 年 3 月 1 日建设部、国家工商行政管理局联合颁布）

［岩土工程勘察、水文地质勘察（含凿井）工程测量、工程物探］

（略）

【文案范例 2-2】

建设工程勘察合同示范文本（二）GF-2000-0204

（2000 年 3 月 1 日建设部、国家工商行政管理局联合颁布）

［岩土工程设计、治理、监测］

（略）

【文案范例 3-1】

建设工程设计合同示范文本（一）GF-2000-0209

（2000 年 3 月 1 日建设部、国家工商行政管理局联合颁布）

（民用建设工程设计合同）

（略）

【文案范例 3-2】

建设工程设计合同示范文本（二）GF-2000-0210

（2000 年 3 月 1 日建设部、国家工商行政管理局联合颁布）

（专业建设工程设计合同）

（略）

3.2.6.2 项目管理委托服务合同

【基本概念】

1. 定义

工程项目管理是指从事工程项目管理的企业（以下简称工程项目管理企业）受业主委托，按照合同约定，代表业主运用系统的观点、理论和方法对工程项目的组织实施进行全过程或若干阶段的策划、组织、实施、监督、控制、协调等管理和服务。

项目管理委托服务合同是委托合同的一种，委托人（或称业主）依照法律、法规和有关建设项目管理的办法，将工程建设项目委托给受托人（或称工程项目管理企业），双方按照平等、自愿和诚实信用的原则，就工程项目委托服务事项协商一致后订立的书面协议。

2. 项目管理委托服务的特征

工程项目管理企业不直接与该工程项目的总承包企业或勘察、设计、供货、施工等企业签订合同，但可以按《项目管理委托服务合同》的约定，协助业主与工程项目的总承包企业或勘察、设计、供货、施工等分包企业签订合同，并受业主委托监督分包合同的履行。工程项目管理的具体方式及服务内容、权限、取费和责任等，由业主与工程项目管理企业在《项目管理委托服务合同》中约定。

3. 项目管理委托服务的方式

项目管理委托服务主要有如下方式：

（1）项目管理服务（PM）

项目管理服务是指工程项目管理企业按照合同约定，在工程项目决策阶段，为业主编制可行性研究报告，进行可行性分析和项目策划；在工程项目实施阶段，为业主提供招标代理、设计管理、采购管理、施工管理和试运行（竣工验收）等服务，代表业主对工程项目进行质量、安全、进度、费用、合同、信息等管理和控制。工程项目管理企业一般应按照合同约定承担相应的管理责任。

（2）项目管理承包（PMC）

项目管理承包是指工程项目管理企业按照合同约定，除完成项目管理服务（PM）的全部工作内容外，还可以负责完成合同约定的工程初步设计（基础工程设计）等工作。对于需要完成工程初步设计（基础工程设计）工作的工程项目管理企业，应当具有相应的工程设计资质。项目管理承包企业一般应当按照合同约定承担一定的管理风险和经济责任。

4. 其他

鉴于承担国际工程总承包的我国工程承包商在招标或议标选择工程项目管理企业，从事国际工程的工程项目管理任务，本节文案范例 2 中也介绍了国际承包企业在总结经验教训的基础上编制了适应于"国际工程，国内招标"，"国内签约，国外履约"的双重特点的项目管理委托服务合同。

【内容与格式】

项目管理委托服务合同的内容与格式，一般包括：

1. 双方的基本信息

名称、地址等

2. 项目概况

工程名称、工程地点、工程内容、总投资等。

3. 总建设期

4. 质量

5. 合同价款

6. 合同组成的文件

通常包括：双方认可的有关工程的变更、洽商等书面文件或协议修正文件；合同专用条款；本合同通用条款；标准、规范及有关技术文件等。

7. 本协议书中的有关词语含义与本合同第二部分《通用合同条款》中分别赋予它们的定义相同。

8. 受托人向委托人承诺，按本合同的规定承担本合同专用条款中议定范围内的工作。

9. 委托人向受托人承诺，按本合同专用条款中议定的期限、方式和币种，向委托人支付费用。

10. 合同生效

合同订立时间、订立地点、双方代表人签字盖章等。

【文案范例 1】

工程项目管理委托合同

第一部分 合同协议书

委 托 方（全称）：

项目管理方（全称）：

依据《中华人民共和国合同法》、《中华人民共和国建筑法》、《建设工程项目管理试行办法》及其他有关法律、行政法规，遵循平等、自愿、公平和诚实信用的原则，双方就本工程委托的项目管理服务事项协商一致，订立本合同。

一、工程概况

委托方委托项目管理方服务的工程概况如下：

1. 工程名称：

2. 工程地点：

3. 工程规模：

4. 建设内容：

5. 工程总投资：

6. 建设工期（自正式开工之日起计）：

二、项目管理工作范围

三、项目管理工作期限

（①合同签约②具体实施日期）后_____（①_____个日历天②至本项目前期工作结束③至竣工验收交付使用④本项目竣工验收交付使用后_____年）。

四、质量标准

五、项目管理取费：

取费基价：_____费率：_____％

金额＝取费基价×费率

金额（大写）：_____元人民币。￥：_____元。

在项目管理实施过程中奖励、附加工作、额外工作的取费按专用条款及通用条款有关约定执行。

六、履约保函、保险及担保

选项 A：在项目管理实施过程中为保证项目管理方切实履行职责，项目管理方向委托方提供_____（①履约保函②保险③担保），额度为_____（①总合同额的_____％ ②_____万元）。

选项 B：本合同项目管理方不需提供履约保函、保险及担保。

七、双方承诺

1. 委托方承诺，遵守本合同中的各项约定，为项目管理方提供项目建设的必要条件并按本合同约定的期限、方式和币种，向项目管理方支付项目管理服务酬金。

2. 项目管理方承诺，遵守本合同中的各项约定，按照项目管理的工作范围和内容，为实现本合同约定的项目目标，提供项目管理服务。

八、词语限定

本合同协议书的相关词语含义与通用条款、专用条款中的定义相同。

九、合同的订立及生效

合同订立时间：年   月   日

合同订立地点：

本合同双方约定_____后生效。

本合同一式_____份，具有同等法律效力，正本_____份，双方各执_____份，副本_____份，双方各执_____份。

委托方：（签章）   项目管理方：（签章）
地址：   地址：
法定代表人：（签章）   法定代表人：（签章）
开户银行：   开户银行：
账号：   账号：
邮编：   邮编：
电话：   电话：

第二部分　通　用　条　款

第1条　一般规定

1.1　定义与解释

1.1.1　"通用条款"指根据法律、行政法规的规定，合同当事人在履行工程项目管理合同过程中所遵守的一般性条款，由本合同文件第1条至第18条组成。

1.1.2　"专用条款"指根据工程项目管理服务的实际，对通用条款进行补充、修改和完善，并同意共同遵守的条款。

1.1.3　"工程"指委托方委托项目管理方实施建设工程项目管理服务的建设工程。

1.1.4　"项目管理工作"指项目管理方按照合同约定履行的建设工程项目管理服务，包括正常工作、附加工作和额外工作。

1.1.5　"正常工作"指在附录A中约定的服务范围。

1.1.6　"附加工作"指以下原因而增加的服务：①委托人委托项目管理范围以外，通过书面协议另外增加的工作内容；②因非项目管理方原因，使项目管理服务受到阻碍或延误，造成因增加工作量或持续时间而增加的工作。

1.1.7　"额外工作"指正常工作和附加工作以外或由于非项目管理方原因而暂停或终止项目管理服务，其善后工作及恢复项目管理服务的工作。

1.1.8　"工程项目管理"指从事工程项目管理的企业，受工程项目委托方委托，对工程建设全过程或分阶段进行专业化管理和服务的活动。

1.1.9　"委托方"指在合同协议书中约定的，被称为委托方的当事人，包括其合法继承人和经许可的受让人。

1.1.10　"项目管理方"指在合同协议书中约定的，被委托方接受的具有工程项目管理资格的当事人，包括其合法继承人。

1.1.11　"专业工作单位"指通过招标等方式选择承担本项目拆迁、勘察、设计、施工、监理、材料和设备供应及安装等工作，具备相应资质的单位。

1.1.12　"委托方代表"指委托方指定的履行本合同的代表。

1.1.13　"项目管理机构"指项目管理方派驻本工程负责履行本合同的组织机构。

1.1.14　"项目管理经理"指由项目管理方的法定代表人书面授权，全面负责履行本合同、主持项目管理机构工作的注册工程师（包括在相应的项目管理方注册的建筑工程师、建造师、监理工程师、结构工程师、造价工程师、咨询工程师）。

1.1.15　"一方"指委托方或项目管理方；"双方"指委托人和项目管理方；"第三方"指除委托人和项目管理方以外与当事人一方或双方发生一定法律联系的、享有特定权利和义务的、其行为影响到合同当事人或其他受合同当事人行为影响的独立的民事主体。

1.1.16　"日"是指一天零时至第二天零时的时间段。

1.1.17　"月"是指按公历从该月中任何一天开始的一个公历月的时间段。

1.1.18　"商定的补偿"是指专用条款中约定的根据本合同应付的附加款额。

1.1.19　"建设资金"指按照合同应当支付给相应专业工作单位的预付款、进度款、竣工结算款、质保金等各类款项，该款项不包括项目管理酬金。

1.1.20　"书面形式"指合同书、信件和数据电文等可以有形地表现所载内容的形式。数据电文包括：电传、传真、电子数据交换和电子邮件。

1.1.21 "不可抗力"指不能预见、不能避免并不能克服的客观情况。

1.1.22 "工程延期"指由于不可抗力和委托方原因造成的工期拖延。

1.1.23 "工程延误"指非不可抗力或非委托方原因造成的工程拖延。

1.1.24 根据本合同工程的特点，补充约定的其他定义。

1.1.25 条款标题不能作为合同解释的依据。

1.2 对合同文件的解释

1.2.1 本合同文件使用汉语语言文字书写、解释和说明。如专用条款约定使用两种（含）以上语言文字时，应以汉语或_____为准。

1.2.2 合同文件的组成。合同文件相互解释，互为说明。除专用条款另有约定外，组成本合同的文件及优先解释顺序如下：

(1) 双方认可的有关工程的变更、洽商等书面文件或协议修正文件

(2) 协议书

(3) 本合同专用条款

(4) 本合同通用条款

(5) 合同附录

(6) 中标通知书

(7) 投标文件及其附录

(8) 招标文件及其附录

(9) 描述工程项目的技术性文件

(10) 国家建设标准、规范及有关技术文件

双方在履行合同过程中形成的通知、会议纪要、备忘录、补充文件、指令、传真、电子邮件、变更和洽商等书面形式的文件构成本合同的组成部分。

当合同文件的条款内容含糊不清或不相一致，并且不能依据合同约定的解释顺序阐述清楚时，在不影响工程正常进行的情况下，由当事人协商解决。当事人经协商未能达成一致的，根据本合同通用条款第16条及专用条款中关于争议解决的约定处理。

1.3 法律法规及标准规范

本合同适用的法律法规是指国家的法律、行政法规，以及专用条款中约定的部门规章或项目所在地的地方法规、地方规章及标准规范。

1.4 保密事项

当事人一方对在订立和履行合同过程中知悉的另一方的商业秘密、技术秘密负有保密责任，未经同意，不得对外泄露或用于本合同以外的目的。一方泄露或者在本合同以外使用该商业秘密、技术秘密给另一方造成损失的，承担损害赔偿责任。当事人为履行合同所需要的信息，另一方须予以提供。当事人认为必要时，可签订保密协议，作为合同附件。

1.5 币种

1.5.1 如果建设资金用两种以上货币支付时，双方应约定币种的名称、支付币种的百分比，以及支付汇率。

1.5.2 如果项目管理费用两种以上货币支付时，双方约定币种的名称、支付币种的百分比，以及按（固定或可变）汇率支付。

第2条 委托方

2.1　委托方权利

2.1.1　委托方有对工程规模、设计标准、规划设计的认定权。

2.1.2　委托方有对设计使用功能要求和工艺设计要求的认定权。

2.1.3　委托方有对工程设计变更的审批权。

2.1.4　委托方有权对工程监理、施工、设备采购等专业工作单位招标工作进行全程监督和审核，委托方有权对项目管理单位合同谈判进行监督，委托方有权对项目管理方制定的合同进行审核。

2.1.5　委托方有权对项目管理工程质量和施工进度进行监督，参与项目管理、项目建设过程中的阶段性验收和竣工验收。

2.1.6　委托方有权依法对项目管理单位进行检查和监督，并对项目管理方的违规行为予以查处和纠正。

2.1.7　如委托方发现并有充分的证据证明项目管理方在建设过程中出现严重的违规现象或无法继续履行其职责时，委托方有权按照本合同通用条款第 17.5 款、第 17.6 款有关规定终止本合同，项目管理方承担违约责任。

2.2　委托方义务

2.2.1　委托方负责审批项目可行性研究报告、初步设计（含概算）。

2.2.2　委托方负责按规定办理投资许可证。

2.2.3　委托方应协调项目管理方与项目相关政府行政主管部门的关系。负责提供工程必要的项目建设条件和良好的外部环境。

2.2.4　委托方协助项目管理方办理各项建设手续，负责缴纳规划、城市管理和相关政策性费用。

2.2.5　委托方应按本合同通用条款第 15 条及专用条款的规定支付项目管理服务酬金。

2.3　委托方责任

2.3.1　委托方应全面实际地履行本合同约定的各项合同义务，任何未按合同约定履行或未适当履行的行为，应视为违约，并承担相应的违约责任。

2.3.2　因委托方责任使项目建设发生变化、暂停或终止，而造成项目管理方实际损失的，应按照附加工作、额外工作报酬记取方式调整项目管理酬金，同时委托方应承担相应的赔偿责任。

2.3.3　因不可抗力导致合同不能全部或部分履行，双方协商解决。

2.4　委托方代表

2.4.1　委托方委派的代表，行使委托方权利，履行委托方义务。委托方代表依据本合同并在其授权范围内履行其职责。委托方代表根据合同约定向项目管理方发出的通知，以书面形式由其本人签字后送交项目管理方。

2.4.2　委托方代表的姓名、职务和职权在专用条款约定。委托方决定替换其代表时，将新任代表的姓名、职务、职权和任命时间在其到任的前 14 天，以书面形式通知项目管理方。

第 3 条　项目管理方

3.1　项目管理方权利

3.1.1 对工程规模、设计标准、规划设计向委托方提出合理化建议。

3.1.2 施工工艺设计和使用功能要求等，可向委托方提出合理建议。

3.1.3 根据国家相关规定的程序选择专业工作单位。

如果项目管理方有甲级招标代理资质，则允许项目管理方在征得委托方同意的前提下，进行招标工作，相关费用由委托方支付。

如果项目管理方有同类型监理甲级资质，则允许项目管理方在征得委托方同意的前提下，开展监理工作，相关费用由委托方支付。

3.1.4 对工程设计中的技术问题，按照安全和优化原则，向设计单位提出建议。如果由于提出的建议会提高工程造价，或延长工期，应当事先取得委托方的同意。当发现工程设计不符合国家颁布的建设工程质量标准或设计合同约定的质量标准时，项目管理方有权要求设计单位更正。

3.1.5 按照保证质量、保证工期和降低成本的原则，有权会同监理审核工程施工组织设计和技术方案，同时上报委托方。

3.1.6 项目管理方在委托方授权下，可对施工、监理及大宗材料采购合同规定的义务提出变更。如果由此影响了工程费用、质量或进度，则这种变更需经委托方事先批准。

3.1.7 项目管理方有权拒绝委托方提出的本合同约定之外或违反国家相关法律、法规、政策的要求。

3.1.8 项目管理方有权取得项目管理服务酬金，项目管理方开展项目管理工作过程中，因委托方原因受到损失的，可以向委托方索赔。

3.2 项目管理方义务

3.2.1 项目管理方在履行本合同义务期间，应遵守国家有关法律、法规和政策，维护委托方的合法权益。

3.2.2 负责按照批准的项目建议书批复内容，组织可行性研究报告和初步设计、施工图设计编制和报批工作，以及土地征用、房屋拆迁、环保、消防等有关手续报批工作。

3.2.3 制定《项目管理规划大纲》、《项目管理实施规划》。

3.2.4 项目管理方在委托方的监督下负责组织专业工作单位招标工作，签订相关合同，报有关部门备案。

3.2.5 项目管理方应严格按照国家基本建设程序，按批准的建设规模、建设内容和建设标准实施组织管理，认真履行项目管理合同及投标书中工程管理的内容的承诺，实现工程建设投资、工程进度、工程质量及安全目标。

3.2.6 项目管理方应严格按照规定的工作范围和内容完成项目管理工作，收集相关资料，编制并向委托方报送工程进度报告和管理工作报告。并按约定时间向委托方汇报，接受委托方的监督。一经察觉可能会影响工程成本、工期和质量的事件时，项目管理方有义务尽早通知委托方。

3.2.7 项目管理过程中若发生重大伤亡及其他安全事故，项目管理方负责紧急处理，做好善后工作，及时通知委托方。

3.2.8 项目管理方管理该项目期间，负责协调各参建单位之间的关系。并从维护委托方利益出发，维持或改善周边相邻单位关系，而不应以该项目与周边相邻单位关系为由，延误或终止本合同的执行。

3.2.9 负责完成本项目建设的风险管理、财务管理等工作，协助项目委托方配合政府审计部门完成对本项目的审计。

3.2.10 委托方提供的设施和物品，属于委托方的财产。在项目管理工作完成或终止时，应将其设施和剩余的物品按合同约定的时间和方式移交给委托方。

3.3 项目管理方责任

3.3.1 项目管理方为项目建设期内的责任单位，在责任期内，应当履行约定的义务。项目管理方未能履行项目管理合同或未能完全履行项目管理合同，由项目管理方承担违约责任，情节严重的追究法律责任。

3.3.2 项目管理方不得为追求投资节余而擅自缩小工程范围、降低工程质量标准、增大概算投资，否则应按专用合同条款约定承担相应违约责任。

3.3.3 项目管理方对建设过程中的安全、健康与环境负有监督、管理的责任。

3.4 项目管理机构

3.4.1 项目管理方应根据本项目的建设规模和技术要求建立和健全与该工程建设管理相适应的组织机构，选派项目管理人员；向委托方报送委派的项目管理经理及项目管理机构主要人员名单；配备不低于投标书中承诺的管理及技术力量。

3.4.2 在服务期限内，项目管理机构人员应保持相对稳定，以保证服务工作的正常进行。项目管理方可根据工程进展和业务需要对项目管理机构人员作出合理调整，但必须事先征得委托方同意并得到书面批准，且变更后的人员不得低于原提供人员的条件。

3.4.3 如果项目管理人员存在以下情况之一，项目管理方应及时更换该项目管理人员：

(1) 严重过失行为；

(2) 违法或涉嫌犯罪；

(3) 不能胜任所担任的岗位要求；

(4) 严重违反职业道德。

3.5 项目管理经理

3.5.1 项目管理经理经授权并代表项目管理方负责履行本合同，全面负责本项目的项目管理工作。项目管理经理的姓名、具体职权在专用条款中约定。项目经理离开项目现场须事先取得委托方同意，并指定一名有经验的人员临时代行其职责。项目管理经理违反上述约定的，按照本专用条款的约定，承担违约责任。

3.5.2 在紧急情况下，且无法与委托方代表取得联系时，项目管理经理有权采取必要的措施保证人身、工程和财产的安全，但须在事后48小时内向委托方代表送交书面报告。

3.5.3 项目管理方需更换项目管理经理时，提前14天以书面形式通知委托方，并征得委托方的同意。继任的项目管理经理须继续履行第3.4.1款约定的职权。项目管理方未经委托方同意擅自更换项目管理经理的，根据本合同第14.2款承担违约责任。

3.5.4 委托方有权以书面形式通知更换其认为不称职的项目管理经理，项目管理方在接到更换通知后的14日内向委托方提出书面的改进报告。此后，委托方仍以书面形式通知更换时，项目管理方在接到第二次更换通知后的28日内更换，并将新任命的项目管理经理的姓名、简历以书面形式通知委托方。新任的项目经理继续履行第3.5.1款约定的权限。

第4条　进度管理

4.1　项目管理方按照委托方提供的进度目标，编制项目总体计划，并报委托方审批，以经委托方审批的总体进度计划作为整个项目进度管理的依据。

4.2　项目管理方有权审核各专业工作单位的进度计划，对进度计划进行分级管理，通过不断的检查、调整、预测，提出相应的控制措施，确保实现工期目标。

4.3　在项目实施过程中，项目管理方应进行进度计划值与实际值的比较，及时向委托方汇报进度控制情况。

4.4　工程延期

4.4.1　工程延期包括下列情况

（1）委托方原因；

（2）不可抗力；

（3）按照第3.1.4款、第3.1.6款或根据项目实施过程中的具体情况，由委托方批准的工程顺延。

4.4.2　发生工程延期，委托方按照本合同专用条款15.1.3约定的附加工作计费标准向项目管理方支付报酬。同时项目管理方有权就因工程延期对项目管理方造成的其他损失索赔。

4.5　工程延误

4.5.1　工程延误包括下列情况

（1）项目管理方原因；

（2）专业工作单位原因。

4.5.2　发生工期延误，项目管理方必须协同监理单位积极有效地进行进度控制，同时按照专用条款的约定承担违约责任。

第5条　质量管理

5.1　针对委托方提出的质量管理目标，建立相应的质量管理规划，并报送委托方认定。

5.2　项目管理方应参加设计交底会议，分析、确定质量控制重点、难点；安排专业工作单位负责建筑工程实施过程中的质量控制工作。

5.3　项目管理方在征得委托方认可后，有对工程上使用材料的决定权。有权会同监理对施工质量进行检验。对不符合设计要求及国家质量标准的材料、构配件、设备，有权通知监理单位组织更换；对不符合规范和质量标准的工序、分部分项工程和不安全的施工作业，有权通知监理单位组织整改、返工。

5.4　项目管理方负责组织质量事故的调查；监理单位负责组织质量问题整改。

5.5　项目管理单位组织定期或不定期的质量检查会和分析会，分析、通报施工质量情况，协调有关单位间的施工活动以消除影响质量的各种外部干扰因素。

5.6　项目管理方对本建设项目实行终身负责制。项目移交前，负责签订各类保修服务协议，负责工程保修期内的修复管理工作。项目管理方负责建设工程和设备在国家规定保修期限内质量问题的解决。

第6条　安全、文明管理

6.1　项目管理应结合项目安全文明目标，编制安全文明管理规划及安全应急预案，并报送委托方审核。

6.2　项目管理方应根据项目施工安全目标的要求配置必要的资源，确保施工安全，保证目标实现。

6.3　项目管理方应当督促专业工作单位落实安全保证体系，不定期协同委托方组织工地安全文明检查，会同委托方、专业工作单位处理工地各种纠纷。

第7条　成本管理

7.1　项目管理方根据本项目成本控制目标，在保证质量和进度的前提下，结合《项目管理实施规划》，编制成本控制计划，对可能发生的成本进行预测，通过合理措施实现对工程成本的有效控制。

7.2　项目管理单位负责编制年度、季度、月度资金使用计划，报送委托方审批。按照委托方对资金使用计划的审批意见，修正资金使用计划。依据委托方认可的资金使用计划，进行投资计划值与实际值的比较，控制项目成本。

7.3　项目管理方负责在招投标、合同谈判、合同拟定过程中，对建设资金有关内容进行审核、分析。

7.4　项目管理方负责审核专业工作单位合同中与建设资金有关的条款，有权按照第12条有关规定拨付建设资金。

第8条　文档管理

8.1　工程项目管理文件档案资料的管理应做到：注意时效、及时整理、真实可靠、内容齐全、分类有序。

8.2　在工程项目实施前，项目管理方应对文件档案的编码、格式、份数等作统一规定；对各类文档归档建立相应的制度。

8.3　工程项目管理文件档案资料的收集、整理、归档，由项目管理工程师负责，落实专人具体实施。

8.4　在项目管理工作完成后将工程档案、财务档案及相关资料向委托方和有关部门移交。未征得委托人的同意，不得泄露与本工程有关的保密资料。

8.5　委托方应当在专用条款约定的时间内免费向项目管理方提供与项目建设有关的技术资料、政府有关批准文件以及与该工程有关的其他资料，并保证上述资料的准确性、可靠性和完整性。

8.6　委托方有权要求项目管理方提交按专用条款约定的各类项目管理文档，并对项目管理方在项目实施过程中形成文档有查阅权。

8.7　委托方应及时审批项目管理方提交的相关文件，协调并解决在工程建设过程中由项目管理方提出的重大问题。

第9条　隐蔽工程及中间验收

9.1　需要质检的隐蔽工程和中间验收的部位，其分类、部位、质检内容、质检标准、质检表格和参检方在《项目管理实施规划》中约定。

9.2　项目管理方，按照由委托方审批的《项目管理实施规划》中的有关规定，组织隐蔽工程及重要节点的检查与验收。

9.3 再检验。委托方、项目管理方有权对已经验收的隐蔽工程要求重新检验，专业工作单位按要求拆除覆盖、剥离或开孔，并在检验后重新覆盖或修复。经检验不合格时，由此发生的费用由专业工作单位承担，使工程关键路径延误时，竣工日期不予延长；经检验合格时，增加的费用或工程关键路径的延误，作为一项变更。

第10条 竣工验收

10.1 委托方有权参与竣工验收，对项目管理方的工程竣工结算和财务决算进行监督。

10.2 委托方应在项目建成、竣工验收合格后，在规定时间内项目管理方办理项目移交手续。

10.3 该项目竣工决算后28个工作日内，如有履约保证金，委托方应退还项目管理方提交的全部履约保证金。

10.4 项目管理方有权签认工程实际竣工日期提前或超过工程施工合同规定的竣工期限。

10.5 项目管理方会同委托方及时组织竣工验收，并将验收合格的项目在规定时间内协助办理权属登记，并向委托方办理固定资产移交手续。

第11条 突发事件处理

项目管理方在分析工程具体情况的基础上，编制各类突发事件及不可抗力事件的处理预案，积极应对建设过程中发生的各类突发事件及不可抗力事件，并及时通知委托人妥善处理。由于不可抗力造成的工期延期，按照第4.4款"工程延期"处理。

第12条 资金拨付管理

本项目采用结算程序为：

12.1 项目管理方在合同签订后14天内，提交整个项目的资金使用计划。委托方结合对项目具体情况于7日内对项目资金使用计划进行批复。项目管理方按照委托方批复，对资金使用计划进行修正，并于批复后7日内，递交符合委托方要求的资金使用计划。

12.2 项目管理方于专业工作单位提交付款凭证后7日内，对其进行审批，将审批结果递交委托方，由委托方审批后，进行支付。

12.3 项目管理方配合政府审计部门完成对本项目的审计。

第13条 变更与索赔

13.1 项目管理方在委托方授权下，可以根据工程的实际进展情况，签发变更指令、评估变更。如果变更超过了专用条款约定的范围，则需经委托方批准。

13.2 项目管理方不得在实施过程中利用洽商或者补签其他协议随意变更建设规模、建设标准、建设内容。超出初步设计批复范围的变更，由设计或施工承包商提出，经项目管理方与相关方协调后，由项目管理方报委托方核准。

13.3 有下列情况之一的，由项目管理单位提出，经委托方核准后方可变更。

（1）不可抗力导致重大损失的；

（2）因受地质等自然条件制约，资源、水文地质、工程地质情况有重大变化，施工图设计时有重大技术调整。

13.4 项目管理方在项目管理工作中提出的优化变更，使委托方节约了工程项目投资，委托方按专用条款中的约定给予经济奖励。

13.5　合同双方有权就对方原因造成的损失提出索赔，如果该索赔要求未能成立，则索赔提出方应补偿由该索赔给他方造成的各项费用支出和损失。

第 14 条　违约责任

14.1　委托方违约

当发生下列情况时：

(1) 委托方未按合同约定按时支付项目管理费，而又未给出合理解释；

(2) 因委托方责任使项目建设发生变化，而造成项目管理方实际损失的；

(3) 委托方资金不能按时到位影响工程进度；

(4) 委托方不履行合同义务或不按合同约定履行义务的其他情况。

委托方承担违约责任，赔偿因其违约给项目管理方造成的经济损失，顺延延误的工期。双方在专用条款内约定委托方赔偿项目管理方损失的计算方法或者委托方应当支付违约金的数额。

14.2　项目管理方违约

当发生下列情况时：

(1) 因项目管理方原因不能按照协议书约定的竣工日期或顺延后的工期竣工；

(2) 项目管理方原因工程质量达不到协议书约定的质量标准；

(3) 未经委托方同意，项目管理方擅自更换项目经理，或者项目经理长期不在岗的；

(4) 本款专用条款中描述的严重违规现象；

(5) 项目管理方不履行合同义务或不按合同约定履行义务的其他情况。

项目管理方承担违约责任，赔偿因其违约对委托方造成的损失。双方在专用条款内约定项目管理方赔偿委托方损失的计算方法或者项目管理方应当支付违约金的数额。

14.3　当一方违约后，另一方要求违约方继续履行合同时，违约方承担上述违约责任后仍应继续履行合同。

14.4　由于一方违约而致本协议解除，违约方需承担解除相关合同而承担的违约金、赔偿金及处理争议的费用。

第 15 条　项目管理费的支付

15.1　正常的项目管理费、附加工作和额外工作的报酬，按照合同专用条款中约定的方法计算，并按约定的时间和数额支付。

15.2　支付项目管理报酬所采用的货币币种、汇率由合同专用条款 1.5 约定。

15.3　项目管理工作结束后，根据管理目标完成情况，给予奖励或处罚。奖励和惩罚计算方法及支付方式按照合同专用条款执行。

15.4　如果委托方在规定的支付期限内未支付工程项目管理报酬，自规定支付之日起，应当向项目管理方支付滞纳金。滞纳金从规定支付期限最后一日起计算。

15.5　如果委托方对项目管理方提交的项目管理费用支付申请单中的任何一项费用或其中一部分费用提出异议时，应当在收到项目管理方提交的支付申请单 7 日内以书面形式向项目管理方发出异议通知，无异议部分的费用应按期支付。

第 16 条　争议解决

在合同执行过程中引起的争议，应当协商解决，如未能达成一致，可提交主管部门协调，协调后争议仍未解决时，应按专用条款约定提交仲裁机构仲裁或向人民法院起诉。

第 17 条 合同生效、变更与终止

17.1 按协议书中的约定生效。

17.2 由于委托方的原因致使项目管理工作受到阻碍、延误、暂停或终止，以致发生了附加工作或延长了持续时间，项目管理方应将此情况与可能产生的影响及时通知委托方，委托方应采取相应的措施。项目管理方完成项目管理工作的时间相应延长，并得到附加工作的报酬。由于委托方未采取相应措施，项目管理方可继续暂停执行全部或部分项目管理工作，在暂停 28 日后，项目管理方有权提出解除合同。委托方承担相应的违约责任。

17.3 在委托项目管理合同签订后，非双方原因，使得项目管理方不能全部或部分执行项目管理工作时，项目管理方应当立即通知委托方。项目管理服务的完成时间应予延长。当恢复执行项目管理工作时，应当增加不超过 14 天的时间用于恢复执行项目管理工作。并按双方约定的数量支付项目管理工作报酬。

17.4 项目管理方在应当获得项目管理费用之日起 28 天内仍未收到项目管理费用，而委托方又未对项目管理方提出任何书面解释时，或已暂停执行项目管理工作时限超过 6 个月的，项目管理可向委托方发出终止合同的通知，发出通知后 14 日内未得到委托方答复，可进一步发出终止合同的通知，如果第二次通知发出后 42 日内仍未得到委托方答复，可终止合同或自行暂停或继续暂停执行全部或部分项目管理工作。委托方应承担违约责任。

17.5 当项目管理方未履行全部或部分项目管理义务，而又无正当理由，委托方可发出指明其未履行义务的通知。若委托方发出通知后 14 日内没有收到答复，可进一步发出终止合同的通知，如果第二次通知发出后 42 日内仍未得到项目管理方答复，合同即行终止。项目管理方承担违约责任。

17.6 当事人一方要求变更或解除合同，应当在 28 日前以书面形式通知另一方。因解除合同使另一方遭受损失的，除依法可以免除责任的情况外，应由责任方负责赔偿。

17.7 项目管理方与委托方办理完成项目移交手续，并经委托方审核通过工程竣工财务决算，项目管理方收到项目管理报酬尾款后，本合同即终止。

17.8 本合同解除后，合同约定的有关结算、清理、争议条款仍然有效。

第 18 条 项目管理方免责条款

18.1 项目管理方对委托方决策不承担责任。

18.2 项目管理方对委托方在工程实施过程中的投资决策及资金拨付决策对工程项目造成的影响不承担责任。

18.3 因不可抗力对工程项目建设造成的影响，项目管理方不承担责任；因不可抗力对项目管理工作实施造成的影响，见第 2.3.3 款。

18.4 项目管理方的其他免责条款，由双方另行约定。

第三部分 专 用 条 款

第 1 条 一般规定

1.1 定义与解释

1.1.1 "正常工作"

1.1.2 "附加工作"

1.1.3 "额外工作"

1.1.4　"专业工作单位"本工程中专业工作单位包括：

1.1.5　"不可抗力"：本合同中是指不能预见、不能避免并不能克服的客观情况。本工程项目所在地区的战争、动乱、强制性政府行为；非合同双方责任造成的爆炸、火灾、空中飞行物体坠落；工程所在地的_____级以上的风；_____年一遇的雪；连续性降雨_____天或突然降雨；突发的雷击事件；突发的洪水；_____级以上的地震及其他_____年一遇的自然灾害。

1.2　对合同文件的解释

1.2.1　本合同文件使用_____（语言）书写、解释和说明。

1.2.2　本合同文件的组成及优先解释顺序如下：

1.3　法律法规及标准规范

1.3.1　本工程使用的法律法规：《中华人民共和国建筑法》、《中华人民共和国合同法》、《建设工程项目管理试行办法》。

1.3.2　本工程适用的标准规范：

1.4　保密事项

委托方资料的保密内容：

项目管理方资料的保密内容：

专业工作单位资料的保密内容：

1.5　币种

建设资金的货币组成及比例、汇率

货币类型	金额	暂定汇率	汇率浮动	折合人民币金额	比例

项目管理费的货币组成及比例、汇率

货币类型	金额	暂定汇率	汇率浮动	折合人民币金额	比例

第2条　委托方

2.1　委托方代表

2.2　委托方委派的代表：

姓名：_____

职务：_____

职权：_____

第3条　项目管理方

3.1　项目管理方权利

3.1.1　经委托方认可，本工程除项目管理工作外，委托方授权项目管理单位承揽

（①招投标代理；②工程监理；③地质勘察；④工程设计）有关工作，具体工作内容及报酬双方另行协商。

3.2 项目管理方义务

3.2.1 _____

3.2.2 项目管理方向委托方汇报工程进度报告的时间：

项目管理方向委托方汇报管理工作报告的时间：

3.2.3 委托方提供的房屋、设施与物品及提供时间。

（1）委托方提供的设施

序号	名称	数量	特征描述	提供时间	收回时间	备注
1	办公用房					
2	生活用房					
3	餐饮条件					

（2）委托方提供的物品清单

序号	名称	数量	型号与规格	提供时间	收回时间	备注
1	通信设备					
2	办公家具及设备					
3	交通工具					

3.3 项目管理方责任

3.3.1 _____

3.3.2 项目管理方擅自缩小工程范围承担如下违约责任：

3.3.3 项目管理降低工程质量标准承担如下违约责任：

项目管理方增大概算投资承担如下违约责任：

3.4 项目管理机构

3.4.1 项目管理机构人员

序号	姓名	职务	专业	执业资格	年龄	备注
1						
2						
3						
4						

3.5 项目管理经理

3.5.1 项目管理经理

姓名：_____

职权：①项目管理经理主持制定《项目管理规划大纲》、《项目管理实施规划》；

②负责与委托方之间的沟通与协调；

③签发重要的项目管理部文件，处理项目管理工作中的重要事项；

④主持项目管理部日常工作；

⑤项目管理经理违约责任：＿＿＿＿＿＿＿＿＿＿＿＿＿＿＿＿＿＿＿＿＿＿＿。

第4条　进度管理

本工程项目进度目标为：

项目管理应与＿＿＿＿＿＿之前向委托方提交项目总体进度计划，委托方在项目管理方提交项目总体进度计划之后＿＿＿＿＿＿审核完毕，书面答复项目管理方。

第5条　质量管理

本工程质量管理目标为：

第6条　安全文明管理

本工程安全文明管理目标为：

第7条　成本管理

本工程成本管理目标为：

第8条　文档管理

8.1　委托方提供的资料提供资料的名称、时间、份数

序号	名称	时间	份数	备注
1	项目立项审批文件			
2	水文与地址资料			
3				

8.2　项目管理方应向委托方提交的项目管理文档：

序号	名称	时间	份数	备注
1				
2				
3				

8.3　委托方负责审批有关文件的时间限制：

（1）日常文件：

包括：

审批时限：　　　　审批人：

110

（2）重要文件：

包括：

审批时限： 审批人：

（3）处理突发事件的紧急文件：

包括：

审批时限： 审批人：

第9条 变更与索赔

9.1 项目管理方在委托方授权下可进行变更的范围约定为：

9.2 合理化建议的奖励：

计算方法：_____

支付方式：_____

第10条 违约责任

10.1 因委托方违约对项目管理方造成的损失进行补偿，（①其计算方法为：

②支付金额为： ）

10.2 项目管理方发生下列行为属于严重违规：

因项目管理方违约对委托方造成的损失进行补偿，（①其计算方法为：

②支付金额为： ）

第11条 项目管理费的支付

正常的项目管理费、附加工作和额外工作的酬金计取和支付。

11.1 正常服务费的计取

取费基价： 费率： ％

金额＝取费基价×费率

金额（大写）： 元人民币。

¥： 元。

11.2 正常服务收费支付

经商定，本工程正常服务收费支付方式如下：

支付次数	支付金额（万元）	支付条件
首次付款		
第二次付款		
第三次付款		
最后结清款		工程竣工移交后 日内

11.3　委托方同意按如下的计算方法、支付方式、支付时间，支付附加工作及额外工作报酬：

（1）附加工作报酬计算方法：

支付方式：

支付时间：

（2）额外工作报酬计算方法：

支付方式：

支付时间：

11.4　工程结束后的奖惩办法：

（1）奖励方法为：

奖励金额＝工程费用节省额×奖励金额比率＝　　　万×　　　％＝　　　万元。

支付方式：

（2）惩罚方法为

惩罚金额＝工程费用超支额×惩罚金额比率＝　　　万×　　　％＝　　　万元。

支付方式：

11.5　滞纳金的计算方法

滞纳金从规定支付期限最后一日起计算，其计算方法为：

第12条　争议解决

选择：

（①提交 _____ 仲裁委员会仲裁；②依法向原告所在地人民法院提起诉讼。）

第13条　合同生效、变更与终止

13.1　委托方应承担如下违约责任：

13.2　项目管理方应承担如下违约责任：

13.3　责任方赔偿的标准或计算方法：

第14条　项目管理方免责条款

18.1　项目管理方的其他免责内容：

附录A　服　务　范　围
A-1　正　常　服　务

双方可在下表中打勾选择或补充，或参考下表商定具体的项目管理服务范围。

建设阶段	编码	工作分解	
	1001	投资机会研究	
	1002	编制项目建议书	
	1003	编制环境影响评价报告书（登记表、报告表）	
1. 投资机会研究和项目建议书阶段	1004	评估项目建议书	
	1005	办理环境影响评价文件报批	
	1006	投资估算	
	1007	投资机会研究和项目建议书阶段项目管理	
	1008	其他	

建设阶段	编码	工作分解	
2. 可行性研究和立项阶段	2001	办理项目立项报批	
	2002	编制可研究报告或《项目申请报告》申报	
	2003	项目组织实施策划	
	2004	可研究报告评估或《项目申请报告》申报	
	2005	建设用地申请和获取	
	2006	申办《建设项目选址意见书》	
	2007	申办《建设工程规划设计要求》	
	2008	《建设工程规划设计方案》报审	
	2009	申办《建设用地规划许可证》	
	2010	投资估算	
	2011	可行性研究和立项阶段项目管理	
	2012	其他	
3. 勘察设计阶段	3001	勘察招标	
	3002	工程地质勘察	
	3003	设计方案竞选（设计招标）	
	3004	初步设计	
	3005	施工图设计	
	3006	专业设计配合	
	3007	办理扩初评审	
	3008	办理施工图审	
	3009	申办《建设工程规划许可证》	
	3010	设计概算审核	
	3011	勘察设计阶段项目管理	
	3012	其他	
4. 开工准备阶段	4001	编制开工报告	
	4002	建设项目报建	
	4003	建设项目报监	
	4004	申办《建设工程施工许可证》	
	4005	办理建设项目专项审查	
	4006	项目配套申请	
	4007	施工总承包招标	
	4008	施工图预算	
	4009	工程监理招标	
	4010	投资监管与控制	
	4011	进口设备采购	
	4012	开工准备阶段项目管理	
	4013	其他	

续表

建设阶段	编码	工作分解	
5. 施工阶段	5001	现场组织与协调	
	5002	项目内部协调	
	5003	阶段性验收	
	5004	协助委托方进行外部协调	
	5005	施工预算审核	
	5006	专业分包审核	
	5007	大宗材料与设备采购管理	
	5008	工程质量、进度、安全、造价管理	
	5009	工程勘察	
	5010	工程施工管理	
	5011	对工程监理工作的管理	
	5012	对设计和变更的管理	
	5013	工程价款支付审核	
	5014	其他	
6. 竣工验收阶段	6001	组织竣工验收	
	6002	办理竣工备案	
	6003	工程结算审核	
	6004	生产准备与组织	
	6005	编制项目完工报告	
	6006	工程财务决算	
	6007	固定资产办理	
	6008	竣工验收阶段项目管理	
	6009	其他	
7. 后评价阶段	7001	项目后评价	
	7002	后评价阶段项目管理	
	7003	其他	

A-2 服 务 内 容

附加服务范围：

（略）

【文案范例2】

_____项目管理委托服务合同

（合同编号： ）

甲方：中国××有限公司

乙方：_____

_____年_____月_____日

根据《中华人民共和国合同法》及相关法律法规，中国××有限公司（以下简称"甲方"）与_____公司（以下简称"乙方"）本着平等互利的原则，就_____项目管理服务事宜经友好协商一致，在北京签订本合同，条文如下：

第一条 项目管理范围

1.1 项目名称：_____项目。

1.2 建设地点：_____国_____市。

1.3 项目规模和建设内容：

_____

_____

_____

1.4 施工分包企业（以下简称"施工单位"）：_____

1.5 勘察设计分包企业（以下简称"设计单位"）：_____

1.6 本合同项目管理服务的范围是甲方与业主_____签定的_____项目的所有工程建设的全部内容。乙方应本着保质、保量和按期完成项目并交付业主的原则，对项目实施进行全面管理，并对项目设计、施工质量、进度和工程成本控制等方面对甲方负责。

本合同签订时，乙方已对该工程的基本情况，如：工程概况、工程位置、工程水文地质条件、当地气候气象条件、施工安全质量和技术要求、所需材料、施工工艺等、所有的合同文件以及构成本合同的价格和执行本合同所需的甲方所应提供的一切条件、资料、信息有了充分的了解和认可，并已认真考虑了所有可能影响履行本合同义务和责任的全部风险。任何对上述文件、资料、信息的误解以及对条件、资料或信息的了解等是否正确、完整均由乙方复核并自行负责。

乙方具体工作内容包括但不限于：

1.6.1　工程前期阶段

1.6.1.1　工程前期管理工作

1）对工程项目进行整体策划，制订项目实施规划；

2）负责对项目组织管理进行策划，制定规范的项目管理制度，建立项目管理体系；

3）组织编排、审核工程整体工作计划；

4）组织审查招标文件，协助甲方组织并进行招标和评标工作；

5）负责审查图纸，协助甲方确定合格的施工分包商、签订分包合同；

6）组织审查工程施工方案、安全管理方案、环境管理方案；

7）组织开工准备工作，确认施工单位的开工条件。

1.6.1.2　勘察设计管理工作

1）审查勘察设计单位的项目组织机构，审定勘察勘测技术方案；

2）对现场勘察进行全程监督检查，审核勘察勘测成果报告；

3）参与主要设计方案的讨论、研究，提供咨询建议；

4）组织对设计单位各阶段设计文件的审查；审核设计文件、图纸是否符合中国规范和业主要求；

5）协助设计单位在施工图阶段贯彻、执行初设审查意见；

6）对图纸交付进行监督，控制并协调设计进度；

7）组织、安排施工图会审，协助组织设计联络会，形成会议纪要，落实设计方案，明确各方工作内容；

8）严格控制和管理设计变更，避免设计失误，对于工程结构设计和其他专业设计中的技术问题，按照安全和优化的原则，向设计单位提出建议；

9）协助项目现场经理对设计单位的现场服务进行监督、管理；

10）组织审核设计单位递交的工程概算，提出对设计单位工程概算审核意见，包括对工程概算充分性和准确性分析、概算控制要点和措施等，以便甲方有效控制工程投资。

1.6.1.3　设备材料采购管理工作

1）与甲方共同组织编制设备材料采购、供应计划；

2）配合甲方进行设备材料招标、签订设备材料供货合同；

3）协助甲方协调、控制设备材料交付及到货时间；

4）对主要设备材料建造单位的工作进行监督、管理；

5）对主要设备材料出厂发运前检查验收；

6）审查大件设备运输方案，对大件设备运输进行有效管理；

7）负责组织设备材料在国外现场的开箱检验、交接、仓储管理和验收；

8）协调组织处理设备材料缺陷及索赔；

9）负责材料库的监督管理，对设备材料的售后服务工作进行管理；

10）检查施工现场原材料、构件的采购、入库、保管、领用等管理制度及其执行情况；督促施工单位每月向甲方提出用于本项目的各类设备和材料库存清单，并予以核实。

1.6.2　工程项目实施阶段

乙方负责在进度控制、造价控制、质量控制、安全控制、合同管理、风险控制、信息管理等方面进行现场项目管理工作。

1.6.2.1 工程施工进度管理

1）检查、审批施工单位编制的工程施工进度计划。审查一级网络计划；核查二级网络计划，并组织协调实施；

2）检查施工单位进度控制管理体系，进行合理控制；

3）组织检查施工进度并要求施工单位进行调整；

4）协调各相关方工作，使施工进度按预定计划进行并处于受控状态；

5）组织编写符合项目业主要求的工程进度报告并提交甲方审核，按月编写工程管理工作简报。

1.6.2.2 工程施工资金控制

1）协助编制工程施工资金使用计划；

2）审查施工单位工程资金使用情况；

3）审核确认工程量，根据工程进度控制计划，提出工程进度款资金拨付建议。

1.6.2.3 工程施工质量管理

1）组织建立整体质量管理体系并有效运行；

2）核查施工单位质量管理体系、质保手册并监督实施；

3）组织检查、审批施工单位编制的工程施工方案、措施；

4）对工程质量进行管理控制，跟踪质量问题处理；

5）采取巡视、平行检验、旁站等手段，对施工现场的施工质量进行检查和控制；

6）定期及不定期开展工程质量分析活动；

7）组织工程质量预验收、验评，参与主要项目的验收工作；

8）检查现场施工人员中特殊工种持证上岗情况；

9）编写项目质量控制监督细则并予以实施；

10）编制"施工质量检验项目划分"并督促施工单位实施；

11）负责检验工程上使用的材料和施工质量，做好采购运输前的材料检查。对于不符合设计要求及国家质量标准的材料设备，有权通知施工单位停止使用；不符合规范和质量标准的工序、分项分部工程和不安全的施工作业，有权通知施工单位停工整改、返工。

1.6.2.4 工程施工安全管理

1）组织建立整体安全管理体系并有效运行；

2）核查施工单位安全管理体系，使其保持有效运行；

3）组织审查施工单位编制的工程安全施工方案，并监督实施；

4）对重要危险点进行控制管理；

5）定期组织开展安全管理活动，检查施工现场安全管理工作。

1.6.2.5 工程施工合同管理

1）组织建立合同管理体系，编制合同管理制度；

2）定期开展合同分析活动，监督合同条款执行；

3）控制合同风险，协助处理工程索赔。

1.6.2.6 工程施工信息管理

1）组织建立现场信息管理体系并有效运行；

2）提供资源管理系统软件，在项目中应用，保证信息通畅；

3）检查、审批施工单位编制的工程信息资料管理办法；

4）对施工单位进行信息资料管理的指导、检查、监督实施；

5）甲方现场项目部工程文档的管理：建立工程档案体系，对工程档案和资料保管工作进行监督。

1.6.2.7 工程施工的协调管理

1）建立分包商、分项工程协调机制；

2）全面掌握工程动态；

3）在甲方现场经理或代表的领导下，对工程建设进行整体协调，确保各项工程进度按计划协调进行。

1.6.3 工程后期阶段

1.6.3.1 工程调试启动管理

1）组织编制工程调试启动管理办法；

2）组织调试方案审查；

3）组织调试后性能检查；

4）组织编写启动工作报告（中文版）。

1.6.3.2 工程竣工验收管理

1）组织制定工程验收管理办法，审核确定验收大纲或方案；

2）组织工程竣工验收；

3）组织工程整改消缺；

4）组织、协调临建设施拆除等现场清理工作。

1.6.3.3 工程移交管理

1）组织工程移交工作（有关管理文件存档、竣工档案的审核、移交）；

2）组织工程备品备件、机具移交工作；

3）协助办理工程移交手续；

4）组织审定项目工程结算；

5）组织安排质保期工作。

1.6.3.4 工程总结

1）收集、整理、编辑、存档项目管理资料；

2）组织审查分包单位的工程总结；

3）组织编写工程整体工作总结。

1.6.4 项目项下 Project 管理软件的各项管理工作

1.6.4.1 按照甲方的要求督促该项目的各合作单位及时完成 Project 管理所需要的各项资料的收集、汇总，并按照 Project 管理的要求进行更新。

1.6.4.2 Project 的监督管理。

注意事项：

上述各项工作内容应根据项目具体情况及项目管理的范围予以具体确定和选择，尤其是 1.6.1 工程前期阶段，应根据实际情况决定是否取舍。

第二条 工 作 依 据

2.1 甲方与业主签订的总合同。

2.2 工程所在地的强制性法规和规范。

2.3 我国的相关法律法规、国家及＊＊行业相关的标准、规程规范。

2.4 甲方编制的《项目管理手册》。

2.5 经甲方批准的乙方编制的《项目管理大纲》。

2.6 其他。

注意事项：

项目的工作依据应根据项目的具体情况和要求具体确定。

第三条 分 包

3.1 乙方不得将本合同规定的任务转包他人，也不得将任务肢解后以分包名义分别转包给他人。

3.2 未经甲方同意，乙方不得将本合同规定的任务的任何部分分包给他人；因特殊专业内容确需采取分包方式的，乙方须将分包单位报甲方审批，并将分包合同报甲方备案。

3.3 分包不能减轻或解除本合同项下乙方的任何责任和义务。乙方应对其分包商的故意、过失、疏忽或其他任何违反本合同的行为承担全部责任。

第四条 项目管理组织及人员

乙方为实施本工程项目组建项目管理机构，履行项目管理职责。

4.1 国内项目管理机构

4.1.1 乙方应为本项目组成国内项目管理机构，负责本项目国内项目管理工作并对现场项目管理提供支持。乙方应本合同签订前将乙方主要项目负责人（包括项目经理、项目副经理、现场经理、现场副经理、项目总工、总会计师、项目副总工、各专业负责人）和主要技术骨干报甲方批准并作为本合同的附件；乙方应在本合同签订后7日内向甲方递交乙方国内项目部人员名单，内容包括人员职称、专业、外语熟练程度、从业简历、资质证书等。经甲方批准后实施。

4.1.2 如国内项目管理机构人员发生变动，乙方应将变动人选提前报甲方审批。

4.1.3 应甲方要求，向甲方项目部派遣符合专业要求的项目管理工程师，协助甲方对项目进行管理。

4.2 现场项目管理机构

4.2.1 针对本项目特点，在工程现场管理期间，乙方应在现场成立项目部并作为甲方现场项目管理机构的一部分，对本工程提供全面项目管理，派出人员应不少于____人。

4.2.2 乙方应在本合同签订后____天内向甲方提交现场项目部组织和人员名单，内容包括派出人员专业职称、资质证书、从业简历和外语熟练程度等。经甲方批准后方可实施派出计划。

乙方为本项目施工现场派驻的项目管理专业工程师应具备以下条件：

4.2.2.1 在乙方工作时间不短于____年，专业能力突出；

4.2.2.2 英语水平良好，沟通能力强；

4.2.2.3 工作责任心强，现场经验丰富；

4.2.2.4　身体健康；

4.2.2.5　出国前，经过乙方的专业培训并考核通过。

4.2.3　本合同生效后，乙方不能按上述甲方审批人选派出或中途更换未审批的项目管理工程师，乙方应当承担违约责任，以下事项除外：

4.2.3.1　项目管理工程师因个人原因辞职的；

4.2.3.2　项目管理工程师突发疾病住院的；

4.2.3.3　因项目所在国原因、两国间政治因素（如政策调整、中止外交关系等）或其他人力不可抗拒的原因，导致项目管理工程师不能按本合同规定的派遣计划派出的；

4.2.3.4　项目管理工程师因现场特殊自然、气候环境条件下的健康原因不能胜任现场工作的。

4.2.4　发生上述第3.2.3规定事项，乙方应负责更换现场项目管理工程师。乙方应将更换的项目管理工程师人选报甲方审批，更换人选的专业技术资格和资质不得低于被替换人选，人员更换所需费用由乙方承担。

4.3　乙方派驻现场的项目管理工程师均应在出国前在国内三甲医院进行健康体检，并将体检结果提交甲方，按派出国别要求，在指定的医疗机构注射防疫针，一切有疾病或有疾病隐患的人员甲方有权要求乙方更换，所更换人员的专业技术资格和项目管理资质不得低于被替换人选。

4.4　在合同执行过程中，如甲方发现乙方人员不能胜任其工作，甲方有权要求乙方更换人员。乙方应积极配合，在收到甲方书面通知5个工作日内将变更人选以书面形式正式通知甲方审批，并承担人员更换所需费用。变更人员应在甲方要求的时间内按时到场。

4.5　乙方项目管理专业工程师在现场工作期间，应安心现场服务，服从工作安排，接受甲方指定的现场代表的领导，维护甲方的权益，不得向甲方的现场机构提出暂停、终止服务和其他特殊要求。如果确需暂停或终止服务，应由乙方向甲方提出书面报告，并自负费用委派专业技术资格和项目管理资质不低于被替换者之人员赴项目现场接替工作。

4.6　乙方项目管理专业工程师应该遵守甲方驻现场机构制定的各项规章制度，如果出现多次违反或者严重违反甲方驻现场机构规章制度的情况，甲方有权要求乙方予以调换，所需费用由乙方负担。

4.7　乙方在履行国内项目管理职责过程中的书面文件应当由国内项目管理机构负责人签发生效。

4.8　乙方在履行国外现场项目管理职责过程中的书面文件应当由有关专业项目管理工程师和现场乙方负责人共同签发生效。

注意事项：

在使用本条时，应结合乙方工作范围是否包含国内项目管理内容，从而决定是否设立国内项目管理机构，并对4.1、4.7条款选择使用。

第五条　项目管理服务期限

5.1　本项目管理服务期限自本合同生效之日起至甲方收到业主颁发的项目最终接受证书时止。

5.2　乙方派驻现场的项目管理专业工程师应当在施工单位完成施工准备前抵达施工

现场，具体派出时间以甲方书面通知为准，其现场工作期限至本项目竣工并正式对外移交之日止。

5.3 乙方应当保证按本合同规定的派遣计划和工作期限在施工现场派驻项目管理工程师。因故变更项目管理工程师派遣计划和工作期限必须事先以书面形式征得甲方批准。因乙方原因导致项目管理工程师派遣计划和工作期限变更，或未经甲方批准擅自变更的，乙方应当承担违约责任。

第六条 甲方的权利和义务

6.1 甲方的权利

6.1.1 审核批准乙方编制的《项目管理大纲》。但是，甲方对《项目管理大纲》、《项目管理规划》、《项目管理实施细则》及其他文件和申请的批准并不减轻或免除乙方根据本合同履行的责任和义务。

6.1.2 审批乙方国内项目管理机构人员和派驻本项目现场管理工程师人选及其变更。

6.1.3 审批乙方项目管理工程师派遣计划并批准其变更。

6.1.4 对工程项目施工实行全面监管，监督检查乙方履行本合同情况。

6.1.5 有权要求乙方更换其选派的、不能胜任本工程国内或现场项目管理工作的人员，人员更换所产生的一切费用由乙方自行承担。

6.2 甲方的义务

6.2.1 本合同签订后，甲方按阶段及时向乙方提供本项目以下资料和文件作为项目管理依据：

6.2.1.1 技术方案及附件；

6.2.1.2 设计文件及设计图纸二套；

6.2.1.3 施工分包合同复印件一份；

6.2.1.4 设计分包合同复印件一份；

6.2.2 将批准的项目管理工程师名单及调整变化及时以书面形式通知施工单位和设计单位。

6.2.3 确定工程部乙方负责人和现场项目管理工程师的派出时间并提前通知乙方。

6.2.4 将审核批准的施工单位现场主要管理人员、设计单位代表人员和派遣计划以及批准的调整内容及时通知乙方。

6.2.5 为乙方项目管理工程师在现场提供必要的交通、食宿和工作、生活便利条件。

6.2.6 研究处理本项目施工过程中乙方及其项目管理工程师提出的工程设计问题和质量问题。

6.2.7 在合理时间内对乙方及其项目管理工程师提交并要求作出决定的一切事宜作出书面决定。

6.2.8 协调本项目设备供应、施工单位、勘察设计单位及当地政府、外部环境等相关方面与乙方的工作关系。

6.2.9 组织实施本项目中期质量检查和竣工验收。

6.2.10 按本合同第十条规定向乙方结算合同价款。

6.2.11 负责办理乙方项目管理工程师到工程所在地国的签证手续，费用由乙方承担。

6.3　审核乙方赴现场项目管理工程师的体检报告，对于体检报告不符合赴现场要求的人员有权要求乙方更换人员，所需费用由乙方承担。

6.4　负责与业主、设计等单位的联系协调，协调与现场其他单位的关系。

第七条　乙方的权利和义务

7.1　乙方的权利

7.1.1　承担本合同规定的项目管理任务。

7.1.2　向甲方提交现场项目管理工程师派遣方案，对派遣项目管理工程师人选、专业构成、派出时间提出建议。

7.1.3　按照国家关于境外人员待遇标准的规定确定本项目人员的薪酬支付标准。

7.1.4　按照本合同第十一条的规定向甲方提出结算合同价款的申请，管理和使用甲方结算的合同价款，支配完成本项目管理任务后的正常收益。

7.1.5　乙方有权合理安排乙方人员休假，但应派遣备选人员，由此产生的所有费用由乙方承担。

7.2　乙方的义务，包括但不限于：

7.2.1　根据本合同约定及时组成国内项目管理机构和现场项目管理机构，对本项目的工程质量、施工进度、质量安全体系和仓库管理、工程资料进行全过程监督管理。

7.2.2　编制并向甲方报送《项目管理规划》和《项目管理实施细则》。

7.2.3　根据本合同约定的项目管理工程师人员和派遣计划及时向施工现场派驻项目管理工程师。

7.2.4　组织现场项目管理工程师进行有关境外规章、外事纪律和安全防范的岗前培训，负责处理可能发生的现场项目管理工程师违法违纪事件，并对其在国外的工作和行为承担一切法律责任。

7.2.5　确保现场项目管理工程师享有规定的境外人员薪酬待遇，并按时足额发放。如甲方收到乙方现场项目管理工程师关于乙方拖欠工资的投诉，甲方有权代乙方予以垫付清偿，垫付款项从应付乙方的项目管理费用中全额扣除并按照拖欠金额2倍数额对乙方进行罚款。

7.2.6　负责为其现场项目管理工程师购买境外人身意外保险，并承担相关医疗费用。

7.2.7　安排项目管理工程师参加甲方要求乙方组织的本项目施工前图纸会审、设计联络会、沟通会，并根据甲方委托主持设计交底的技术性工作。

7.2.8　在规定时限内完成对项目设计文件的审核，方案设计文件审查自收到文件之日起____日内完成，初步设计文件审查自收到文件之日起____日内完成，施工图文件审查自收到文件之日起____日之内完成。每次设计文件审核完毕后即向甲方提交审核报告，内容包括但不限于：乙方对设计文件存在问题的归纳，对设计文件提出的修改方案和建议等。

7.2.9　履行本合同规定的项目管理的各项职责，及时向甲方报告现行的施工情况并提出处理意见；遇有不能正常履行职责或职责范围内难以解决的重大问题及时专题报告甲方，并提出处理意见。

7.2.10　建立工程例会制度，定期召集施工单位和设计单位的负责人共同研究解决项目建设过程中出现的问题，重大问题专题报告甲方，并提出处理意见。

7.2.11 受理并审查批准施工单位现场提出的施工组织设计和施工方案变更的申请；涉及重大的施工组织设计和施工方案变更的申请，乙方应在审批前征得甲方同意。

7.2.12 按月向甲方报送工程进度报告及工程管理工作简报，内容包括：工程进度、实际工程量完成情况、工程质量、安全情况、设备材料到货情况和出库情况等。同时报送下个月的工程进度计划、预计工程量完成计划、工程质量控制计划、安全要求、设备材料预期到货和出库情况等。其中工程进度报告要符合项目业主规定的格式和内容。

7.2.13 有关本项目的涉外问题均须首先报甲方审核后方可对外发出；涉及项目建设内容、工程费用、资金使用和中、外双方权利义务等重大涉外问题必须报甲方审核后方可对外发出。

7.2.14 随进度及时搜集、整理本项目有关的技术资料。在本项目竣工验收并取得业主颁发的临时接受证书后____天内向甲方移交全套项目管理技术资料，具体包括但不限于：

7.2.14.1 乙方编制的《项目管理大纲》、《项目管理规划》和《项目管理实施细则》；《项目管理日志》复印件；

7.2.14.2 在甲方授权范围内乙方为履行项目管理职责签发的通知、指令和要求；

7.2.14.3 项目管理工程师在现场的工程质量检验和评定资料；

7.2.14.4 乙方向甲方提交的专题报告、工作简报、周报、月报等；

7.2.14.5 乙方处理施工中重大问题的技术资料；

7.2.14.6 项目仓库管理制度文件、过程和结果资料；

7.2.14.7 施工单位报审的资料。

7.2.15 负责审核施工单位编制和报送的设备材料采购运输计划并监督落实。

7.2.16 监督施工单位严格按批准的施工组织设计和施工方案进行施工准备、施工组织和施工管理。发现违反施工组织设计或未经批准擅自改变施工组织设计和施工方案的随意施工行为，乙方应责令施工单位限期整改或下达停工整顿指令。

7.2.17 未列入主要设备材料范围的其他设备材料，乙方应当会同设计单位对施工单位提出的具体选型、供货来源和提供方式进行技术审查。

7.2.18 非经甲方同意，乙方不得将本合同内容和履行本合同的任何情况泄露给甲、乙双方以外的任何第三方。

第八条　现场项目管理工程师职责

乙方现场项目管理工程师的任务和职责包括但不限于：

8.1 乙方应当根据甲方审核批准的施工单位主要管理人员人选，逐一核准施工项目经理、副经理、总工程师、总会计师、专职质检员和安全员进入施工现场履行职务。入场人员与批准人员不符的，乙方不得核准其上岗，并及时向甲方报告。

8.2 乙方应当根据招标确定的施工单位施工生产人员最低数量和主要工种安排核对施工单位提交的中方入场人员计划，如发现存在重大出入应当及时向甲方报告。

8.3 乙方应当审核安监及特殊工种人员持证上岗。无作业资格证书或提交的作业资格证书无效的，乙方不得核准其进入施工现场作业，并责成施工单位及时更换，所需费用由施工单位承担；施工单位不更换或拖延更换的，乙方应当及时向甲方报告。

8.4 乙方应当根据招标确定的雇佣当地工人平均用工量，监督施工单位分阶段组织当地工人入场,如发现入场当地用工与用工计划存在重大出入并影响施工进度,应当责成施工单位整改,并及时向甲方报告。

8.5　乙方应当根据甲方审批的设计代表人员和派遣计划,核对设计代表人员、工作简历、技术资质证书等相关文件后核准设计代表进入施工现场履行职务。入场人员与批准人员不符的,乙方不得核准其上岗,并及时向甲方报告。

8.6　乙方应当对进入施工现场的人员严格实施退场管理,未经乙方审核批准,禁止随意退场;擅自退场的,应当责令整改并向甲方报告。

8.7　乙方派驻现场的项目管理工程师应与业主的项目管理工程师配合,处理解决施工现场技术问题。

8.8　乙方派驻国内的项目管理人员应根据项目进展和甲方要求,协助甲方进行技术工作。

8.9　开工申请的审批管理。

8.9.1　乙方应当监督施工单位落实以下开工前准备工作:

8.9.1.1　场地平整、清障完毕,开工所需市政条件就位;

8.9.1.2　起步工程所需中方作业人员和当地雇佣工人入场;

8.9.1.3　起步工程所需设备材料和施工机械入场就位;

8.9.1.4　生产和生活用临时设施按平面布置就位并基本满足使用;

8.9.1.5　现场设计代表和项目管理工程师的现场设施条件就位。

8.9.2　在核实上述各项开工准备工作完成后,乙方可以受理施工单位的开工申请并附署意见后报甲方审批,正式开工时间以甲方审批开工时间起算。

8.9.3　如在施工分包合同规定的开工时间前不能完成开工准备工作,乙方应在合同规定的开工时间前至少7个自然日以书面形式报告甲方。

8.10　过程质量管理。

8.10.1　设备材料入场签认。

8.10.1.1　乙方应当在审核施工单位提交的以下规定材料的基础上,对所有用于本项目建设的设备、材料和构配件进入施工现场前进行签认。

8.10.1.1.1　出厂合格证明;

8.10.1.1.2　必要的检测试验报告;

8.10.1.1.3　第三国转口物资必须提供出口地检验合格证书;

8.10.1.1.4　设计代表的签认证明。

8.10.1.2　不能提供有效证明文件或与设计要求和质量标准不符未经签认的设备材料,乙方应责令施工单位运出施工现场,重新采购符合要求的设备材料,由此发生的经济损失由施工单位承担,工期不予顺延。

8.10.2　检测试验。

8.10.2.1　乙方应监督施工单位使用前对其所提供的设备、材料和构配件进行检测试验,不合格的不得使用。必要时,乙方可单独进行补充检测。

8.10.2.2　涉及结构安全的试块、试件以及有关材料,乙方必须会同设计代表监督施工单位现场取样并送具有相应资质的检测单位进行检测,未经检测或检测不合格的不得使用。

8.10.2.3 如在执行国或邻近第三国进行检测试验且其试验规程或标准与我国现行规程或标准不一致时，乙方可会同设计代表确认。

8.10.3 质量检查

8.10.3.1 乙方必须严格要求施工方执行工序管理，上道工序未经项目管理工程师检查验收合格前不得进入下道工序施工。

8.10.3.2 工程具备隐蔽条件，乙方应在施工单位自检合格的基础上及时进行复验。复验不合格，乙方责令施工单位限期整改后重新验收。隐蔽工程记录与签证书要求完整。

8.10.3.3 乙方不能按时进行隐蔽工程验收，应在验收前24小时以书面形式向施工单位提出延期要求，延期不得超过48小时。乙方未能按以上时间提出延期要求且不进行验收的，施工单位可自行组织验收，乙方应承认验收记录并对此负责。

8.10.3.4 乙方必须严格执行工程质量检验评定，分项和分部工程质量必须由乙方核定；单位和单项工程质量必须由乙方评定。

8.10.3.5 乙方负责处理工程质量事故，验证施工单位出现质量的原因，及时会同设计代表监督施工单位提出补救措施。必要时，提出质量问题分析报告。

8.10.3.6 乙方应当根据甲方委托核定的《质量保证计划》，督促施工单位在施工现场建立健全质量保证体系和安全环境保证体系，并监督其落实质量体系和安全环境保证体系内部审核程序。

8.11 中期质量检查和竣工验收的审批管理。

8.11.1 乙方应当在审核工程质量和进度满足以下规定条件的基础上，受理并及时签认施工单位提出的中期质量检查申请：

8.11.1.1 主体工程已按设计要求基本完成，并由施工单位自检合格；

8.11.1.2 施工技术资料按要求整理完毕，内容完整；

8.11.1.3 用于已完工程的设备材料签认手续完备，检测试验结果符合设计要求和强制性标准；

8.11.1.4 已完工程质量检验评定达到合格或优良。

8.11.2 乙方拖延签认或在条件不具备的情况下签认中期质量检查申请，应当承担违约责任。

8.11.3 乙方应当在审核工程质量和进度满足以下规定条件的基础上，受理并及时签认施工单位提出的竣工验收申请：

8.11.3.1 各种永久性工程内容已按设计要求完成，主要工艺设备和配套设施经联动负荷试运行合格，满足设计功能（或设计生产能力）；按国家标准验收规范执行；

8.11.3.2 主要配套或附属设施已按设计要求与主体工程同时建成可供使用；

8.11.3.3 各单位和单项工程经核验质量合格或优良；

8.11.4 乙方拖延签认或在条件不具备的情况下签认竣工验收申请，应当承担违约责任；

8.11.5 乙方委派的项目管理工程师参加甲方组织的中期质量和竣工验收，并根据检查验收结果负责督促施工单位落实各项整改和返工措施。

8.12 安全生产控制管理。

8.12.1 乙方负责审查批准施工单位编制的安全技术措施、专项施工方案和突发事件应急预案并监督落实；未经批准的安全技术措施和专项施工方案不得在施工现场实施。

8.12.2　乙方在核验施工单位提交的有关检测和验收依据的基础上，接受垂直运输机械、起重机械和自升式架设设施等特种设备备案。未经备案的特种设备不得在施工现场使用。

8.12.3　乙方应当根据批准的《安全计划》，督促施工单位在施工现场建立健全职业健康安全体系，落实体系内部审核程序。

8.12.4　乙方应当有计划地对施工单位安全组织的设置、安全员的职责、消防安全措施和设施、安全防护用具使用和管理、安全警示标志等安全生产工作进行监督检查，发现问题及时责令整改或下达停工整顿指令并向甲方报告。

8.12.5　发生安全事故，乙方应立即向甲方报告，督促施工单位保护事故现场和采取防止损失扩大的适当措施。

8.13　进度和拨款控制。

8.13.1　乙方应当根据施工组织设计确定的施工进度计划，进行实物工程量计量，出现工期滞后情况应监督施工单位及时采取工期控制措施。

8.13.2　乙方应当监督施工单位落实材料、设备采购供应计划，出现设备材料供应滞后情况应监督施工单位及时采取应急采购措施，满足工程进度需要。

8.13.3　乙方应当在严格审核实物工程量完成情况和质量情况的基础上，根据以下规定条件受理和签发施工单位提出的拨款申请；

8.13.3.1　申请拨款金额符合结算进度规定；

8.13.3.2　申请拨款时，施工分包合同规定的拨款条件已经具备；

8.13.3.3　申请拨款时，施工单位不存在尚未处理的重大质量问题或严重违约行为。

8.14　设计变更的审批管理。

8.14.1　本项目实施过程中根据现场情况、执行中需要或甲方要求，需对工程设计文件进行零星修改和补充的设计变更为一般性设计变更。发生一般性设计变更，由设计代表和施工单位洽商一致后报乙方并经甲方审批后生效。

8.14.2　乙方应当从严控制一般性设计变更。符合以下规定之一的一般性设计变更，乙方应予否决：

8.14.2.1　单纯出于简化施工或减少设计工程量目的的变更；

8.14.2.2　降低或可能降低设计标准或使用功能的变更；

8.14.2.3　其他缺乏技术必要性的变更。

8.14.3　本项目实施过程中，非因设计过错或设计单位质量责任，根据现场情况或执行国要求或甲方要求需对项目规模、结构形式、建筑物使用功能、系统能力或容量和安全设计作出改变或中、外双方职责分工作出调整并相应修改补充工程设计文件的设计变更为重大设计变更。乙方应当对设计代表提出的重大设计变更方案提出审核意见并报甲方审批。

8.14.4　乙方对重大设计变更的审核意见应当说明以下内容：

8.14.4.1　设计变更的原因及责任认定；

8.14.4.2　设计变更的技术必要性；

8.14.4.3　设计变更的投资控制；

8.14.4.4 审批设计变更的时限要求。

8.15 仓库管理。

8.15.1 乙方应对工程材料库进行监督管理。

8.15.2 设备材料到货后,乙方应监督施工单位的入库登记工作,对于设备材料的仓储条件进行确认,保证设备材料的仓储安全。

8.15.3 在开箱检验的时候乙方应派人到仓库或现场参加开箱检验,并定期向甲方书面汇报,如开箱后发现设备材料有损坏或缺少,应及时将有关结果通知甲方。及时做好开箱检验报告书,并做到及时移交施工单位。

8.15.4 每月乙方应将仓库的下列相关情况汇报甲方现场项目部,包括但不限于:当月的入库设备材料汇总、当月出库设备材料汇总、当月底库存设备材料汇总、当月仓库管理中发现问题的设备材料汇总,当月已装设备材料汇总,下月设备材料出库和安装计划。

8.16 乙方项目管理工程师每人每周现场巡视时间不得低于30个小时。

第九条 项目管理工程师的指令和通知

9.1 乙方为履行职责可以向施工单位或其现场负责人发出指令和通知。指令和通知应以书面形式做成,经甲方签署并交付施工单位负责人后生效。

9.2 根据甲方授予的权限,紧急情况下乙方可以发出口头指令,并在48小时内给予书面确认;如乙方不能及时给予书面确认,施工单位应于口头指令后3天内提出书面确认要求,乙方在施工单位提出确认要求后48小时内不予答复的,视为口头指令已被确认。

9.3 如果施工单位不执行乙方的指令和通知,乙方应立即书面报告甲方,由甲方按施工分包合同的规定追究施工单位的违约责任。如施工单位认为乙方的指令和通知不合理,乙方应在收到施工单位报告后24小时内作出修改指令或继续执行原指令的决定,并报甲方审核同意后以书面形式通知施工单位。

9.4 乙方应对其指令和通知的后果向甲方负责。乙方的指令和通知错误应向甲方承担责任,由此给施工分包单位造成的经济损失由乙方承担。

第十条 施工工程现场条件

10.1 甲方在本项目临时设施中为乙方派驻现场的项目管理工程师免费提供办公用房,并配备必要的办公家具。办公用房的日常维修由甲方负责并承担相关费用。

10.2 甲方为乙方项目管理工程师提供必要的办公设备(至少包括打印机、复印机等)和办公耗材,办公设备的产权归甲方。项目管理工程师因公使用办公设备和办公耗材,甲方不收取任何费用。办公设备的维修保养由甲方负责并承担相关费用。

10.3 甲方为乙方项目管理工程师提供交通便利,项目管理工程师因公使用交通工具不收取任何费用。但乙方应遵守并尊重甲方的交通调度,不得以任何理由拒绝。

10.4 除监督本项目施工单位进行检测实验外,乙方派驻现场的项目管理工程师在必要时可单独使用现场的检测实验室设备和仪器进行补充检测,不收取任何费用。

10.5 乙方项目管理工程师应当妥善使用甲方提供的房屋及其设施、办公设备和车辆。如因乙方项目管理工程师不当使用对上述设施和设备造成损害,乙方应当承担相应赔偿责任。

10.6 除上述甲方提供的现场条件外,乙方委派的管理工程师在履行施工管理职责过程中的其他个人开支或为乙方因公开支等由乙方自行承担，不得以任何方式接受或变相接受施工单位的额外支付、奖金或补贴；乙方及其职员不应接受合同规定以外的与项目有关的任何利益和报酬。

10.7　除非甲方书面同意，乙方不得参与可能与合同规定的与甲方的利益相冲突的任何活动。

注意事项：

根据项目具体情况及与乙方的谈判情形，可对10.1至10.4条我方提供的现场条件进行相应的删改，选择使用。

第十一条　合同价款及支付

选项一：合同总价方式

11.1　合同价款

本合同总价为____人民币（大写：____元整）。

该合同价格为固定总价，合同金额已涵盖乙方为履行本合同所述全部工作、服务、义务等所需的全部费用，包括但不限于对勘察设计文件的审核、设计进度和质量的监督管理、分包招标技术文件的编制、投标技术文件的评审、项目执行期间对施工的组织、监督和管理、工程验收移交等工作，以及管理费、保险费、国内外税费、利润、乙方项目管理工程师的国内外机票费、签证费、电话费、生活费、津贴和本合同包含的所有风险、责任以及其他为执行本合同所应支出的所有费用。

11.2　合同价款的支付

11.2.1　预付款支付

本合同生效后，且甲方在收到乙方开具的合格服务业发票后____个工作日内向乙方支付合同总价的____%作为预付款。

11.2.2　进度款的支付

进度款的金额为合同总价的____%。对于该部分款项，甲方将按项目里程碑进度（具体详见附件）进行支付，在收到乙方出具的以下单据或文件后____个工作日内，支付相应款项：

a. 乙方要求付款的申请报告；

b. 甲方代表签发的乙方要求付款工程或工作项目的里程碑点完成证明；

c. 与付款金额等额的合格服务业发票；

d. 甲方要求提供的其他文件。

11.2.3　保证金的支付

保证金为合同总价的____%。工程质保期满，甲方获得业主签发的项目最终接收证书且收到乙方开具的合格服务业发票后____个工作日内予以支付。

选项二：人月单价方式

11.3　合同价款

乙方完成本合同规定的项目管理任务的服务费用单价为____人民币/现场人·月。合同价款和/或单价已涵盖乙方为履行本合同所述全部工作、服务、义务等所需的全部费用，已包括了乙方的管理费、保险费、利润、国内外税费、乙方人员的国内外机票费、签证费、电话费、薪酬、社保金、生活费、津贴以及其他为履行本合同义务应支出的所有费用。

合同价款从乙方项目管理工程师按甲方要求离开中国海关之日计起至完成全部项目管理工作返回进入中国海关止（途中乙方人员不得无故逗留，但经甲方书面批准的除外），不足一个月的按日计算。乙方现场服务人月数暂定为＿＿＿人月，本合同总价暂定为＿＿＿人民币，合同最终结算金额按乙方实际派出的人月数计算。

11.4　合同价款的支付

11.4.1　预付款支付

本合同生效后，且甲方在收到乙方开具的合格服务业发票后＿＿＿工作日内向乙方支付暂定合同总价的＿＿＿％作为预付款。

11.4.2　进度款的支付

在收到乙方的付款申请报告及合格服务业发票后，甲方每6个月支付一次进度款。进度款的计算方式为：在乙方委派的第一批现场项目管理工程师抵达施工现场计起，按乙方实际在现场的人月数，相应扣除＿＿＿％的预付款及＿＿＿％的保证金，即具体支付金额为＿＿＿人民币/人·月×半年内的实际现场服务人月数总数×＿＿＿％。

11.4.3　保证金的支付

保证金为暂定合同总价的＿＿＿％。在工程质保期满，甲方获得业主签发的项目最终接收证书且收到乙方开具的合格服务业发票后＿＿＿工作日内按乙方实际派出的人月数连同在执行本合同过程中可能发生的违约金一并结清。

11.5　合同价款的调整

凡出现下列情形之一者，可调整本合同总价：

11.5.1　根据工程实际需要，甲方要求乙方增加或减少派遣项目管理工程师人数，在人月单价不变的基础上按实际派遣的人月数调整本合同价款；

11.5.2　根据工程实际需要，在得到甲方审批后乙方委派的项目管理工程师现场工作总人月数超出或不足本合同约定的派遣计划总人月数，在人月单价不变的基础上按实际派遣的人月数调整本合同价款。

注意事项：

本合同范本提供了两种不同的合同价款构成方式：即固定合同总价和固定人月单价。固定合同总价方式，在项目执行高峰时段，乙方实际委派的人员未必能够满足现场工作的需要；固定人月单价方式，操作相对灵活，但易受项目拖期等影响而增加额外成本；两种计价方式各有利弊，业务部可根据项目具体情况，选择使用。

11.6　合理化建议奖

在本合同实施过程中，乙方对甲方提供的工作流程、管理方法及其他方面提出的合理化建议应以书面形式提交甲方，建议的内容应包括建议的价值，对其他工程的影响和必要的工作程序等。甲方收到乙方的合理化建议后将会同设计单位及有关单位研究后确定。若建议被采纳，需待甲方发出变更通知后方可实施，否则乙方仍应按原补充协议规定执行，且不能为此拖延工期。若由于采用了乙方提出的合理化建议降低了项目成本，则甲方应将降低部分的＿＿＿％奖给乙方。

注意事项：

为提高乙方的工作积极性，减少项目执行成本、提高效率，对于乙方的合理化建议可以设立奖励条款。业务部可根据项目具体情况，选择使用。

第十二条　履约保函

12.1　作为乙方忠实履行本合同的保证，乙方应在本合同签字盖章后10日内将无条件的、不可撤销的、见索即付的履约保函递交给甲方，开立保函的费用由乙方承担。保函应由甲方认可的国内一流银行出具，保函金额为合同总价的____％，并按照附件规定的保函格式开立。

12.2　上述履约保函有效期应该在质保期结束、业主颁发最终完工证书后30天。当保函需要延期时，乙方应根据甲方要求无条件自费延展上述保函的有效期。若乙方未能根据甲方要求在保函到期前15天延长保函的期限，则甲方有权兑现保函并改保函为现金存款，一直到业主签发最终完工证书时止。

12.3　乙方无权向甲方索取上述兑现保函后现金存款的利息。

12.4　上述保函为乙方忠实履行合同的保证。如乙方出现任何违约行为，甲方有权没收保函，以此作为对甲方进行赔偿或补偿之用。乙方同意在出现下列情况时，或甲方认为乙方有其他违约行为时，甲方有权根据履约保函提出索赔：

12.4.1　乙方未能按照要求延长履约保函的有效期；此时甲方有权索赔履约担保的全部金额；

12.4.2　乙方未能在收到甲方要求纠正违约通知后的规定时间内纠正错误；此时甲方有权索赔履约担保的全部金额；

12.4.3　甲方按照合同规定有权终止合同的情况，不管是否已经发出这类通知；此时甲方有权索赔履约担保的全部金额。

第十三条　违约责任

13.1　双方均应严格履行本合同所约定的义务和责任，如违反本合同，违约方对于因违约给本项目及另一方所造成的损失承担相应责任。

13.2　在合同履行期间，甲方无故单方解除合同，甲方应根据乙方实际完成的工作量结算项目管理服务费。若乙方单方解除合同，应返还已付款，并赔偿由此给甲方所造成的损失。

13.3　甲方无正当理由不按时支付合同价款，甲方除支付欠付款项外，还应支付从应付日到欠付日的欠款利息，利息按同期中国人民银行短期贷款利率计算。

13.4　乙方未能按本合同约定派遣项目管理工程师抵达施工现场，每一项目管理工程师延期派出一周，乙方应向甲方支付____万元人民币的违约金。

13.5　除本合同3.2.3款规定外，乙方不能按合同约定人选派出项目管理工程师或中途变更项目管理工程师人选的，应负责以不低于原定技术资质和工作能力的人选替代，并自行承担由此发生的全部费用。经甲方批准同意的替代人选每人延期派出一周，乙方应向甲方支付____万元人民币的违约金。

13.6　乙方派出的项目管理工程师因技术、政治素质和身体等不符合要求不能胜任工作时，乙方须在收到甲方通知后____天内予以更换，并负担有关费用；无正当理由拖延不更换者，每拖延一周，乙方应向甲方支付____万元违约金；拖延超过____周的，甲方有权解除合同，另外选聘其他项目管理方，因此而发生的额外费用由乙方承担。

13.7　乙方将本项目管理任务擅自转包或分包给他人的，乙方应立即解除转包或分包合同，无偿对转包或分包部分重新进行质量追溯性评定，免收转包或分包部分的费用，并向甲方支付合同本总价____%的违约金。

13.8 乙方未按本合同规定履行过程质量控制、安全管理职责和现场人员管理职责的，应当对可能产生的工程质量问题和安全事故向甲方承担连带赔偿责任。对于乙方能提供书面文件证明其已履行相应管理服务职责的，可酌情减轻或免除本条规定的乙方责任。

13.9 乙方指令和通知错误，应向甲方承担由此造成的经济损失。

13.10 由于乙方工作失误、疏忽或错误给甲方项目进度、质量等造成重大延误或损失，或未完成里程碑计划，则甲方有权停止支付未支付的合同款项，并要求乙方赔偿甲方遭受的损失，同时视情况决定是否解除合同。

13.11 乙方出现其他违约，应当立即停止违约行为，继续履行或实际履行应承担的合同义务，并赔偿其违约给甲方或第三方造成的经济损失。

13.12 如因乙方的违约行为或不作为给甲方造成重大损失，乙方除需交纳上述规定的违约金外，还应赔偿由此给甲方带来的一切损失。

第十四条 合 同 解 除

14.1 甲、乙双方经协商一致，可以解除本合同。

14.2 乙方未能按本合同约定派遣项目管理工程师抵达施工现场，延期超过____周的，甲方有权解除合同。

14.3 乙方派出的项目管理工程师因技术、政治素质和身体等不符合要求不能胜任工作时，乙方在收到甲方通知后拖延超过____周未予更换，甲方有权解除合同。

14.4 合同一方发生本合同第十二条规定的违约行为，已无法采取本合同规定的纠正措施或采取本合同规定的纠正措施后仍不能正常履行本合同，另一方有权解除合同。

14.5 任何一方因本合同第十四条规定的不可抗力事件的阻碍不能履行合同义务超过____日时，甲、乙双方可以协商解除本合同。

14.6 合同一方依据本条规定要求解除合同的，应以书面形式向另一方发出解除合同的通知，并在发出通知前____日告知对方，通知到达对方时合同解除。对解除合同有争议的，按本合同关于争议解决条款处理。

14.7 合同解除后，乙方应将已完工程项目管理技术资料进行妥善整理并移交甲方。

14.8 合同解除不影响有过错的一方按本合同规定赔偿另一方的经济损失并支付约定违约金。

第十五条 不 可 抗 力

15.1 不可抗力是指合同生效后发生的合同双方当事人无法控制的、并非合同方过失的、无法避免的、不能预防的事件，包括但不限于：严重的自然灾害和灾难（如台风、洪水、地震、火灾和爆炸等）、战争（不论是否宣战）、社会敌视行为、叛乱、破坏、暴动、核泄漏、核污染等。乙方人员的罢工不属不可抗力。

15.2 合同双方中的任何一方，由于不可抗力事件而影响合同义务的执行但已采取了合理有效的措施弥补不可抗力造成的影响时，将不得被视作违约或有过失。

15.3 受到不可抗力影响的一方应在不可抗力事故发生后，尽快将所发生的不可抗力事件的情况以传真或电报通知另一方，并在7天内用特快专递将当地公证机关出具的正式证明文件提交给另一方审阅确认。受到不可抗力影响的一方如果是乙方，乙方应全力配合甲方确定业主的确认，受影响的一方同时应尽量设法缩小这种影响和由此而引起的延误，一旦不可抗力的影响消除后，应将此情况立即通知对方。

15.4　任何一方因不可抗力事件的发生不能按照本合同规定履行其义务的，其履行该合同义务的时间相应延长，所延长的时间应与不可抗力事件持续的时间相同，但不能因为不可抗力的延迟而调整合同价格。因不可抗力给任何一方造成的经济损失或费用的增加由该方自行承担。

第十六条　适用法律及争议解决

16.1　本合同依据中华人民共和国法律进行解释。

16.2　甲、乙双方在履行合同时发生争议，可以和解或者要求有关部门进行调解。

16.3　当事人不愿和解、调解或者和解、调解不成的，应向甲方所在地人民法院提起诉讼。

16.4　在进行审理期间，除提交审理的事项外，合同仍应继续履行。

第十七条　合　同　附　件

甲、乙双方约定以下文件为本合同附件：

17.1　《里程碑进度支付计划表》。

17.2　乙方《国内项目管理机构人员名单及派遣计划》。

17.3　乙方《现场项目管理机构人员名单及派遣计划》。

注意事项：

若11.1条选择固定合同总价方式，建议付款与项目里程碑进度挂钩，根据具体项目特点拟定详细的《里程碑进度支付计划表》，该表可单独作为合同附件，亦可在11.2.2条中表述。选择固定合同总价方式的，另附详尽的乙方委派人员名单及派遣计划是非常必要的。

若11.1条选择固定人月单价方式，16.1不适用，应删除。

根据项目实际情况，若乙方不委派国内项目管理人员的，应删除15.2。

第十八条　合同生效、终止及其他

18.1　本合同于____年____月____日在北京签订，正本一式四份，甲、乙双方各执二份，具有同等效力。

18.2　本合同自双方代表签字并加盖合同专用章、对外主合同生效且甲方发出执行本合同项目管理服务任务通知书之日起生效。

18.3　对本合同的修改和补充，须经双方书面签字盖章确认后方生效。

18.4　甲方依据本合同对乙方行为、文件、资料的任何审核、批准或确认并不减轻或免除乙方在本合同项下的任何责任和义务。

18.5　本合同的附件是本合同不可分割的一部分，与本合同具有同等的法律效力。

18.6　提前服务：为确保完成对外主合同工期，在本合同未正式生效前，甲方可与乙方协商并在双方同意的情况下由乙方提前提供部分项目管理服务工作，该提前提供的项目管理服务费用已包含在本合同总价内。如本合同最终未生效，对乙方在本合同签订后提前服务部分已完成工作量，甲、乙双方将另行签订协议予以确认。

18.7　本合同在双方完成合同规定的各自的责任和义务并完成最终结算后终止。

甲方（盖章）：   乙方（盖章）：

中国××××××有限公司

代表：   （签字）   代表：   （签字）

地址：   地址：

邮编：   邮编：

联系人：   联系人：

电话：   电话：

传真：   传真：

3.2.6.3　工程监理合同

【基本概念】

1. 定义

工程监理合同也称建设工程委托监理合同或简称监理合同，是指工程建设单位聘请监理单位代其对工程项目进行管理，明确双方权利、义务的协议。建设单位称委托人、监理单位称受托人。

2. 建设工程委托监理合同的特征

（1）监理合同的当事人双方应当是具有民事权利能力和民事行为能力、取得法人资格的企事业单位、其他社会组织，个人在法律允许范围内也可以成为合同当事人。作为委托人必须是有国家批准的建设项目，落实投资计划的企事业单位、其他社会组织及个人，作为委托人必须是依法成立具有法人资格的监理单位，并且所承担的工程监理业务应与单位资质相符合。

（2）监理合同的订立必须符合工程项目建设程序。

（3）委托监理合同的标的是服务，工程建设实施阶段所签订的其他合同，如勘查设计合同、施工承包合同、物资采购合同、加工承揽合同的标的物是产生新的物质或信息成果，而监理合同的标的是服务，即监理工程师凭据自己的知识、经验、技能受业主委托为其所签订的其他合同的履行实施监督和管理。因此《中华人民共和国合同法》将监理合同划入委托合同的范畴。我国《合同法》第二百七十六条规定"建设工程实施监理的，发包人应当与监理人采用书面形式订立委托监理合同。发包人与监理人的权利和义务以及法律责任，应当依照本法委托合同以及其他有关法律、行政法规的规定。"

3. 其他

基于如此国家住房和城乡建设部、国家工商行政管理总局对《建设工程委托监理合同（示范文本）》GF-2000-2002 进行了修订，并于 2012 年 3 月 27 日颁布了《建设工程监理合同（示范文本）》GF-2012-0202，本书对此示范文本不再详细介绍。

鉴于承担国际工程总承包的我国工程承包商在招标或议标选择工程监理企业，从事国际工程监理任务，本节文案范例1中也介绍了国际承包企业在总结经验教训的基础上编制的适应于"国际工程，国内招标"，"国内签约，国外履约"的双重特点的工程监理委托合同。

【内容与格式】
【文案范例】

工 程 监 理 合 同

（合同编号：　　　）

甲方：中国××××××有限公司
乙方：＿＿＿＿＿＿＿＿＿＿＿＿
　　＿＿年＿＿月＿＿日

根据《中华人民共和国合同法》及相关法律法规，中国××××××有限公司（以下简称"甲方"）与＿＿公司（以下简称"乙方"）本着平等互利的原则，就＿＿事宜经友好协商一致，在北京签订本合同。

1　总　　则

1. 甲乙双方遵循平等、自愿、公平和诚实信用的原则，就＿＿＿＿工程的监理服务和相关服务事项协商一致，订立本合同。

2. 工程概况：

2.1　工程名称：

2.2　工程地点：

2.3　工程业主（最终用户）名称：

2.4　业主工程咨询师：

3. 对外合同：

2　定 义 与 解 释

1. 定义

1.1　"工程"是指甲方要求监理人实施工程监理及相关服务的建设工程。

1.2　"甲方"是指合同中委托[1]监理人的一方，及其合法继承人和允许的受让人。本合同指中国×××××有限公司。

1.3　"乙方"或"监理人"是指合同中提供监理服务的一方，及其合法继承人和允许的受让人。本合同指　。

1.4　"对外合同"：是指与监理工程的业主与＿＿年＿＿月＿＿日在＿＿（地点）签订的＿＿（项目合同名称）。

1.5　"承包人"或"分包商"是指与甲方签订工程施工合同、工程设计合同，或采购合同等与工程建设相关的第三方。

1.6 "监理服务"或"服务"是指监理人按照本合同的约定履行工程监理及相关服务的工作，包括本合同中明确列出的服务和为实现本合同目的需要实施的默示服务或工作。

1.7 "默示服务"是指与明确规定的服务相关的，虽然没有详细列出，但是属于完成监理服务范围和内容不可缺少的工作。

1.8 "工程监理"是指甲方委托监理人对建设工程施工阶段的质量、进度、费用进行控制管理，对安全生产进行监督管理，对合同、信息等进行协调管理。

工程监理等服务和工作。具体工作范围见附件1。

1.9 "相关服务"是指甲方委托监理人在勘察阶段、设计阶段、设备采购阶段、保修等阶段提供咨询或服务。

注意事项：

应视监理工作范围决定是否保留，如不包括在工作范围内，相关定义应予删除。

1.10 "项目监理机构"是指监理人派驻本工程负责履行本合同的组织机构。

1.11 "监理规划"是指在总监理工程师的主持下编制、经监理单位技术负责人批准，用来指导项目监理机构全面开展监理工作的指导性文件。

1.12 "总监理工程师"是指由监理人的法定代表人书面授权，全面负责履行本合同、主持项目监理机构工作的注册监理工程师。

1.13 "总监理工程师代表"是指经监理单位法定代表人同意，由总监理工程师书面授权，代表总监理工程师行使部分职责和权利的项目监理机构中的监理工程师。

1.14 "专业监理工程师"是指根据项目建立岗位职责分工和总监理工程师的指令，负责实施某一以专业或某一方面的监理工作，具有相应监理文件签发权的监理工程师。专业监理工程师是总监理工程师代表，需要书面授权。

1.15 "工地例会"是指由项目监理机构主持的，在工程实施过程中针对工程质量、造价、进度、合同管理等事宜定期召开的、由有关单位参加的会议。

1.16 "巡视"是指监理人员对正在施工的部位或工序在现场进行的定期或不定期的监督活动。

1.17 "平行检验"是指项目监理机构利用一定的检查或检测手段，在承包或施工单位自建的基础上，按照一定的比例独立进行检查或检测的活动。

1.18 "一方"是指甲方或监理人；"双方"是指甲方和监理人；"第三方"是指承包人及与本工程有关的其他法人或实体。

1.19 "书面形式"是指有形表现所载内容的形式，包括合同文件、信件、电报、传真等。

1.20 "日"是指一天零时至第二天零时的时间段。"月"是指按公历从该月中任何一天开始的一个公历月的时间段。

2. 对合同文件的解释

2.1 本合同使用汉语语言文字书写、解释和说明。考虑到本合同目的是为了全面完成对外合同项下的工程，如监理工作中涉及需向对外合同业主提交文件时，应提交以对外合同规定的语言为准的文件。

2.2 构成合同的文件应被认为是互为说明的。如果合同文件中的约定之间产生含糊或歧义，合同文件解释按时间顺序以双方最后签认的为准。解释合同文件的优先顺序为：

2.2.1 在实施过程中双方共同签署的补充与修正文件；

2.2.2 本合同及其附件；

2.2.3 对外合同；

2.2.4 中标函及其文件（如果适用）❶；

2.2.5 投标函及其文件（如果适用）❷。

3. 工程监理适用的标准和法律法规

3.1 本工程监理工作适用的技术标准和规范详见附件2的规定。

3.2 本工程监理工作遵循的法律法规应该包括签订本合同时有效的（1）中国的法律法规以及应该适用的部门规章；（2）工程所在国的法律法规。

3 服 务 范 围

1. 设计阶段

（1）熟悉招标设计文件内容，检查招标设计文件是否符合业主或CMEC批准的初步设计和原审批意见，设计深度是否符合国家或行业标准、规程、规范以及是否符合勘测设计合同规定。

（2）组织评选设计方案。

（3）协助选择勘察、设计单位，商签勘察、设计合同，并组织实施。

（4）审查设计和概（预）算。

2. 施工招标阶段

（1）协助发包人做好各项招标的一切准备工作。

（2）确认承建单位选择分包单位。

（3）参加由发包人主持的招标会，并根据发包人安排完成相关的招标、评标工作，审查承建单位提出的施工组织设计、施工技术方案和施工进度计划，提出修改意见。

3. 施工图设计阶段

（1）协助发包人与设计单位在初设审查后签订施工图供图协议；

（2）督促检查设计单位严格按供图协议执行；

（3）熟悉设计文件内容，检查施工图设计文件（含设计变更）是否符合批准的初步设计和原审批意见，是否符合国家或行业标准、规程、规范以及是否符合勘测设计合同规定。

（4）审查并经发包人认可后，向第三方签发设计图纸及设计变更等设计文件。发现问题及时与设计人联系，重大问题向发包人报告。

（5）组织施工图和设计变更的会审，提出会审意见。组织现场设计交底。

（6）审核第三方对设计文件的意见和建议，会同设计人进行研究，并督促设计人尽快给予答复。

（7）审核按施工合同规定应由第三方递交的设计文件。

（8）保管监理所用的设计文件及过程资料。

---

❶ 鉴于目前我国许多涉外工程公司所承担的国际工程多数是成套项目的分包和采购工作，实质是"邀请议标"，由于在选择分包商和供货商的多重考虑，实际操作程序无法严格按照我国的《招投标法》进行。因此，建议使用"谈判邀请函"及其文件。

❷ 作为对"谈判邀请函"的回应，分包商和供货商的方案和报价，我们建议使用"项目建议书及其报价"。

(9) 其他相关业务。

4. 施工方面

(1) 组织召开现场协调会，解决施工过程中的有关问题并做好会议纪要。

(2) 参与发包人审查设计单位编制的施工招标文件，并参与工程施工招标。

(3) 全面管理施工承包合同，审查分包人资格。

(4) 应用 P3 软件编制工程计划。

(5) 督促发包人按施工承包合同的规定落实应提供的施工条件，检查工程第三方的开工准备工作，具备开工条件后，经发包人批准，签发开工通知。

(6) 审批第三方递交的施工组织设计、施工技术措施、计划、作业规程、临建工程设计及现场试验方案和试验成果。

(7) 签发补充的设计文件、技术要求等，答复第三方提出的建议和意见。

(8) 工程进度控制：按发包人要求，编制工程控制性进度计划，提出工程控制性进度目标，并以此审查批准第三方提出的施工进度计划，检查其实施情况。督促第三方采取切实措施实现合同工期要求。当实施进度与计划进度发生较大偏差时，及时向发包人提出调整控制性进度计划的建议或意见，并在发包人批准后完成其调整。

(9) 工程质量控制：审查第三方的质量保证措施，核实质量管理体系。依据施工承包合同文件、设计文件、技术规范与质量检验标准，对施工前准备工作进行检查，对施工工序、工艺与资源投入进行监督、抽查。对重要工程部位和主要工序进行跟踪监督。依据有关规定，进行工程项目划分，由发包人批准后实施。对基础工程、隐蔽工程、分部工程质量进行检查、签证和评价。协助发包人调查处理工程质量事故。对承包人的施工记录、质量评定等资料按照国家有关规定进行监督检查，必要时协助其调整。

(10) 工程投资控制：协助发包人控制目标和分年度投资计划。审查第三方递交的资金流计划，审查第三方完成的工程量和价款，签署付款意见；对设计和施工不合理或需要优化的项目及时提出，并按程序进行设计变更和施工方案调整；对合同变更或增加项目，提出审核意见，报发包人批准；配合发包人进行完工结算、竣工决算和有关审计等工作。受理索赔申请，进行索赔调查和谈判，提出处理意见报发包人。对工程投资承担监理责任。

(11) 施工安全监督：检查施工安全措施、劳动保护和环境保护设施及汛期防洪度汛措施等。参加重大安全事故调查并提出处理意见。

(12) 组织监理合同授权范围内工程建设各方协调工作，编发施工协调会议纪要。

(13) 协助发包人进行阶段验收、单位工程验收和竣工验收以及业主可能提出的其他形式的验收，审查第三方编制的竣工图纸和资料。

(14) 信息管理：做好施工现场监理记录与信息反馈。按合同附件要求编制监理月报、年报，对工程资料和档案及时进行整编，做好文、录、表、单的日常管理，并在期限届满时移交发包人。

(15) 审查工程结算。

5. 保修阶段

负责检查工程状况，签订质量问题责任书，督促保修。

监理人应该履行的与本合同的工程有关的监理服务范围，详见附件 1 的规定。

（注意事项：监理人的服务范围可以根据项目的情况来确定，可以适用到设计监理和保修，本条第1和第5为选择性条款。）

4　监理人的权利和义务

（一）权利

1.1　监理人在甲方委托的工程范围内，享有以下权利：

1.1.1　选择工程总承包人的建议权。

1.1.2　选择工程分包人的认可权。

1.1.3　对工程建设有关事项包括工程规模、设计标准、规划设计、生产工艺设计和使用功能要求，向甲方的建议权。

1.1.4　对工程设计中的技术问题，按照安全和优化的原则，向设计人提出建议；如果拟提出的建议可能会提高工程造价，或延长工期，应当事先征得甲方的同意。当发现工程设计不符合中国或工程所在国颁布的建设工程质量标准或设计合同约定的质量标准时，监理人应当书面报告甲方并要求设计人更正。

1.2　审批工程施工组织设计和技术方案，按照保质量、保工期和降低成本的原则，向承包人提出建议，并向甲方提出书面报告。

1.3　协助甲方或根据甲方委托主持工程建设有关协作单位的组织协调，重要协调事项应当事先向甲方报告。

1.4　征得甲方同意，监理人有权发布开工令、停工令、复工令，但应当事先向甲方报告。如在紧急情况下未能事先报告时，则应在24小时内向甲方作出书面报告。

1.5　工程上使用的材料和施工质量的检验权。对于不符合设计要求和合同约定及国家质量标准的材料、构配件、设备，有权通知承包人停止使用；对于不符合规范和质量标准的工序、分部分项工程和不安全施工作业，有权通知承包人停工整改、返工。承包人得到监理机构复工令后才能复工。

1.6　工程施工进度的检查、监督权，以及工程实际竣工日期提前或超过工程施工合同规定的竣工期限的签认权。

1.7　在工程施工合同约定的工程价格范围内，工程款支付的审核和签认权，以及工程结算的复核确认权与否决权。未经总监理工程师签字确认，甲方不支付工程款。

1.8　监理人在甲方授权下，可对任何承包人合同规定的义务提出变更。如果由此严重影响了工程费用、质量或进度，则这种变更须经甲方事先批准。在紧急情况下未能事先报甲方批准时，监理人所做的变更也应尽快通知甲方。在监理过程中如发现工程承包人人员工作不力，监理机构可要求承包人调换有关人员。

（注意事项：监理人的权利可根据项目情况确定，尤其是本条第1.4、1.6、1.7的授权应特别注意。）

（二）义务

2.1　监理人的工作范围，包括但不限于以下主要内容：

2.1.1　按合同的规定设定监理机构并派出完成监理工作所需要的全部监理人员；

2.1.2　及时、准确地向甲方报送委派的总监理工程师，监理机构主要成员名单和简历及其监理规划。

2.1.3　及时、有效地完成监理合同中约定的监理工作范围内的监理业务。

2.1.4 在履行合同义务期间，应按合同约定定期向甲方报告监理工作。

2.2 认真尽责和行使职权

2.2.1 监理人在根据本合同规定履行其义务的过程中，应该运用合理的技能，谨慎和勤奋地工作。

2.2.2 本合同附件3的《建设工程监理规范》是本工程执行监理工作时应该遵循的规范，但是本合同有特殊规定的事项，按照本合同约定。

2.2.3 监理人按照本合同附件3的规定实施监理工作时，任何涉及对工程费用、成本，工程工期，工程技术指标、技术规范和工程质量有影响的情况，有关处置方案必须事先得到甲方的书面认可和批准。

2.2.4 当监理工作涉及根据甲方和任何第三方签订的合同条款的授权行使权力或履行职责时，监理人应该：

2.2.4.1 虽然附件1中没有详细说明此类权利和职责，但是只要完成工程所必需的并且监理人是可以接受的，监理人就应该按照合同执行；

2.2.4.2 如果经过授权，需要监理人认证、决定和行使自由处置权，监理人应该作为独立的专业人员，根据自己的技能和判断进行工作，公正地使用该权利。

2.2.4.3 如果经过授权改变任何第三方的义务时，对于任何可能对费用、质量或工期有重大影响的变更，应该按照第2.3条的规定执行。

2.2.5 所有甲方提供或支付费用、供监理人使用的物品都属于甲方的财产，可能的情况下应该加注标记。当服务完成或终止时，监理人应该将履行服务过程中未使用的剩余物品清单交给甲方，并按照甲方的指示移交此类物品。

2.3 在合同期内或合同终止后，未征得甲方、业主等有关方面的书面同意，不得泄露与本工程、本合同业务有关的任何资料和保密材料。

2.4 监理人不得从事与所监理工程相关的施工、建筑材料、构配件，以及建筑机械、设备的经营活动；监理人也不得与所监理工程的建设单位、建筑业企业或建筑材料、建筑构配件和设备供应单位有任何关联关系。

2.5 没有甲方的书面同意，监理人不得转让、分包本合同规定的监理服务范围内的任何工作。

2.6 监理人在监理过程中因过错或过失给甲方造成重大经济损失的，应承担赔偿责任和法律责任，甲方有权要求监理人赔偿损失。如果监理方与承包方或分包商在本工程中非法获利给甲方造成损失的，应当与承包方和/或分包商承担连带赔偿责任。

5 监理机构、监理人员和监理资料

1. 项目监理机构

1.1 在____前❶，监理人应该将本项目监理组织机构的形式和根据组织机构配置的

---

❶ 鉴于人员素质在服务类合同中起着至关重要的作用，因此建议在双方准备签署合同前，就应该将未来的组织机构设置、人员配置计划，和组织机构中的主要人员简历提交甲方审核。

而本合同起草时考虑到，需要在双方存在合同关系的情况下甲方行使"批准"的权利，因此也可以使用下列文字描述：

1.1 在双方签订合同后____日内，监理人应该将本项目监理组织机构的形式和根据组织机构配置的专业监理人员简历报甲方审核批准。

专业监理人员简历报甲方审核批准。

1.2　根据甲方批准的项目监理组织机构和人员配置，监理人应该在收到批准的 7 个工作日内，向甲方提交由法定代表人正式签发的总监理工程师授权书。监理人配置的监理工程师总数不得少于＿＿＿人；其中工程现场的监理人员不得少于＿＿＿人。

项目执行期间，监理人不得调换总监理工程师，除非甲方书面要求或同意更换；监理人应该至少提前 30 天向甲方提出调换总监理工程师的书面要求，在甲方书面同意调换后，工作交接情况必须得到甲方的认可。

2.　总监理工程师对甲方负责，主要监理工作职责如下：

2.1　确定项目监理机构人员的分工和岗位职责；

2.2　主持编写项目监理规划、审批项目监理实施细则，并负责管理项目监理机构的日常工作；

2.3　审查分包单位的资质，并提出审查意见；

2.4　检查和监督监理人员的工作，根据工程项目的进展情况和甲方要求进行监理人员调配，对不称职的监理人员应调换其工作；

2.5　主持监理工作会议，签发项目监理机构的文件和指令；

2.6　审查承包单位提交的开工报告、施工组织设计、技术方案、进度计划；

2.7　按照甲方要求审查承包单位的各类申请、支付证书和竣工结算；

2.8　按照甲方要求审查和处理工程变更；

2.9　按照甲方要求主持或参与工程质量事故的调查；

2.10　按照甲方要求调解与承包单位的合同争议；

2.11　组织编写并签发监理月报、监理工作阶段报告、专题报告和项目监理工作总结；

2.12　审核签认分部工程和单位工程的质量检验评定资料，审查承包单位的竣工申请，组织监理人员对待验收的工程项目进行质量检查，参与工程项目的竣工验收；

2.13　主持整理工程项目的监理资料。

3.　总监理工程师不得将本章节第 2.2 条、第 2.4 条、第 2.6 条、第 2.7 条、第 2.10条和第 2.12 条规定的义务委托总监理工程师代表执行。

4.　监理人员

4.1　总监理工程师应由具有三年以上同类工程监理工作经验的人员担任；总监理工程师代表应由具有二年以上同类工程监理工作经验的人员担任；专业监理工程师应由具有一年以上同类工程监理工作经验的人员担任。

4.2　监理工程师必须取得国家监理工程师执业资格证书并经过有效注册。

4.3　由监理人派往项目所在国现场的工作人员，应该体检合格并且证明能适应他们的本职工作，具有甲方认可的资格和资历。

4.4　如果派出的监理人员工作能力不能满足监理工作的需要，甲方有权随时要求更换不符合工作要求的监理人员。监理机构应该在甲方发出更换人员的书面通知后的 3 个工作日内，提交新的监理人员简历供甲方审核。

4.5　从甲方提出更换监理人员到新的监理人员到达工作现场的时间不应该超过 21天。更换人员发生的所有费用由监理人承担。

5. 监理资料

5.1 合同签订后____天内，监理人应该向甲方提交监理规划，监理规划的内容按照附件3的要求编制。在工程监理过程中，监理人应该按照甲方批准的监理规划实施。

5.2 在工程施工前____天，项目监理机构应该编制监理实施细则。该实施细则应该符合监理规划的要求，由监理机构的专业监理工程师结合各个专业特点进行编制，做到详细具体并具有可操作性。

5.3 监理资料应该按照附件3的要求及时整理、真实完整、分类有序。监理资料的管理由总监理工程师负责，指定专人具体实施。在各个阶段监理工作结束后，应该向甲方移交归档。

（注意事项：监理资料的编制要求应根据项目特点确定。）

5.4 工地例会和专题会议纪要

5.4.1 在施工过程中，总监理工程师应该每____［周］主持召开一次工地例会。会议纪要由项目监理机构负责起草，经与会各方代表会签。

5.4.2 项目监理机构应该在会议召开后3日内整理打印出工地例会纪要，发送至所有与会各方，以便与会各方遵照执行。

5.4.3 总监理工程师或专业监理工程师应该根据需要及时组织专题会议，解决施工过程中的专项问题。有关专项会议纪要按照工地例会纪要的要求进行签发。

5.5 监理日记和监理月报

5.5.1 监理日记应该按照专业进行记录，并由当班的专业监理工程师签字。监理日记原件应该存放在甲方指定的办公室以便甲方查询。

5.5.2 监理月报的内容按照附件3的要求由总监理工程师组织编制，签认后在每个月的25日前送报甲方。

5.6 工程监理工作或阶段性工作结束后，监理人向甲方提交监理工作总结，其内容按照附件3的要求编制。

5.7 不定期信息文件

监理人应根据项目情况随时向甲方提交如下信息文件：

（1）关于工程优化设计或变更或施工进展的建议。

（2）资源投入及合理配置的建议。

（3）工程进展预测分析报告。

（4）索赔受理、调查及处理文件。

（5）发包人要求提交的其他报告。

6 甲方的权利和义务

1. 权利

1.1 甲方有选定工程总承包人，以及与其订立合同的权利。

1.2 有对工程规模、设计标准、规划设计、生产工艺设计和设计使用功能要求的认定权，以及对工程设计变更的审批权。

1.3 监理人调换总监理工程师须事先经甲方同意。

1.4 甲方有权要求监理人提交监理工作月报及监理业务范围内的专项报告。

1.5 甲方有权要求监理单位更换不称职的主要监理人员，直到终止合同。

2. 义务

2.1 为了保证及时有效提供监理服务，甲方应该按照合同的规定，在合理的时间内向监理人提供与监理工作有关的资料，具体内容详见附件4《甲方提供的项目资料清单和交付时间表》。

2.2 甲方应该在合理的时间内，就监理人总监理工程师以书面形式提交的征询甲方意见的事宜作出书面决定。

2.3 在项目所在国，甲方应该尽其所能为监理人的雇员提供以下协助：

2.3.1 提供入境、居留、工作和处境所需要的文件；

2.3.2 为实施监理服务需要的通行的便利；

2.3.3 发生意外事件的遣返，但是相关费用应该由监理人承担。

2.4 提供监理人收集资料所需的与其他组织的联络途径。

2.5 在项目所在国，甲方应该尽其所能为监理人的雇员提供以下条件：

2.5.1 甲方在本项目临时设施中为乙方派驻现场的项目管理工程师免费提供办公用房，并配备必要的办公家具。办公用房的日常维修由甲方负责并承担相关费用。

2.5.2 甲方为乙方项目管理工程师提供必要的办公设备（至少包括打印机、复印机等）和办公耗材，办公设备的产权归甲方。项目管理工程师因公使用办公设备和办公耗材，甲方不收取任何费用。办公设备的维修保养由甲方负责并承担相关费用。

2.5.3 甲方为乙方项目管理工程师提供交通便利，项目管理工程师因公使用交通工具不收取任何费用。但乙方应遵守并尊重甲方的交通调度，不得以任何理由拒绝。

2.5.4 除监督本项目施工单位进行检测实验外，乙方派驻现场的项目管理工程师在必要时可单独使用现场的检测实验室设备和仪器进行补充检测，不收取任何费用。

2.5.5 乙方项目管理工程师应当妥善使用甲方提供的房屋及其设施、办公设备和车辆。如因乙方项目管理工程师不当使用对上述设施和设备造成损害，乙方应当承担相应赔偿责任。

2.5.6 除上述甲方提供的现场条件外，乙方委派的管理工程师在履行施工管理职责过程中的其他个人开支或为乙方因公开支等由乙方自行承担，不得以任何方式接受或变相接受施工单位的额外支付、奖金或补贴；乙方及其职员不应接受合同规定以外的与项目有关的任何利益和报酬。

（注意事项：根据项目具体情况及与乙方的谈判情形，可对2.5.1至2.5.4条我方提供的现场条件进行相应的删改，选择使用。）

2.6 甲方对监理人书面提交并要求作出决定的事宜作出书面答复，送达乙方或管理机构的时限：一般文件72小时。紧急事项、变更文件48小时。

7 违 约 责 任

（1）如果监理人没有履行本合同规定的责任和义务，他需要向甲方承担和支付由此引起或与之有关的赔偿。

（2）监理人应该按照本合同附件5的规定，及时派遣所需总监理工程师、总监理工程师代表和专业监理工程师，提供相关服务。延迟派遣有关人员或不按照规定的组织机构派遣人员，视为监理人违约，监理人应该承担违约赔偿。每延迟派遣一人，每周（不足一周按照一周计算）应该支付违约赔偿金____万元人民币；违约赔偿金最高不超过合同总金额的____〔百分之____〕。

（3）由于监理人未履行监理责任或不积极履行监理责任，导致工程造价、工程进度和工程质量出现重大问题，给甲方造成经济损失，监理人有责任对甲方的直接经济损失承担赔偿责任。

（4）若因监理人原因造成工期迟延，对于相应增加的管理期，监理人无权向甲方要求合同价格的调整，甲方仅需向监理人支付原合同价格扣除因工程迟延所造成的甲方损失后的余额。

（5）因乙方原因造成工程实际进度偏离工程计划进度的，则自进度偏离之日起至该进度偏离被排除之日止，乙方应按____％（比例）每日向甲方交纳违约金并减收、免收管理费。

8 保 险

1. 监理单位有责任在合同生效后的 30 天内，按照合同要求办理好所有保险，并按照要求将保险单提交甲方验证。如果监理单位没有按照本条规定的时间办理保险，甲方有权按照规定投保，相关保险费用甲方可以从任何一笔应支付监理单位的款项中扣除。

2. 甲方应该是监理单位按照本合同规定投保的保险单的共同受益人。

3. 监理单位为实施本工程监理投保的具体保险险种、保险金额和免赔额等，应该按照本合同附件 8 的规定办理。

9 支 付

选择方案一

1. 合同总价：本合同总价为：____。合同的分项价格见附件 6。

1.1 本合同是固定合同总价，自合同签订之日起至监理人完成所有合同规定的监理工作之日为止，甲方应该支付给监理人的所有费用都包含在合同总价中。

1.2 除非在对外合同下发生不可抗力事件，或由于对外合同规定的业主的原因导致工程延期，监理人可以申请延长完成监理工作的服务时间；其他情况下监理人无权向甲方提出支付延期服务期间发生的任何费用的要求，甲方也没有义务向监理人支付本合同总价以外的任何款项和费用。

1.3 监理人为完成监理服务发生的费用包括（但不限于）：

1.3.1 监理人派遣的监理人员的报酬；

1.3.2 监理人员为完成监理服务工作，在甲方指定的国内地点或境外现场发生的办公费、设备购置费（包括办公设备、通信设备和网络设备等）和通信费等；

1.3.3 国内、国际差旅费，差旅补助和津贴；

1.3.4 派遣人员赴境外所需的签证、护照、体检的费用，或工作证等相关费用；

1.3.5 派遣监理人员在甲方指定的国内地点或境外现场工作的食宿费用，以及当地交通费用；

1.3.6 执行本合同目的，监理人应该缴纳的各项税费；

1.3.7 派遣监理人员在甲方指定的国内地点或境外现场工作时发生的紧急医疗费用；

1.3.8 派遣监理人员赴境外所需的保险费用。

（注意事项：合同价格应该包含的内容，应该由各项目组根据具体情况规定。）

2. 支付条件：

2.1 预付款：合同总价的＿＿＿［百分之＿＿＿］作为项目预付款，在监理单位提交了下列单据和文件后，凭甲方项目负责人的付款确认书和与预付款等额的服务业发票，在甲方审核单据无误后的 45 天内支付：

2.1.1 本工程项目的《监理组织结构和人员配置表》；

2.1.2 本工程项目的《监理规划》；

2.1.3 本工程项目监理单位签发的项目《总监理工程师任命书》；

2.1.4 甲方负责人付款确认书；

2.1.5 与本次付款等额的服务业发票。

2.2 现场服务费：

2.3 进度款：合同总价的＿＿＿［百分之＿＿＿］作为监理服务的进度款，在监理单位提交了下列单据和文件后，凭甲方项目负责人的付款确认书和与付款等额的服务业发票，在甲方财务部门审核单据无误后的 45 天内支付：

2.3.1 ［根据项目情况列出单据和文件］

2.4 尾款：合同总价的＿＿＿［百分之＿＿＿］作为监理服务的尾款，在收到工程业主颁发给甲方的临时验收证书（或工程最终验收）后，凭甲方项目负责人的付款确认书和与应付款项等额的服务业发票，在甲方财务部门审核单据无误后的 45 天内，甲方将本合同项下应付监理单位的所有剩余款项支付给监理单位。

2.4.1 工程业主签发的工程临时（或最终）验收证书复印件；

2.4.2 甲方和监理单位的合同结算证书，结算书中必须载明甲方应该支付的本合同项下的剩余金额；

2.4.3 甲方负责人的付款确认书；

2.4.4 与本次应付金额等额的服务业发票。

（注意事项：可以根据具体情况，可以根据工程节点支付，将部分合同款项在工程现场，以外币支付。）

选择方案二

1. 合同价款

乙方完成本合同规定的项目监理任务的服务费用单价为＿＿＿人民币/现场人·月。合同价款和/或单价已涵盖乙方为履行本合同所述全部工作、服务、义务等所需的全部费用，已包括了乙方的监理费、保险费、利润、国内外税费、乙方人员的国内外机票费、签证费、电话费、薪酬、社保金、生活费、津贴以及其他为履行本合同义务应支出的所有费用。

合同价款从乙方项目监理工程师按甲方要求离开中国海关之日计起至完成全部项目监理工作返回进入中国海关止（途中乙方人员不得无故逗留，但经甲方书面批准的除外），不足一个月的按日计算。乙方现场服务人月数暂定为＿＿＿人月，本合同总价暂定为＿＿＿人民币，合同最终结算金额按乙方实际派出的人月数计算。

2. 合同价款的支付

2.1 预付款支付

本合同生效后，且甲方在收到乙方开具的合格服务业发票后＿＿＿个工作日内向乙方支付暂定合同总价的＿＿＿%作为预付款。

2.2 进度款的支付

在收到乙方的付款申请报告及合格服务业发票后，甲方每6个月支付一次进度款。进度款的计算方式为：在乙方委派的第一批现场项目监理工程师抵达施工现场计起，按乙方实际在现场的人月数，相应扣除＿＿％的预付款及＿＿％的保证金，即具体支付金额为＿＿人民币/人·月×半年内的实际现场服务人月数总数×＿＿％。

2.3 保证金的支付

保证金为暂定合同总价的＿＿％。在工程质保期满，甲方获得业主签发的项目最终接收证书且收到乙方开具的合格服务业发票后＿＿个工作日内按乙方实际派出的人月数连同在执行本合同过程中可能发生的违约金一并结清。

3. 合同价款的调整

3.1 根据工程实际需要，甲方要求乙方增加或减少派遣项目监理工程师人数，在人月单价不变的基础上按实际派遣的人月数调整本合同价款；

3.2 根据工程实际需要，在得到甲方审批后乙方委派的项目监理工程师现场工作总人月数超出或不足本合同约定的派遣计划总人月数，在人月单价不变的基础上按实际派遣的人月数调整本合同价款。

（注意事项：本合同范本提供了两种不同的合同价款构成方式：即固定合同总价和固定人月单价。固定合同总价方式，在项目执行高峰时段，乙方实际委派的人员未必能够满足现场工作的需要；固定人月单价方式，操作相对灵活，但易受项目拖期等影响而增加额外成本；两种计价方式各有利弊，业务部可根据项目具体情况，选择使用。）

10 履 约 保 函

1. 作为监理人忠实履行本合同的保证，监理人应在本合同签字盖章后10日内将无条件的、不可撤销的、见索即付的履约保函递交给甲方，开立保函的费用由监理人承担。保函应由甲方认可的国内一流银行出具，保函金额为合同总价的＿＿％，并按照附件规定的保函格式开立。

2. 上述履约保函有效期应该在质保期结束、业主颁发最终完工证书后30天。当保函需要延期时，监理人应根据甲方要求无条件自费延展上述保函的有效期。若监理人未能根据甲方要求在保函到期前15天延长保函的期限，则甲方有权兑现保函并改保函为现金存款，一直到业主签发最终完工证书时止。

3. 监理人无权向甲方索取上述兑现保函后现金存款的利息。

4. 上述保函为监理人忠实履行合同的保证。如监理人出现任何违约行为，甲方有权没收保函，以此作为对甲方进行赔偿或补偿之用。监理人同意在出现下列情况时，或甲方认为监理人有其他违约行为时，甲方有权根据履约保函提出索赔：

4.1 监理人未能按照要求延长履约保函的有效期；此时甲方有权索赔履约担保的全部金额；

4.2 监理人未能在收到甲方要求纠正违约通知后的规定时间内纠正错误；此时甲方有权索赔履约担保的全部金额；

4.3 甲方按照合同规定有权终止合同的情况，不管是否已经发出这类通知；此时甲方有权索赔履约担保的全部金额。

（注意事项：履约保函可根据项目情况确定是否要求乙方提供。）

11　不　可　抗　力

1. 不可抗力是指合同生效后发生的合同双方当事人无法控制的、并非合同方过失的、无法避免的、不能预防的事件，包括但不限于：严重的自然灾害和灾难（如台风、洪水、地震、火灾和爆炸等）、战争（不论是否宣战）、社会敌视行为、叛乱、破坏、暴动、核泄漏、核污染等。乙方人员的罢工不属不可抗力。

2. 合同双方中的任何一方，由于不可抗力事件而影响合同义务的执行但已采取了合理有效的措施弥补不可抗力造成的影响时，将不得被视作违约或有过失。

3. 受到不可抗力影响的一方应在不可抗力事故发生后，尽快将所发生的不可抗力事件的情况以传真或电报通知另一方，并在 7 天内用特快专递将当地公证机关出具的正式证明文件提交给另一方审阅确认。受到不可抗力影响的一方如果是乙方，乙方应全力配合甲方确定业主的确认，受影响的一方同时应尽量设法缩小这种影响和由此而引起的延误，一旦不可抗力的影响消除后，应将此情况立即通知对方。

4. 任何一方因不可抗力事件的发生不能按照本合同规定履行其义务的，其履行该合同义务的时间相应延长，所延长的时间应与不可抗力事件持续的时间相同，但不能因为不可抗力的延迟而调整合同价格。因不可抗力给任何一方造成的经济损失或费用的增加由该方自行承担。

12　一　般　规　定

1. 本合同由双方代表在北京于____年____月____日签署，加盖双方公章后生效。本合同正式文本一式肆份，双方各执贰份。

2. 监理人应该在规定的时间内，完成本合同规定的监理工作，保证工程项目按照合同条件按期完成并移交工程业主（最终用户）。

3. 本合同须经双方协商同意后，以书面形式变更。

4. 如果能证明是由于工程业主的过失或错误阻碍或延误了工程监理工作，导致增加监理服务的工作量或期限，则：

a) 监理人应该在事件发生后的 5 个工作日内，以书面形式将此情况和可能的影响通知甲方；并协助甲方以书面形式向工程业主提出有关延长工作时间的要求或可能增加的工作量的要求；

b) 在工程业主认可的情况下，监理工作完成时间可以相应延长。

5. 为工程或甲方的便利，甲方有权提前____天向监理人发出通知，暂停全部或部分监理工作或终止本合同，监理人应该立即作出安排，使发生的费用和开支减至最小。依据本条款终止合同后，除甲方应该支付的监理人的合理开支外，监理人同意放弃对预期利益或其他补偿、赔偿或其他利益的索赔要求。

6. 如果甲方认为监理人无正当理由不履行或不适当地履行其义务，甲方有权在任何时候通知监理人并说明通知的理由。如果在 14 天内未收到满意的答复，甲方有权再发出通知并终止本合同。再次通知的时间可以在第一个通知发出后的 21 天内发出。

7. 监理人任命的总监理工程师和其他监理人员除使用中文对工程承包商或分包商实施管理或履行监理工作外，还应该具备使用英文与工程业主和业主咨询工程师进行交流的能力。

8. 没有甲方的书面同意，监理人不得将本合同产生的除款项以外的利益转让给任何第三方；没有甲方的书面同意，监理人不得将本合同规定的义务转让给其他人。

9. 甲方保有本合同项下编制的所有文件的版权。

10. 如果发现监理人有以下过错，尽管根据工程项目所在国法律或其他有管辖权的法律，对监理人可能实施惩罚，甲方依然有权终止本合同并认为监理人违反了本合同第4条2.2款规定的基本义务：

a) 在挑选或选聘过程中，为直接或间接影响官方或非官方人员的行为或行动，而提供、馈赠、接受或索要任何财物；

b) 为影响选聘过程或执行合同的目的，错误地陈述事实，包括合谋抑制或削减公平和自由的竞争。

11. 通知：根据本合同发出的通知应该是书面的，并在下列地点收到时生效：

a) 甲方通知地址：

b) 监理人通知地址：

12. 保密义务：在本合同的工程项目完工后5年内，监理人不得将与本工程项目有关的任何资料用于本合同规定以外的其他目的（包括出版、教研等目的），除非事先得到甲方的书面同意。

13　争 议 的 解 决

1. 本合同适用法律为中华人民共和国法律。

2. 凡与本合同有关的争议，双方应通过友好协商解决。如果协商不成，任何一方有权向甲方所在地的人民法院提起诉讼。

3. 在争议审理期间，除提交审理的事项外，合同其他部分仍然应该继续履行。

甲方（盖章）：　　　　　　　　　　乙方（盖章）：

中国×××××有限公司

代表：　　　　（签字）　　　　　代表：　　　　　（签字）

地址：　　　　　　　　　　　　　地址：

邮编：　　　　　　　　　　　　　邮编：

联系人：　　　　　　　　　　　　联系人：

电话：　　　　　　　　　　　　　电话：

传真：　　　　　　　　　　　　　传真：

附件1　《工程监理服务范围》

附件2　《工程监理适用的技术标准和规范》

附件3　《建设工程监理规范》中华人民共和国建设部［GB 50319—2000］

附件4　《甲方提供的项目资料清单和交付时间》

附件5　《监理组织机构和人员配置表》

附件6　《分项价格表和付款进度表》

附件 7 《履约保函》格式

附件 8 《保险》

（注意事项：

1. 本合同适用范围是在国际工程中境外现场的工程施工监理工作。针对国内设计院或重要设备供货商进行的监理工作也可适用本文本。本合同的工作范围不包括设备监造工作，设备监造另行签订《设备监造合同》。

2. 此附件中应该包括人员派遣计划。人员派遣计划也可以单独作为附件，甲方拥有调整人员派遣计划的权力，监理方只有建议的权利。监理人的监理工程师没有按照人员派遣计划到达现场，视为违约行为。）

第四章 工 程 实 施

4.1 概 念

项目实施阶段的主要任务是国际工程承包商对建筑师和专业设计师的详细设计进行深化设计，取得工程师的批准，将深化设计的图纸变成项目实体。即：通过建筑施工，在规定的工期、质量标准、工程造价的范围内，按施工图设计的要求，高效率的实现项目建设的目标。该阶段是国际工程项目周期中，工作量最大，投入的人力、财力、物力最多，管理协调与配合难度最大、参与实施单位较多的阶段。

需要说明的是，对于国际工程项目的设计过程，不同的国家和地区有不同的做法。而英国皇家建筑师协会（RIBA）对工程设计的规定得到了广泛的应用。根据 RIBA 的流程；工程设计一般分为：设计描述、初步设计（概念设计）、详细设计和技术设计。在我国设计院提供的设计成果（或称设计文件；也称施工图），可以用来指导施工。承包商不承担设计责任，只要按图施工就可以了。而在国际工程中则不然，建筑师和设计师提供的详细设计图纸还没有达到直接施工的需要，承包商要根据建筑师和设计师提供的详细设计和技术设计进行最后的深化设计，而深化设计经过工程师（或业主委派的授权人）批准后，才可以按图施工。其中：建筑师和设计师的技术设计，一般比较详细规定了该项目的技术规范，对工作范围、材料要求、工艺、设计、试验、工作程序、质量控制等作出要求。同时，项目主要材料设备的采购也贯穿于整个设计的过程等，这一点也是与我国国内做法不同之处。

工程实施阶段也称施工实施阶段，该阶段是以施工管理为核心，承包商以其丰富的施工管理资源与管理经验和先进的、规范的施工管理技术，依据合同和项目计划，在组织工程项目施工的过程中，不断地进行计划、组织、协调和控制，该阶段施工管理任务是协调参建各方的工作关系，全盘调度施工资源，以达到合同目标和承包商企业管理的目标，完成建筑业产品的建造任务。施工实施阶段的主要工作有："三控制"、"四管理"。"三控制"是：进度控制、质量控制、费用控制；"四管理"是：QHSE 管理、合同管理、现场管理、现场材料（仓库）管理。QHSE 管理涉及现场的施工质量管理、施工安全管理，以及现场文明施工管理和职业健康与环境卫生管理等。在此期间，承包商使用的主要合同与协议有工程保险合同、施工分包合同、国际劳务合同、材料设备采购合同、设备监造合同、租赁合同、运输合同。

4.2 合同与协议

4.2.1 工程保险合同

【基本概念】

1. 定义

保险是指投保人根据合同约定，向保险人（保险公司）支付保险费，保险人对于合同。约定的可能发生的事故因其发生所造成的财产损失承担赔偿保险金责任或者当被保险人死亡、伤残、疾病或者达到合同约定的年龄期限条件时，承担给付保险金责任的商业保险行为。

保险是一种风险转移机制，它是将被保险人个人（或小群体）所遭受的损失，在面临同样风险威胁的大群体（众多被保险人）中进行分摊，从而使个人（或小群体）不致因风险损失而陷于困境，即转移了风险。

2. 担保与保险的区别

从风险防范财务手段，也即从提供经济保障角度，保险和担保都具有保障作用，但二者性质完全不同，其主要区别如下：

（1）契约当事人不同

担保契约（保证书）中有三方当事人：委托人、债权人、担保人。而保险合同有三方或以上当事人：保险人、被保险人、投保人以及人身保险的受益人（被保险人、投保人可以为受益人）。

（2）费用承担不同

担保费虽然是由委托人支付给担保人，但这笔费用可计入服务成本。实际上，这笔担保费是由债权人承担的。

比如：工程承包中各种保函的费用都可计入工程成本，由业主在支付工程酬金时，包括在工程款内。而保险合同的被保险人则是通过购买保险来保障自己。保险费通常由投保人承担（投保人与被保险人可以是同一个人，也可以不是同一个人）。

（3）损失产生的根源不同

担保所涉及的损失，有时是可能由委托人故意行为引起的。比如：违约可能起因于委托人无支付意愿或无支付能力。而保险所涉及的损失，从被保险人角度看，应该是自然灾害或意外事故引起的。因此，从某种角度说，保险面对的是"天灾"（包括自然灾害与意外事故），而担保面对的是"人祸"（违约）。

（4）损失承受不同

通常担保人不会因履行担保而蒙受重大损失。因为担保人在承诺担保之前，一般都会要求委托人提供担保抵押，一旦担保受到损失，担保人可以从担保抵押中取得补偿（除非他没有要求抵押或其他保证措施）。而保险人则在发生损失时必须赔偿。此赔偿，只能由保险人承担（当然，实际上还是由众多投保人承担，只是保险人减少了收益）。

（5）损失发生的概率不同

担保人在承诺担保之前，一般都要对委托人的各种有关情况进行调查，进行充分的可行性研究，基本能确认不大可能发生委托人不履约行为，才会给予担保。所以损失发生的概率较低（除非他没有这样做）。

而保险则是集中了众多风险，难免被保险群体中时有损失发生，保险人也不大可能对每个被保险人进行调查。因此，其概率远比担保要高。

3. 工程保险

工程保险是针对工程项目在建设过程中可能出现的因自然灾害或意外事故而造成的物质损失和依法或依合同应对第三者的人身伤亡和财产损失承担的经济赔偿责任提供保障的一种综合性保险。它是从财产保险中派生出来的一个新险种。可以说是财产保险和责任保险的综合保险。主要以各类民用、工业用和公共事业用工程项目为承保对象。工程保险的开展虽然只有几十年的历史，但发展极为迅速，所占市场份额也逐年加大，工程保险因其保险金额高，投保险种多而受到保险公司的重视。

（1）工程保险的特点

工程保险虽是属于财产保险的范畴，但与普通财产保险相比有以下特点：

1）保障具有特殊性。

①工程保险不仅承保被保险人财产损失的风险，同时，还承保被保险人的责任风险。（如第三者责任险）

②承保的"风险标的（Subject，即投保的对象）"中的大部分裸露于风险中，抵御风险的能力大大低于普通财产保险的标的。

因为工程是公开的，摆在那儿的，因而风险也是"裸露"的，抵御风险能力较低。而普通财产一般不是公开的，因而风险也不是"裸露"的，可以采取非公开的办法抵御风险，因而抵御风险的能力较强。

③工程在建设过程中始终处于一种动态的过程，各种风险因素错综复杂，使风险程度加大。

2）保障具有综合性。

工程保险的责任范围一般由物质损失部分和第三者责任部分构成。同时，工程保险还可针对工程风险的具体情况提供运输过程中，工地外储存过程中，保证期过程中等各类风险的专门保险。

3）被保险人具有广泛性。

普通财产保险的被保险人比较单一，而工程保险由于工程建设过程中的复杂性，可能涉及的当事人和关系方较多，包括业主、承包商、分包商、设备供应商、工程项目咨询机构人员、技术 Nl、日-J、工程监理等等，只要在投保申请书中列为被保险人，他们均可对工程项目拥有保险利益，成为被保险人。

4）保险期限具有不确定性。

普通财产保险的保险期限是固定的，通常为 1 年。而工程保险的保险期与工期有关，一般是根据工期确定的，往往是几年，甚至十几年。

工程保险的保险期起止点也不是确定的具体日期，而是根据保险单上的规定和工程的具体情况确定的。

5）保险金额具有变动性。

普通财产保险的保险金额在保险期限内是相对固定不变的。Nq-N 保险的保险金额在保险期限内是随着工程建设的进度变化的。所以，在保险期限内，保险金额可能有变动。

6）无固定费率。

一般的财产保险都有固定的费率。而工程保险与工程性质、规模和风险状况有关，由于情况极其复杂，因此没有固定统一的费率。具体的费率依据工程的性质和所处的环境情况技术复杂程度等确定。

7）普通财产保险一般不负责操作上的失误所造成的财产损失，而工程保险中，因工作人员的操作失误，如因缺乏经验、疏忽、过失甚至故意行为（并非被保险人及其代表的故意行为）等人为因素所导致的损失，在某些保险条款中也属保险公司赔偿责任。

（2）工程保险的种类

工程投保的险种，应根据项目合同的规定及工程的具体情况来决定。通常，在合同条件中规定承包商是应投保方，即由承包商以业主（雇主，下同）、承包商和分包商的联合名义进行投保。也可由业主为应投保方（由合同专用条件规定）。所要求的投保险种一般在合同中约定。

如：工程一切险（包括：建筑工程一切险，安装工程一切险）；

第三者责任险；

雇主责任险；

人身意外伤害险；

机动车辆险；

十年责任险（有些国家要求）；

以及其他的一些险种，如：货物运输险；职业责任险等。

还有一些特殊险种，如：战争险、汇率险（如果合同条款中没有防止外汇风险的保值条款，而承包商对国际金融市场的汇率活动趋势缺乏预见能力时，就需要投保汇率险）等则由承包商根据自己所承包工程的风险分析和判断决定取舍。

对于投保险种，在工程承包合同签订后，承包商必须在合同规定时间内向业主交验有关保险单证，否则，会被业主视为合同违约。

（3）工程项目保险管理的工作程序

通常在国际工程项目的招标文件中，项目业主一般会通过"投标人须知"提出对项目保险的要求，特别是 FIDIC 合同条件中也规定了有关项目保险的条款。承包商在工程合同签订后，出于转移风险，减轻风险造成的损失的需要，也会合理的投保并在整个项目实施过程中对保险进行管理。

1）保险业务的术语

只有了解保险的术语，才能比较方便的了解工程项目保险管理的工作程序。

①保险

投保人根据合同约定，向保险人支付保险费，保险人对于合同约定的可能发生的事故，因其发生所造成的财产损失承担赔偿保险金责任，或者当被保险人死亡、伤残、疾病或者达到合同约定的年龄、期限等条件时，承担给付保险金责任的商业保险行为。

②投保人

与保险人订立保险合同，并按保险合同约定负有支付保险费义务的人。

③保险人

与投保人订立保险合同，并按照合同约定承担赔偿或者给付保险金责任的保险公司。

④被保险人

其财产或者人身受保险合同保障、享有保险金请求权的人。投保人可以为被保险人。

⑤保险合同

保险合同是投保人与保险人约定保险权利义务关系的协议。

⑥保险事故

保险合同约定的保险责任范围内的事故。

⑦保险标的

作为保险对象的财产及其有关利益或者人的寿命和身体。

⑧赔偿限额

保险人承担赔偿或者给付保险金责任的最高限额。

⑨第三者责任保险

以被保险人对第三者依法应负的赔偿责任为保险标的的保险。

⑩免赔额

在承保时由保险双方约定的，保险人不承担赔偿责任的具体数额。即由被保险人自己承担的损失额。

2）承包商工程保险管理的职责

①主要岗位职责

项目部风险管理工程师在项目经理的领导下负责工程项目的保险管理。

②相关岗位职责

项目部内部各方风险管理负责人（各部门经理、各专业施工队负责人及管理人员）协助项目部风险管理工程师进行项目的保险管理。

当保险事故发生在本方业务范围内时，在项目经理和风险管理工程师的组织与指导下，具体负责保险事故的处理。

3）工作程序

①项目部风险管理工程师在项目财务经理的协助下，确定投保险种及选择保险公司，并报项目经理批准。必要时，需取得项目业主的同意。

②风险管理工程师，在项目财务经理协助下，与所选定的保险公司联系有关保险事宜。详细研究保险条款，初步确定本项目的"投保原则与具体做法"，报项目经理批准。必要时，需取得项目业主的同意。

③项目部风险管理工程师根据项目经理批准的"投保原则与具体做法"，与保险公司进行协商、谈判。填写投保申请书（投保单）及保险单，在项目经理的授权下，与保险公司签定保险合同。

④项目部风险管理工程师负责在合同规定的期限内，向项目业主交验有关保险单证。

⑤项目部风险管理工程师、根据保险合同的要求，制订事故预防措施，经项目经理批准后，交项目内部各方风险管理负责人贯彻执行。

⑥项目部风险管理工程师负责检查、督促项目内部各方对事故预防措施的执行情况。在项目定期检查会议上提出检查报告，商讨对策。

⑦当发生保险事故时，项目部风险管理工程师立即通知保险公司派员来现场。同时负责组织，指导对事故的处理（保护事故现场，采取合理措施防止事故进一步扩大，收集证据计算损失等），并报告项目经理。

⑧项目部风险管理工程师负责向保险公司提出保险索赔报告。当保险公司提出要求时，协助保险公司进行事故调查。

⑨风险管理工程师在财务经理协助下，具体办理向保险公司的保险索赔事宜。

【内容与格式】

我国和各国保险公司保险合同及附件（投保申请书（投保单）、保险单及有关保险单证）都有自己的规定格式。但是工程保险合同的内容，大体一致，主要包括以下内容：

1. 保险人名称和住所；

2. 投保人、被保险人的姓名或者名称和住所，以及人身保险受益人的姓名或者名称和住所；受益人是指人身保险合同中，由被保险人或者投保人指定的，享有保险金请求权的人。投保人、被保险人可以为受益人；

3. 保险标的；

4. 保险责任和责任免除；

5. 保险期间和保险责任开始时间；

6. 保险金额；

7. 保险费以及支付办法；

8. 保险金赔偿或者给付办法；

9. 投保人和保险人约定的与保险有关的其他事项；

10. 违约责任和争议处理；

11. 订立合同的年月日；

12. 投保人和保险人签字或签章。

【文案范例】

（略）

4.2.2　施工分包合同

【基本概念】

在国际工程项目中，分包作为建筑业的普遍现象，在分包商选择、分包合同谈判、开工、索赔、竣工等分包管理过程中形成了自身特有的一套规则、技巧。在国际工程实施过程中，最复杂和棘手的问题之一就是工程分包。

1. 定义

分包是指总包商（也称总承包商或主包商）将部分工程交给他人实施和完成的行为。

在分包合同关系中，分包商只是承揽、实施和完成总包商交给他的部分工程，而主合同中对业主的全部责任和义务仍由总包商承担。

分包合同成立的前提是以业主与总包商签订的主合同为前提条件。没有业主和总包商签订的主合同为前提，分包就不能成立。

各国法律均对工程项目分包法律行为进行了不同程度的规定，另外，业主也会在招标文件中明确分包的原则，总包商在投标和工程项目实施中都会遵守这些原则和合同规定。

2. 分包的法律特征

（1）分包是总包商雇用的，并与之签订分包合同的行为。

在国际承包工程合同关系中的当事人包括业主、工程师、总包商、分包商、施工经理、供应商、设计咨询公司、专业咨询公司等，这些当事人之间的关系以不同的合同相联系，形成了不同当事人之间的权利义务关系，构成了国际承包工程的合同关系和合同链。在分包合同链中，业主雇用总包商、雇用工程师或建筑师，而总包商雇用分包商，并与分包商签订分包合同。

（2）分包是分包商承揽一部分工程，而不是全部工程的行为。

在实务中，无论是土木工程中的机电设备分包，还是机电工程中的土木工程分包，或者是土木工程中的其他分包，均是分包一部分工程项目，而不是全部工程，这也是分包与转包的根本区别。

（3）分包并没有改变总包商对业主负责，分包商向总包商负责的权利和义务关系，总包商对业主的权利和义务没有转移给分包商。体现在如下五个方面：

1）分包合同存续于总包商和分包商之间，而业主和分包商之间没有合同关系。

2）分包并没有使主合同项下总包商的权利和义务转移或分割给分包商，分包行为并没有改变总包商对业主负责，分包商对总包商负责的合同关系。

3）总包商不能以分包为由，向业主主张合同项下的权利和义务转移给分包商。

4）总包商不能以分包商延误、所做的工程缺陷等为由抗辩、推托其对业主的合同责任。

5）分合同附属于主合同，以主合同的成立为成立前提，随主合同的消灭而消灭。

3. FIDIC 分包合同的一般原则

在国际工程施工的实践中，分包形成了一套特有的分包原则、规则和技巧，在各国有关的建筑法律、判例以及国际工程的合同范本中均有所体现。特别是 FIDIC 合同 1999 年第 1 版第 4.4 款、第 4.5 款和第 5 条以及英国土木工程师学会 ICE 合同第 7 版第 4 条和第 59 条等都对分包做了原则的规定，这些内容反映和体现了法律、判例、工程业界、律师等公认的原则。这些原则主要体现为：

（1）分包商和业主没有合同关系；

（2）总包商不能将整个工程分包出去；

（3）未经业主或工程师同意，承包商不得将工程的任何部分分包出去；

（4）总包商对业主承担合同责任，分包商对总包商承担合同责任；

（5）分包商对主合同应全部知晓；

（6）分包商应对其分包工程承担总包商在主合同项下所有的责任和义务；

（7）业主不能直接起诉或对分包商直接申请仲裁，分包商也不能对业主直接起诉或提

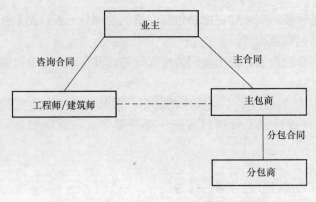

图 4-1 业主、总包商和分包商的合同关系

起仲裁，但侵权责任除外。

业主、总包商和分包商的合同关系如图 4-1 所示。

4. 分包合同编制的原则

分包合同编制的原则是：

（1）与主合同相一致的原则。

FIDIC 分包合同 1994 年第 1 版的规定，"分包商应承担并履行与分包工程有关的主合同规定的承包商的所有义务和责任。"

（2）分包商知晓原则。

（3）完整性原则。

分包合同与主合同的界面如表 4-1 所示。

分包合同与主合同的界面 表 4-1

序号	交叉界面主题	详细内容
1	分包方式	工程分包（部分、工序分包）
		专业工程分包
		劳务分包（清工分包）
2	合同模式	合同格式和文本选择
		合同方式：单价、总价、成本加酬金
3	工程	工程内容
		工程范围
4	工期	分包工程的工期，包埽开工时间、进场时间、竣工时间
5	价格	分包工程价格
6	支付	支付方式
		支付货币
7	保函	履约保函
		预付款保函
8	保险	保险，由谁承保，保费负担原则
9	材料供应和检验	材料供应
		材料检测
10	临时工程和设施的使用	临时工程和设施的使用
11	施工现场、通道和便道的使用和维护	施工现场、通道和便道的使用和维护
12	工程变更	工程变更
13	保留金	保留金金额、扣留方式和释放
14	缺陷责任期	缺陷责任期
15	税务	税务
16	主包商接管的权力	主包商接管分包商的预期情形，后果和责任
17	争议的解决	友好协商方式和时间限制
		仲裁地点
		仲裁规则
18	法律适用	法律适用的国家（与主合同一致）

5. 分包商的日常管理

与主合同和工程管理一样，分包合同和工程的日常管理主要应落实进度和质量管理等几个主要环节上。

（1）有条件和经验的企业编制《分包工程项目管理手册》，作为管理分包项目的指导性文件，制定分包市场调查、分包策略、分包商选择、分包合同的准备和谈判、分包商施工管理等有关规定和制度，避免因人而异的管理水平和作风，从制度上提高总体施工管理水平。

（2）往来文件。按照 FIDIC 分包合同的规定，承包商与分包商之间所有的通知、同意、批准、证书、确认和决定应为书面形式，即使是口头方式，也应在 7 天之内以书面形式确认。

（3）分包商与工程师的关系。由于分包合同仅仅是主包商与分包商之间的协议。因此，分包商与业主，以及业主聘用的工程师之间没有直接的合同关系。如为加速某项工程的进度，在征得主包商同意后，分包商可以与工程师联系，但应提前或及时会知主包商。

（4）进度控制。主包商应根据分包合同的规定，要求分包商在开工前提供工程进度安排以及资金计划。在遇到一个以上的分包商时，应协调好主包商与各个分包商之间的进度安排，避免相互干扰，延缓工程进度。

（5）质量控制。主包商应根据合同、技术规范的要求，控制施工工艺和施工质量，监督分包商按照规范的要求进行施工。

（6）材料管理。主包商应严格监督和控制分包商材料的质量，了解材料供应厂商的基本情况和信誉，制定检验和验收的标准，批准使用制度和规程，在报送工程师批准前把握好材料质量进场的关口。

（7）遵守合同规定。主包商应首先遵守分包合同中的各项规定，履行自己的合同的义务，避免主包商管理混乱、脱节的情况发生。

（8）打消以包代管思想，像业主和工程师管理主包商一样，对分包商进行全方位的管理工作。

【内容与格式】

1. 合同格式

对于分包工程占到主包工程一定比例的大分包工程，可以采用国际咨询机构编制的分包合同格式。

对于单项分包工程或小包工程，主包商可以根据以往经验自己拟定分包合同，或者主包商和分包商共同聘请专业律师拟定合同文本后由双方谈判确定最终文本。

2. 主要内容

总承包商编制分包合同的主要内容如下：

（1）合同形式

根据主合同的不同，分包合同形式可以采取不同的方式，如单价合同、总价合同或者成本加酬金方式等。当主包合同采用 FIDIC 合同等单价合同时，分包合同宜采用单价合同；如主合同为总价合同，分包合同应也采用总价合同的方式；在单项工程或小包项目时，可采用总价合同的方式，以利用主包商控制成本。

（2）支付货币

①业主支付什么种类货币，主包商原封不动支付给分包商；

②无论当地的汇率如何变化，主包商按主合同规定的比价支付；

③主包商用美元兑换支付，如必要可以做掉期安排。

在单项分包或小额分包给当地分包商时，可以使用当地币全额支付分包合同款项。

（3）保函

①采用"背靠背"方式，即使用主包合同中的履约保函和预付款保函格式，由分包商向主包商开具。

②主包商选用已使用过的，或一些标准合同格式所附的无条件履约和预付款保函格式。

③分包商开具保函的银行应当是经主包商同意的卓有信誉的银行。

④在要求分包商转开或转递保函时，应在分包合同价款中考虑有关费用。

（4）保险

由主包商按主合同规定进行保险，分包商不用就其分包工程再进行保险，但分包商应承担其分包工程发生的保险费用。

由分包商对其分包工程进行单独保险，保险费用由分包商承担。

（5）材料供应和检测

在分包合同中，应明确材料的供应责任，即由主包商供货还是分包商自己负责。另外，主包商应严格控制和管理分包商使用的材料，要求分包商提供材料规格、生产厂家、质量证明等文件，如需要，主包商应对分包商提供的材料进行单独检测，以确保工程质量。

（6）工程范围

主包商在要求分包商报价中应明确界定分包商的工作范围，如利用工程图纸标注、工程数量清单和文字说明等方式明确分包工程范围，切忌使用含糊不清的语言描述，避免实施中相互扯皮。

（7）临时工程和设施的使用

应在分包合同中明确共用的临时工程和设施的建设费用、如何使用等。在使用对方的临时工程和设施时，也应明确使用规则，如事先通知、使用时间等。

（8）施工现场、通道或便道的使用

应在分包合同谈判和分包合同中明确施工现场、通道或便道的使用方式、建设和维修便道的费用承担、主包商和分包商的相互提前通知和安排使用等问题。

（9）工程变更

如业主通过工程师进行工程变更，根据主合同的规定，主包商可以通过变更令得到变更工程的补偿，分包商也可相应地从主包商处得到业主支付的款项。但如果是总承包商进行工程变更，主包商将无法从业主处得到补偿，如涉及分包工程，合理的规定是分包商有权从主包商处得到工程变更的补偿。

（10）保留金和维修期限

对工期较短的分包工程，其工程经过业主验收认可的，可以尽早支付。对大分包工程，主包商可以在业主退还保留金后才向分包商支付。

（11）税务

无论是主包商还是分包商，应对税务问题给予极大的关注，并应在分包合同中明确包括的税种、缴纳义务税率。在一些需要缴纳增值税、预提税的国家，应明确纳税原则。

（12）主包商接管权力的行使

主包商的接管是指分包商在无力履行分包合同时主包商接手分包工程，由主包商实施分包合同的行为。这种情况主要出现在分包商无力履行、破产、可能的延误工期以至造成整个工期延误等情形。在终止分包合同时，主包商应注意按照合同的规定维护自己的权力，在法律上不要形成漏洞，造成分包商提交仲裁，避免进一步争议。

（13）争议的解决

主包商可以选择在工程所在国的仲裁机构，也可以选择境外的仲裁机构进行仲裁。我国总承包商由于多数采取在国内通过招标选择分包商的办法，这就形成了"国际工程，国内分包，合同履约在国外"的情况。所以，分包合同都规定了仲裁地点或机构为中国北京。

（14）法律适用

法律的适用是指分包合同适用的法律，主要是适用工程所在国的法律还是外国法的问题。一般而言，分包合同应选择与主合同相一致的法律，尽量避免法律冲突和解释上的矛盾。

（15）其他

【文案范例】

施 工 分 包 合 同

（合同编号：　　　）

甲方：中国××××××有限公司

乙方：＿＿＿＿＿＿＿＿＿＿＿＿＿＿

＿＿＿年＿＿＿月＿＿＿日

根据《中华人民共和国合同法》及相关法律法规，中国××××××有限公司（以下简称"甲方"）与＿＿＿公司（以下简称"乙方"）本着平等互利的原则，就＿＿＿事宜经友好协商一致，在北京签订本合同，条文如下：

目 录

一、合同商务卷

1　合同定义及解释

2　合同范围

3　甲方责任

4　监理人

5　乙方责任

6　乙方人员

7　技术资料和图纸审批

8　合同标准

9　工期

10　工程进度

11 现场管理

12 检验和试验

13 竣工验收

14 质量保证和质量保证期

15 变更

16 合同价格及付款

17 保函

18 暂停施工

19 违约与违约金

20 合同终止

21 保险

22 不可抗力

23 知识产权及其他法律事宜

24 争议的解决

25 其他

附件

二、合同技术卷

1. 合同定义及解释

1.1 定义

合同（如下文定义）中以下的用词及词句，除根据上下文另有要求外，应具有本条所赋予它们的含义：

1.1.1 "对外合同"指本项目甲方（交钥匙工程总包方）与业主签订的工程合同也称主合同。

1.1.2 "甲方（交钥匙工程总包方）"指中国×××××有限公司及其法定继承人，不包括其任何受让人（除乙方同意外）。

1.1.3 "乙方"指____及其法定继承人，不包括其任何受让人（除甲方同意外）。

1.1.4 "甲方代表"是指由甲方指定的为执行合同规定任务的代表。

1.1.5 "乙方代表"是指由乙方指定的，经甲方批准，在本合同项下代行乙方全权的个人。

1.1.6 "业主"指____及其法定继承人。

1.1.7 "业主代表"指由业主委任的、代表业主履行权利和义务的代表。

1.1.8 "业主工程师"指业主委任的工程师。

1.1.9 "设计单位"指甲方聘请的设计分包单位：

1.1.10 "合同"指本合同，即合同协议书、特殊条款、通用条款、全部条款、附件、规范、图纸、招标文件、投标书等，包括执行中达成的补充协议、备忘录、承诺函、会议纪要等书面文件。

1.1.11 "图纸"指由甲方根据合同向乙方提供的所有图纸、计算书和类似的技术资料，以及由乙方提供的经甲方批准的所有图纸、计算书、图案以及类似的其他技术资料。

1.1.12 "开工日期"指甲方根据本合同向乙方发出的开工指令中规定的合同开工

日期。

1.1.13 "竣工日期"指合同中规定,并从开工日期开始计算的工程或任何区段或部分工程完工并获得业主/业主工程师签发的最终验收证书(FINAL ACCEPTANCE CERTIFICATE (F.A.C.))的时间(包括根据合同规定延长的时间)。

1.1.14 "质量保证期(DNP,Defect Notification Period)":指合同中规定,并从甲方获得业主颁发的临时接收证书开始计算的工程或任何区段或部分工程完工并获得业主/业主工程师签发的最终验收证书〔FINAL ACCEPTANCE CERTIFICATE (F.A.C.)〕的时间(包括根据合同规定延长的时间),为12个月。

1.1.15 "合同价格"指在合同中写明的,根据合同条款,用以支付乙方按照合同规定完成本合同项下全部工作的总金额。

1.1.16 "保留金"是指按照合同约定从乙方应得工程款中相应扣减并保留在甲方手中的、作为约束乙方严格履行合同义务的一笔金额,为合同总价的____%。

1.1.17 "工程"指永久性工程及临时性工程或视情况为两者之一。

1.1.18 "永久性工程"指根据合同规定将建造的工程(包括设备和材料)。

1.1.19 "临时性工程"指在施工、完成工程及保修中所需的及有关的各种临时工程(不包括乙方的设备)。

1.1.20 "设备"指预定构成或构成永久工程组成部分的机器、装置或类似的器件。以及甲方购买的车辆、施工机具。

1.1.21 "乙方设备"指不包括构成或预定构成全部或者部分永久性工程的设备、材料或其他物品在内的所有施工并完成工程及保修所需的、任何性质的设备、材料及物品(不包括临时工程)。

1.1.22 "工地"指为工程施工由甲方提供的用地及在合同中特别指明的将构成部分工地的任何其他场所。

1.1.23 "日"指日历日,除非另有特殊规定。

1.1.24 "元"和缩写"RMB¥"指作为货币单位的人民币元。

1.1.25 "外币"指我国人民币以外的其他货币,在本合同中特指美元。

1.1.26 "书面函件"指任何手写、打印或印刷函件,包括传真文件。

1.1.27 "里程碑"是指工程各个阶段需要完成的可交付成果。

1.1.28 "天"指日历天。

1.1.29 标题和旁注:

各个条款中的标题及旁注不应视为条款的一部分,括号内容除外,在合同条款或合同本身的解释中也不应加以考虑。

1.2 合同双方

甲方:中国××××××有限公司

乙方:

1.3 主导语言和计量单位

合同书写应用中文,各方所有的来往函电以及与合同有关的文件均应根据甲方要求以中文或____文书写。

除非合同附件另有规定,本合同项下所有计量单位均采用公制。

1.4　遵守法律

乙方应该遵守全部管辖乙方或甲方工作范围的所适用的法律。乙方应保护业主和甲方利益，使之不受因乙方没有遵守适用的法律而造成的所有的费用和花费包括违约金和处罚的影响。

1.5　合同组成

下列文件被认为是组成本合同协议的有效部分，并被作为合同协议的有效部分进行阅读和理解，解释顺序依次如下：

（一）本合同

a）合同商务卷。包括附件：

b）合同技术卷。包括：

（注意事项：根据对外合同技术文件和项目情况编制合同技术和商务文件。）

（二）对外合同，包括甲方与业主在对外合同执行中达成的补充协议、备忘录、承诺函、会议纪要等书面文件。

在合同执行过程中，甲乙双方的确认、备忘录、会谈纪要、合同修改及其他与合同有关的文件、协议等，经双方代表签署后亦为本合同的有效组成部分。修改的内容取代原文件内容和其他与此相矛盾的规定；相同顺序的文件相互矛盾时，以日期为后的文件为准。构成合同的文件之间互为补充，当有歧义时，须由甲方予以澄清，以甲方的解释为准。

1.6　合同基础

本合同签订时，乙方已对该工程的基本情况，如：工程概况、工程位置、工程水文地质条件、当地气候气象条件、施工安全质量和技术要求、所需材料、施工工艺等、所有的合同文件以及构成本合同的价格和执行本合同所需的甲方所应提供的一切条件、资料、信息有了充分的了解和认可，并已认真考虑了所有影响履行本合同义务和责任的全部风险（包括政治的、法律的、商业的、自然的等等，不可抗力除外）。对资料及信息正确性、准确性、完整性的理解有任何误解，均由乙方复核并自行负责。

2.　合同工作范围（"乙方工作"）

2.1　工程项目概况

（1）项目名称：＿＿＿＿＿＿＿＿＿＿＿＿＿＿＿＿＿＿＿＿＿＿＿＿＿＿＿。

　　　施工地址：＿＿＿＿＿＿＿＿＿＿＿＿＿＿＿＿＿＿＿＿＿＿＿＿＿＿＿。

（2）项目规模和建设内容：＿＿＿＿＿＿＿＿＿＿＿＿＿＿＿＿＿＿＿＿＿＿

＿＿＿＿＿＿＿＿＿＿＿＿＿＿＿＿＿＿＿＿＿＿＿＿。

2.2　乙方工作范围

乙方应按照主合同所规定的规范、标准等要求并依照本合同规定，完成＿＿＿工程的全部施工工作。除本合同附件2明确规定由甲方负责的工作范围外，乙方履行队伍合同项下甲方全部的工作范围，包括（但不限于）材料采购、工程施工、运输、三通一平、施工工程管理、相关参数测定、调试验收、竣工移交生产、试运行、质量保证期服务等全过程在内的工作。还包括建设场地准备、临时设施、工作完成后的临时场地恢复、移交前的维护工作等。即：甲方与业主间签订的对外合同中规定的该工程的所有施工工作均包括在乙方的合同范围内，并且乙方负责使上述的工作通过业主和业主工程师的验收。

3. 甲方责任

3.1 场地移交

甲方应自合同生效之日起____个工作日内并且甲方根据合同已经获得业主给予的进入和占用工地现场的情况下，给予乙方进入和占用工地现场各部分的权利。此项进入和占用不为乙方所独享。但在甲方收到乙方履约保函前，可暂不给予乙方进入和占用权。

3.2 甲方在其施工过程中，应遵照全部适用的法律和适用的许可证，并保证发包人免于承担由于乙方违反上述法律、法规和规章的任何责任。

甲方应协助乙方办理法律规定的有关施工许可。

3.3 甲方应按合同规定负责办理由甲方投保的保险。

3.4 甲方应根据项目进度计划，组织设计单位向乙方进行设计交底。

3.5 甲方应按合同约定向乙方支付合同价款。

3.6 根据本合同附件明确规定的甲方工作范围。

4. 监理人

4.1 监理人受甲方委托，享有合同约定的权力。监理人在行使某项权力前需要经甲方事先批准而通用合同条款没有指明的，应在专用合同条款中指明。

4.2 监理人发出等人何止是应视为已得到甲方的批准，但监理人无权免除、减轻或变更合同约定的甲方和乙方的权利、义务和责任。

4.3 合同约定应由乙方承担的义务和责任，不因监理人（包括甲方代表、业主）对乙方提交文件的审查或批准，对工程、材料和设备的检查和检验，以及为实施监理作出的指示灯职务行为而减轻或解除。

4.4 甲方应将监理人的任命和更换事先书面通知乙方。

4.5 乙方收到监理人指示后应立即遵照执行。若乙方对监理人的指示持异议时，仍应遵照执行，但可向监理人提出书面意见。监理人研究后可作出修改指示或继续执行原指示的决定，并通知乙方。若监理人决定继续执行原指示，乙方仍应遵照执行，但乙方有权提出按合同争议处理的要求。

（注意事项：如果聘用监理人则适用该条款。）

5. 乙方责任

5.1 对外合同中规定甲方的工程范围构成本合同中乙方的合同责任，但本合同明确规定属于甲方工作范围的除外。乙方应按合同约定以及监理人根据本合同第4条作出的指示，实施、完成全部工程、修补工程中的任何缺陷并承担质量保证责任。乙方应提供为完成合同工作所需要的劳务、材料、施工设备、工程设备和其他物品，负责必要的现场内外施工所需道路的修建、维修、养护，并按合同约定负责临时设施的设计、建造、运行、维护和拆除。

5.2 乙方应按合同的规定向甲方提交银行保函。

5.3 乙方应获取全部为施工和完成工程所需的资质和许可证书，并支付法律规定的全部所需费用，并保证发包人免于承担由于乙方违反上述法律、法规和规章的任何责任。每一份许可证或执照的复印件均应提供给甲方。

5.4 乙方应按有关法律规定纳税，应缴纳的税金包括在合同价格内。

5.5 乙方若为联合体,联合体各方应向甲方提交联合体协议,经甲方确认后作为合同附件。在履行合同中,未经甲方同意,不得修改联合体协议。联合体各方应为履行合同承担连带责任。

5.6 转让和分包

5.6.1 乙方不得对本工程进行转包。若进行转包甲方有权终止本工程合同,并扣除银行履约保函。

5.6.2 乙方不得将整个合同工程全部分包或将其承包的工程肢解以后以分包的名义分别转包给他人。若未经甲方及业主书面许可而擅自将工程分包他人,甲方有权拒付再分包部分的全部合同价款,并追究乙方的违约责任。

5.6.3 对确需委托他人执行的专业工程,乙方须事先将拟分包工程项目的内容、被委托单位资质资料报甲方(必要时需经项目业主审批同意)审批同意后,乙方可将项目部分工程委托给具有相应资质条件的被委托单位。乙方应该约束所有的再分包商,遵守本施工总包合同中的全部条款。虽经甲方(或者业主)同意的委托分包项目,但甲方不承认被委托单位为本合同的分包商,也不免除乙方根据合同应担负的任何责任或应尽的任何义务,乙方应按照本合同条款,对被分包的工程内容和被委托单位进行有效管理,并仍以分包内容向甲方负责,被委托单位的任何违约和疏忽,均视为乙方的违约和疏忽。甲方有权提出停止施工及撤换被委托单位。

5.6.4 本施工总包合同和任何再分包合同均不能建立起甲方与任何再分包商之间的任何合同关系,甲方也不向再分包商承担任何义务,包括向再分包商付款。

5.6.5 除非征得甲方的书面同意,乙方均不能将本施工总包合同或者任何利益转让出去。乙方亦不应在事先未征得甲方书面同意的情况下,将其从甲方处所得的并将要得到的金额抵押或转让给第三方。

5.6.6 乙方再分包额不能超过合同总价的____%。

5.7 乙方应在接到开工通知后及时调遣人员和调配施工设备、材料进入工地,按施工总进度要求完成施工准备工作。

5.8 乙方应保护甲方和业主,在其执行本施工总包合同过程中不因乙方或再分包商所提供的服务、人工和材料所引起的全部索赔、要求和各种行为而受到侵害,并且保护甲方不受乙方或再分包商在执行该施工总包合同当中因所有工人、材料员或机械工人的实际财产留置权的侵害。对于上述财产,乙方应使之不受任何约束,并在执行本施工总包合同过程中排除掉所发生的全部留置权、索赔和障碍。

5.9 甲方在办理最终付款和/或部分付款后,乙方即自动放弃了全部或部分相对应的留置权。保证甲方和业主不受任何留置权的侵害。

5.10 乙方应按合同规定的内容和时间要求,编制施工组织设计、施工措施计划和由乙方负责的施工图纸,报送监理人审批,并对现场作业和施工方法的完备和可靠负全部责任。

5.11 除非在合同中另有规定,乙方应提供完成全部工程所需的全部材料、劳力、水、工具、建筑材料、消耗品、卫生设施、设备、照明、电力、运输(包括全部卸货和转移)、材料和设备的保管及其他设备,并承担相关费用。合同中要求的大型机具必须如实到场,如果未到场,甲方有权代替乙方解决机具问题,费用由乙方承担。

5.12 乙方应按合同规定负责办理由乙方投保的保险。

5.13 乙方应自始至终看管好与本施工总包合同有关的全部工程（包括储存的材料）不受损坏，并保存好业主、甲方或所有其他方的财产不受损坏和丢失。乙方应处理好上述损坏或丢失。乙方应按适用的法律和施工总包合同所规定，对相邻的财物和通往财物堆放处的道路进行适当的保护。如果乙方提供了看守、警卫或任何形式的保安服务或者提供数量不足，均不解除乙方所应承担的全部和独家承担的责任。

5.14 乙方应按工程条件和程序所要求的那样，自始至终设置并维护好一切必要的安全装置以保护工人和公众的人身安全，对施工中的危险点，设置必要、明显的安全标志。甲乙双方将签订安全生产协议作为本合同的附件。

5.15 乙方应遵守环境保护的法律、法规和规章，采取必要的措施保护工地及其附近的环境，免受因其施工引起的污染、噪声和其他因素所造成的环境破坏和人员伤害及财产损失，保障发包人和其他人的财产和利益以及使用公用道路、水源和公共设施的权利免受损害。

5.16 乙方应按监理人的指示为其他人在本工地或附近实施与本工程有关的其他各项工作提供必要的条件。

5.17 工程未移交发包人前，乙方应负责照管和维护，移交后乙方应承担保修期内的缺陷修复工作。若工程移交证书颁发时尚有部分未完工程需在保修期内继续完成，则乙方还应负责该未完工程的照管和维护工作，直至完工后移交给发包人为止。

5.18 乙方应在合同规定的期限内完成工地清理并按期撤退其人员、施工设备和剩余材料。

6. 乙方人员

6.1 在合同签订后____天内，乙方应向甲方提交项目执行的组织机构以及人员安排的报告，其内容包括管理机构的设置、各主要岗位的技术和管理人员名单及其资格，以及各种技术工人的安排状况。乙方的主要技术和管理人员的任命、更换均应事先取得甲方的书面认可。乙方常驻现场主要技术和管理人员若离开施工现场，应事先征得甲方或监理人的同意，并委派合适的代表代其职责。若监理人认为有必要时，乙方还应按规定的格式，定期向监理人提交工地人员变动情况的报告。为满足现场施工以及和相关单位协调工作中的需要，乙方自行配备足够数量的翻译。

6.2 乙方应为完成合同规定的各项工作向工地派遣或雇用技术合格和数量足够的下述人员：

1）具有合格证明的各类专业技工和普工。

2）具有相应技术理论知识和施工经验的各类专业技术人员及有能力进行现场施工管理和指导施工作业的工长。

3）具有相应岗位资格的管理人员。

4）技术岗位和特殊工种的工人均应持有通过国家或有关部门统一考试或考核的资格证明，监理人认为有必要时可进行考核，合格者才准上岗。

6.3 如果甲方认为乙方的现场人员不能胜任本职工作、行为不端或玩忽职守时，则乙方应以甲方认为有能力、合格的人员进行更换。未经甲方的批准，乙方不得撤换、调动或解雇乙方的现场负责人。未经甲方的批准不得无理扣压。

6.4 乙方应自行安排和调遣其本单位和从本工程所在地或其他地方雇用的所有职员

和工人，并为上述人员提供必要的工作和生活条件及负责支付酬金。

6.5 当乙方了解到某些现实的或潜在的劳工问题将延误工程进度，或对完成进度产生威胁时，乙方应立即将有关情况通知甲方。

6.6 乙方应遵守有关法律、法规和规章的规定，充分保障乙方人员的合法权益。乙方应做到（但不限于）：

1）保证其人员有享受休息和休假的权利，乙方应按劳动法的规定安排其人员的工作时间。因工程施工的特殊需要占用休假日或延长工作时间，不应超过规定的限度，并应按规定给予补休或付酬。

2）为其人员提供必要的食宿条件以及符合环境保护和卫生要求的生活环境，配备必要的伤病预防、治疗和急救的医务人员和医疗设施。

3）按有关劳动保护的规定采取有效的防止粉尘、降低噪声、控制有害气体和保障高温、高寒、高空作业安全等措施。若其人员在施工中受到伤害，乙方应有责任立即采取有效措施进行抢救和治疗。

4）按有关法律、法规和规章的规定，为其管辖的所有人员办理养老保险。

5）负责处理其管辖人员伤亡事故的全部善后事宜。

7. 技术资料和图纸审批

7.1 对于甲方向乙方提供的现场地下、水文条件、道路及其环境方面的有关数据，乙方应负责核实和解释所有此类资料。甲方对这些资料的准确性、充分性和完整性不承担责任。

7.2 乙方通过对现场存在的条件如建筑、工作空间、仓库空间、公路设施、运输设施、施工设施、劳工条件、通常的气象条件、现场地表的特点、质量和数量、次地表层条件，及与乙方施工有关的现场其他所有条件的考察感到满意。乙方确认已取得对工程可能产生影响或作用的有关风险、意外事件和其他情况的全部必要资料，在施工总包合同总价中已经充分考虑了上述因素的有关影响。合同价格对任何未预见道德困难和费用不予考虑和调整。

7.3 甲方向乙方提供的施工图纸和设计文件均为中、____文版，资料应一式____份，甲方对上述文件的正确性负责。乙方承认他已经仔细检查了设计图纸及规格书，并且完全清楚影响分包文件和工程的所有现有条件和应用的法律，包括为合格地完成本工程所意指或所需的全部细节。

7.4 乙方为施工而制备的所有图纸、程序和文件必须符合相关技术规范并提交甲方批准或按合同要求报业主批准。在相关施工方法和施工图纸获得甲方批准之前，不得实施任何永久性工程。除非另有规定，每项审核期从甲方收到乙方合格文件之日起计算不超过21天。如乙方文件不符合合同要求，乙方应承担费用进行修改并重新上报。业主/甲方如在收到图纸后的21日内未作答复，视为业主/甲方认可而乙方可以继续工作。但是，甲方的批准或同意只表示为了工程进行下去所做的原则性批准，并不免除或减轻乙方合同项下的任何责任和义务。

7.5 如果在适用的法律、施工总包合同、图纸或规格书中存在不可调和的矛盾时，则应以满足全部法律要求的又较为严格的或较高质量标准为准。

7.6 无论何时，如果乙方认为，工程的分包文件有缺陷、不足、互相之间不一致或与适用的法律不一致，或者，如果遵循这些分包文件将导致不安全、无效，或缺陷的施工或施工违反任何的适用的法律，或者，将引起在施工期间或在施工之后不安全或恶化（正常的磨损或破损引起的结果除外），而使甲方蒙受任何的违约金损失或使任何人或财产蒙受破坏和损失，乙方应立即停止对受影响工程部分的施工，并以书面形式将此意见通知甲方，指出所涉及的被认为不充分或不合理的图纸和规格书。在未收到甲方采取任何措施（如有的话）及何时开始施工的书面指示以前不得进行施工。在收到乙方关于存在此种偏差的书面通知后，甲方应在 5 个工作日内（不包括周末和假日）发出开工的必要的指示和授权书。如甲方未能在规定的时间内作出反应，则视为甲方同意继续施工。任何与此条规定不符的工程履行的风险及费用应由乙方单独承担。

7.7 工程竣工资料乙方应按照甲方要求整理并提交甲方。

8. 标准

8.1 乙方应严格按照本合同规定的标准施工。

8.2 乙方承诺其设计、乙方文件、实施和竣工工程，均应符合包括工程所在国及合同所适用的技术标准、建筑、安全、消费、卫生、施工与环境方面的法律、强制性规范和合同规定的标准。

8.3 合同中适用的各项已公布的标准，应视为在本合同签订日适用的版本。若在本合同签订后上述版本有修改或有新的标准生效，乙方应通知甲方并提交遵守新标准的建议书。若构成变更并甲方确定适用新标准时，按照本合同变更条款执行。

9. 工期

9.1 开工

甲方应在开工日期 7 日前向乙方发出开工通知。乙方应在接到开工通知后及时调遣人员和调配施工设备、材料进入工地。并从开工日起按签订协议书时商定的进度计划进行施工准备。乙方施工的全部工程应于开工之日起____个日历天（含所有节假日在内）完成，完工日期为___年___月___日。本合同工程设立以下阶段控制点：

（1）于___年___月___日之前，完成____；

（2）于___年___月___日之前，完成____；

（3）于___年___月___日之前，完成____；

（4）于___年___月___日之前，完成____。

（注意事项：可以根据项目情况设置工程关键节点，保证对外合同的顺利履行。）

9.2 由于甲方未能按合同规定向乙方提供开工的必要条件，乙方仅有权提出延长工期的要求。

9.3 本合同的全部工程、单位工程和部分工程的要求完工日期规定在专用合同条款中，乙方应在上述规定的完工日期内完工。实际竣工日期在接收证书中写明。

10. 工程进度

10.1 乙方应按《技术条款》规定的内容和期限以及监理人的指示，编制施工总进度计划报送甲方审批。甲方应在《技术条款》规定的期限内批复乙方。经甲方批准的施工总进度计划（称合同进度计划），作为控制本合同工程进度的依据，并据此编制年、季和月进度计划报送甲方审批。在施工总进度计划批准前，应按签订协议书时商定的进度计划和甲方的指示控制工程进展。工程总体施工进度计划安排详见附件3。

10.2 乙方必须准备并编制（修订）现场清理、接地、土建、安装、调试、试验等详细的总进度、月进度和周进度计划表，并于每月25日前向甲方提供本月的书面进度报告和下月计划安排，并于每周五之前向甲方提供书面的周进度报告和下周计划安排。乙方应随时根据甲方合理要求向其提供当前的工作进展状况报告。

10.3 不论何种原因发生工程的实际进度与本条所述的合同进度计划不符时，乙方应按甲方的指示在_____天内提交一份修订的进度计划报送甲方审批，甲方应在收到该进度计划后的_____天内批复乙方。批准后的修订进度计划作为合同进度计划的补充文件。

10.4 月进度报告应包括，但并不限于如下内容：

1）乙方实际完成工作与计划进度的对照报告。

2）乙方取得重大里程碑日期的汇总。

3）追赶进度的计划，如果进度的某一方面落后于进度的话。

4）乙方向甲方提出的要求明确但未解决的问题的汇总，以及妨碍乙方完成工程的因素。

5）对乙方供应的设备、材料采购及交货状况的报告。

6）对甲方供应的工程物资的需要计划。

7）乙方和乙方下属分包商的进度报告，和按甲方要求的一个合并的进度报告。

8）乙方或再分包商，或前两者的雇员对工程中事故或事故苗头的讨论概况。

9）质量控制活动总结，其中指出存在的质量问题和问题的现状。

10）其他必要的事项。

10.5 乙方的施工计划应受甲方和业主/业主工程师总体施工计划的约束。

10.6 如果在乙方可控制的范围内发生了延误，乙方应在向甲方报送修订进度计划的同时，编制一份赶工措施报告报送甲方审批，赶工措施应以保证工程按期完工为前提调整和修改进度计划。根据甲方的指示，乙方要按照所要求的工作进度增长的相应比例增加施工工具、设备、材料和供应物。

10.7 乙方应按时完成施工工作，除非由于出现不可抗力事件（对外合同规定）的持续影响，乙方应对所有工期延误采取专门措施（如滚动计划措施），抢回延误的工期，保证总工期不变。为抢回由乙方原因引起的工期延误此而产生的投入由乙方承担。

10.8 乙方向甲方报送施工总进度计划的同时，按专用合同条款规定的格式，向甲方提交按月的资金流估算表。估算表应包括乙方计划可从发包人处得到的全部款额，以供发包人参考。此后，如甲方提出要求，乙方还应在甲方指定的期限内提交修订的资金流估算表。

11. 现场管理

11.1 因该工程为国际工程项目，因此双方认为必须加强现场领导，团结一致，克服困难，在甲方的组织领导下，圆满完成任务。甲方负责在现场定期召开工地例会，乙方负责人应在会上向甲方汇报施工进度、工程质量、对各方配合的要求、存在问题及其解决办法等等的事项。会议所形成的纪要文件各方认真贯彻执行，并承担责任。乙方负责安排自己范围内的进度计划分析会、施工、质量、安全总结会等。

11.2 乙方应向甲方提供质量保证/质量控制大纲，并对其质量保证/质量控制大纲负责。

如果在乙方的通用质量控制要求、适用的法律、适用的许可或其他施工总包合同文件之间存在矛盾时，则以最为严格的要求为主。

11.3 乙方应该遵从法律、条令、许可证或甲方的指令，使自己的设备、材料储存和工人的施工场点，限制在一定范围之内，并不能无故占用材料堆放场地。

11.4 乙方或其再分包商，或者前两者的任何雇员，在未取得甲方的书面授权书时，均不得将任何机器、设备、工具或材料转移或企图转移出现场或挪作他用。

11.5 乙方在现场上对其雇员应采取一切必要的安全措施，并应符合所有现行的法律和甲方及业主所规定的安全要求，以防在完成工程中发生事故，或对人身或财产造成伤害。并且应该在其组织机构中指定一名现场上的安全员负责防止事故。安全员的姓名或职位应报告甲方。如果某人由于工程事故而向乙方或其再分包商提出索赔时，乙方应立即将详情以书面形式向甲方报告。

11.6 乙方应对自己的污染防治/控制计划负责。乙方在开始动员前，应将他书面的污染防治/控制计划程序提交给甲方审阅。乙方应自己投资提供合适的设施，以防止任何有害物质或材料排入江河湖泊或其他水源，对水质造成污染，危害鱼类和野生动物。如果发生任何的污染或排放废料的事故时，乙方应立即通知甲方。

11.7 对乙方参加国外工程的各类人员，出国前应进行教育，树立顾全大局、为国争光的思想，全心全意搞好国外工程，处理好各方面关系，遵守外事纪律，保持身体健康。作为乙方公司现场的领导，全面负责关心工人的工作、生活待遇等所有事项。

11.8 在整个工程中，乙方应根据法律和现场条例的规定，或甲方的要求，在整个现场上铺设通道、设置栅栏、铁丝网、旗子和照明。车辆不通的道路应设置有效的栅栏和路障，并在昏暗时刻应有照明。应提供并安装适当的交通警告信号。信号属乙方财产，工程完工后应予拆除。

11.9 乙方应随时防止施工时或乙方和再分包商或其雇员所产生的废料和垃圾的积聚。甲方可指示乙方将现场上的废料和垃圾清理出现场，乙方应立即执行。工程完工时和在最终付款前，乙方应拆除和搬走全部临时建筑及其相关建筑，运走拆除下来的建筑材料，修理并置换所有现存的堤埂、铁丝网或其他构筑物。

11.10 乙方若未得到甲方事先批准，不能以直接的或间接的方式，对本协议或任何一种分包文件、参与此项目各方的关系，或服务和完成的材料刊登广告、公开宣传或其他推销活动。

11.11 在项目现场，乙方需要制作宣传、公示、仪式之用的宣传板、装饰幅、标志板、告示栏等，须经甲方批准，且须统一使用甲方标识（LOGO）并加以突出；经甲方同意，乙方单位标识也可以出现在必要场合。由乙方负责准备且需提交业主的各类文件、手册，应注有甲方标识。

11.12 乙方现场人员所需的工作服、安全帽等，制作、配备前应征询甲方意见，应在显著位置标有甲方标识。

12. 检验和试验

12.1 业主/业主工程师/甲方在合同执行期间的所有阶段，无论何时何地，可随时进入正在准备或施工中的工程现场以及设备和材料的生产现场，对此，乙方应为他们的进入和检验提供方便。

12.2　施工中发生的问题处理、修改设计及材料代用等，事先征得甲方同意，报业主/业主工程师批准后方可实施。

12.3　乙方应在工地建立自己的试验室，配备足够的人员和设备，按合同规定和监理人的指示进行各项材料试验，并为监理人进行质量检查和检验提供必要的试验资料和原始记录。监理人在质量检查和检验过程中若需抽样试验，所需试件应由乙方提供，监理人可以使用乙方的试验设备，乙方应予协助。上述试验所需提供的试件和监理人使用试验设备所需的费用由乙方承担。

12.4　乙方应按合同规定和监理人的指示进行现场工艺试验，除合同另有规定外，其所需费用由乙方承担。在施工过程中，若监理人要求乙方进行额外的现场工艺试验时，乙方应遵照执行，但所需费用由发包人承担，影响的工期应予以合理补偿。若乙方未能通过该试验，由此发生的费用不予补偿，工期不予延期。

12.5　乙方在工程或工程的某一个部分进行启动、试验或检验之前至少应在10天之前通知甲方。通知内容应包括启动、检验或试验的项目，启动检验或试验的程序，以及启动、检验或试验时间和地点。甲方、业主和独立工程师，以及他们的代理人、指定人有权参加并观察任何启动、检验或试验。启动、试验或检验结果应按照施工总包合同文件中所规定的或甲方规定的标准、程序、准则和公式进行评定。所作的试验应包括施工总包合同文件中所规定的试验。如甲方在试验前3天确认不能到达，双方应确认新的实验日期。如果甲方未能按期确认，乙方可以按原定日期进行试验并则视同甲方已到场。

12.6　如果甲方怀疑由乙方所提供的材料或设备不足或存在缺陷，甲方有权对所述材料或设备进行任何一种和全部的、安全的和无损探伤试验来充分评价由乙方供应的设备和/或材料的条件和性能。甲方可请一家独立的试验公司或咨询机构从事此项工作。如果试验表明上述材料或设备未能达到施工总包合同要求，乙方应向甲方支付这笔试验费用。

12.7　乙方所负责工程范围内的缺陷和不足，当被业主/甲方发现或业主在给甲方的通知中指出时，都应被乙方迅速消缺或乙方以相一致的材料或工作予以返工并替换。对于由于乙方未完成的工作而导致工程的缺陷或不足，乙方应及时完成该项工作。乙方应承担改正被拒绝的工作、完成未完成的工作以及遗留的工作的所有费用。

12.8　隐蔽工程和工程的隐蔽部位经乙方的自检确认具备覆盖条件后的＿＿＿＿小时内，乙方应通知监理人进行检查，通知应按规定的格式说明检查地点、内容和检查时间，并附有乙方自检记录和必要的检查资料。监理人应按通知约定的时间派员到场进行检查，在监理人员确认质量符合合同技术要求，并在检查记录上签字后，乙方才能进行覆盖。

12.8.1　乙方未及时通知监理人到场检查，私自将隐蔽部位覆盖，监理人有权指示乙方采用钻孔探测以至揭开进行检查，由此增加的费用和工期延误责任由乙方承担。

12.8.2　监理人应在约定的时间内到场进行隐蔽工程和工程隐蔽部位的检查，不得无故缺席或拖延。若监理人无正当理由未及时派员到场检查，且造成工期延误，乙方有权要求延长工期和赔偿其停工、窝工等损失。

12.8.3　不论何种原因，若监理人对以往的检验结果有疑问时，可以指示乙方重新检验，乙方不得拒绝。若重新检验结果证明这些材料和工程设备不符合合同要求，则应由乙方承担重新检验的费用和工期延误责任；若重新检验结果证明这些材料和工程设备符合合同要求，则应由发包人承担重新检验的费用和工期延误责任。

12.9 在测量、调试、试验、试运期间，乙方应在可能发现问题的最早时间通知甲方。当出现任何影响人身或同样安全的紧急事件时，乙方应采取合理的行动以防止可能的损坏、伤害或损失。乙方应尽早将发现的紧急情况及采取的或计划采取的对应行动通知甲方。

13. 竣工验收

13.1 竣工验收系指：

(i) 本项目已根据适用的法律、本施工总包合同及良好行业惯例完成；和

(ii) 该工程及其每一个组成部分，作为不可分割的完整运行系统，均已投运并通过试验；和

(iii) 所有按施工总包合同文件要求提供的文件和手册，已送交给甲方。关于乙方的通用质量管理要求，乙方应提供所需的全部资料，其格式由甲方提供，适用于本施工总包合同项下所执行的工程，包括所定义的系统移交的要求，但不限于乙方执行系统移交范围的责任，和

(iv) 工程已经能够按其设计的目的由用户正式和连续的运行；和

(v) 所有在工程中的项目均已得到纠正；和

(vi) 项目竣工记录图的全部要求已满足；和

(vii) 甲方检查完工程后认为达到了合同文件的接受条件；和

(viii) 向乙方出具临时接受证书。作为临时完工所必须完成的项目包括但不限于：全部设备已经按制造厂关于每一部件的说明安装、试验并运行完毕；所有仪器仪表、控制和保护系统均已按照设计要求安装和校准；为安全目的而设置的空间，应经过测量并证明无误；妨碍运行的废旧物资、障碍物、施工设备、工具和其他物品已全部清除；全部制作和安装工程必须完成；全部检验项目已经完成，并向甲方提交了所需的证明；全部零配件已经运到或储存在甲方指定的其他地点。

13.2 在工程整体完工以前，业主和甲方有权使用工程的任何部分，但局部使用不构成对整体工程的接受。

13.3 当乙方认为已达到临时完工条件时，应书面通知甲方并请求甲方、业主和独立工程师对工程进行检查。乙方在书面通知中应包含，就其所知，满足临时完工的全部要求的证明文件。

13.4 乙方给甲方发出要求检查临时完工通知的30个工作日之内，乙方、甲方、业主和独立工程师应对项目进行检查，甲方代表可

(i) 书面通知乙方临时完工（或提供检验的部分）没有达到规定条件，并说明理由，附上书面的尾工清单，列举出按甲方代表、甲方和独立工程师的意见在临时完工前应该纠正或完成的事项。在这种情况下，乙方应该自费纠正所有不足之处，缺陷或遗漏纠正后应再次通知甲方对项目进行检查，检查中如发现缺陷或遗漏应再次纠正，直至甲方、业主和独立工程师认为达到临时完工条件为止，工程临时接受证书由甲方签发，临时接受并不解除乙方和担保方按施工总包合同规定的责任或义务，或 (ii) 书面通知乙方项目已达到临时完工。如果日后发现潜在的缺陷，则甲方的接收不能解除乙方对所发现缺陷进行消除的责任。

14. 质量保证和质量保证期

14.1 乙方保证按本施工总包合同规定提供的全部产品、材料和工作完全符合合同要求，全部产品、材料是全新的、未使用过的，不存在材料和工艺缺陷，符合确定的目的、气候和运行条件；符合合同中要求的技术规范和性能；合同设备的技术性能、设计和材料的选择符合正常、安全运行的要求，不使用任何未证实的机器、设备、货物、材料等。

14.2 乙方保证合同设备的质量和性能完全符合设计文件的要求。完成的工作必须完全符合所适用合同设备的法定的技术条例和标准的要求。

14.3 质量保证期（质保期）自工程移交证书中写明的全部工程完工日开始算起_____年。在全部工程完工验收前，已经发包人提前验收的单位工程或部分工程，若未投入正常使用，其保修期亦按全部工程的完工日开始算起。

（注意事项：质量保质期的期限不应少于对外合同的规定。）

14.4 质量保证责任

1）质保期内，乙方应负责未移交的工程和工程设备的全部日常维护和缺陷修复工作，对已移交发包人使用的工程和工程设备，则应由发包人负责日常维护工作，但乙方应按移交证书中所列的缺陷修复清单进行修复，直至经监理人检验合格为止。

2）甲方发现乙方所提供的任何一个产品、材料或工作存在材料上或工艺上的缺陷，或者尺寸和型号与原定的要求不符，或者与施工总包合同要求不符，甲方不限于在保证条款或其他条款的规定下，有权拒收和退回上述产品、材料或工作，费用由乙方承担。也可采取下述方案处理，即可根据乙方的选择，由乙方作必要的更换、修理或替换以满足本施工总包合同和保证的要求，甲方不承担费用。如果缺陷无法消除，乙方应对工程进行更换，甲方不承担费用；或者按照甲方的意见，乙方将产品、材料和工作移走，并将施工总包合同价款返还给甲方，并赔偿甲方为完成此项工作而产生的经济损失。

3）任何经过改动过的、修理过的或更换的部分均应自重新安装、选择、修理或更换之日起继续保证12个月。所有重新安装、选择、修理或更换的完工时间应符合甲方和业主的要求。与甲方一样，业主在上述担保中也是受益人和直接权利人。

15. 变更

15.1 除特殊条款另有约定外，在履行合同中发生以下情形之一，构成本合同变更：

1）增加或减少合同中任何一项工作内容；

2）增加或减少合同中关键项目的工程量超过合同总价的_____%；

3）改变合同中任何一项工作的标准或性质；

4）追加为完成工程所需的任何额外工作。

但不包括对施工总包合同文件的矛盾点所作的改善、更正和解决，也不应该包括对乙方的过失或过错所提出的更正，不包括甲方或乙方随时对工程提供细化。

尽管有上述规定，如果在履行合同过程中，变更项目未引起工程施工组织和进度计划发生实质性变动或不影响其原定的价格时，不予调整该项目的单价或合同总价。

（注意事项：第2）项所述可以是合同总价，也可以是分项价为计算基础价格。）

15.2 对于在合同签订后工程所在国的法律改变（包括适用新的法律、废除或修改现行法律）或对此类法律的司法、行政解释改变，影响乙方履行合同规定的义务，根据上述改变：

1) 对由此产生的延误给予工期延期；

2) 合同价格予以相应调整。

15.3 如甲方提出工作变更，应向乙方提出书面更改指令请求，并详细写明更改实质。乙方收到更改指令请求后，应尽速（不晚于收到变更指令请求后的 7 天内）给甲方返还两份完整的、详细的书面更改指令方案的复印件，其中包括：乙方建议的施工组织方案、使用的设备和材料的清单和此项工作需花费的时间。每份更改指令方案应附上能为甲方合理接受的相应数据，以支持所建议的调整。甲方应核查每份更改指令方案。如果甲方核查后同意了乙方的更改指令方案，则由甲方出具，由乙方执行并接受书面的工作变更指令。

15.4 若变更在合同中已有适用的单价的，则按照该单价执行；若无适用的单价，但有类似单项单价的，可参照执行；若也无参照的单价的，按照成本加利润的原则，双方协商确定。

15.5 如甲方和乙方未能就乙方对甲方的变更指令请求所提出的临时完工日期的调整取得一致意见，同时甲方又未出具工作指令，则乙方仍然应按甲方变更指令请求完成变化的工程。乙方可以按照仲裁条款的有关规定，将有争议的调整提交仲裁。

16. 合同价格及付款

16.1 合同价格

合同总价为人民币_____元整（大写： ）加美元_____元整（大写： ）。

16.1.1 合同总价是甲方为了工程的实施、完成及其任何缺陷的修补应付给乙方的总金额，包括乙方在国内及工程所在国执行本合同的相关的成本、开支、税赋、利润、乙方人员的个人所得税、乙方在国内和工程所在国采购的设备、施工机具和材料的港口报关费、国际和当地内陆运输费用、清关费、关税，保险、乙方执行本项目所需人员的所有费用等一切与乙方完成本合同义务有关的全部费用。双方约定不由于设计优化、系统修改而导致建/构筑物、施工工程的增减而增减合同总价。

16.1.2 本合同价格为固定价格，本合同价不受原材料价格调整、汇率变化等因素影响。乙方接受对预计或可能预见的为顺利执行工程的所有困难和费用的全部责任，本合同价格有效期至本合同执行完毕，对任何未预见到的困难和费用不应考虑、不予调整。

16.2 付款方式

16.2.1 甲方将按付款进度和乙方要求，以美元或人民币付款。美元和人民币的付款比例原则上保持不变（即人民币比例为____%，美元比例为____%）。

16.2.2 如根据工程的进展情况：美元部分的价格，若乙方需要甲方支付人民币，则按照当日银行牌价的买入价计算，但手续费应由乙方承担。人民币部分的价格，若乙方需要甲方支付美元，则按照当日银行牌价的卖出价计算，手续费应由乙方承担。

（注意事项：若签约时无美元支付，可以将人民币的比例规定为 100%，涉及美元表述部分可以不变，以便今后在履约中一旦出现支付币种变更，兑换问题就可以不用另行约定。）

16.3 预付款支付：

i. 预付款是甲方为解决乙方进行材料采购，施工前期工作时资金短缺，从未来的工程款中提前支付的一笔款项。工程预付款的金额为合同总价的____%。

ⅱ. 在收到并确认乙方提交的预付款保函后＿＿＿天内，甲方向乙方支付全部的预付款。

ⅲ. 甲方将在后续支付的工程进度款的付款中按比例扣除预付款，到工程进度款累计达到合同总额的＿＿＿％时扣除完毕。

（注意事项：若乙方无法或很难提供预付款保函，可用履约保函替代，但应控制预付款的金额不高于履约保函的担保金额。）

16.4　工程进度款支付：

ⅳ. 采用节点付款（见附件5《付款节点》）的付款形式：乙方应于每月25日按规定的格式向甲方报送一式六份本月付款申请报表，由甲方/业主/业主工程师审批，甲方收到此申请报表后5天内通知乙方是否批准此付款申请报表。每月申请付款不得超过一次。

注意事项：

本款采用的是里程碑付款，也可以采取乙方每月完成的工作量实行月进度付款，推荐内容如下：

工程进度款根据乙方完成的月度工作量、安全考核、质量考核三项综合考虑结算（具体合同价格分项价见附件＿＿＿＿＿＿），甲方支付当期对应合同价格的＿＿＿＿＿＿％。

甲方在收到中国进出口银行按月支付的项目工程进度款并审查乙方出具的以下单据或文件无误后＿＿＿＿＿＿个工作日内，向乙方支付该笔工程进度款。

ⅴ. 甲方/业主/业主工程师对乙方提交的付款申请报表进行审批后28天内开具支付证书并向乙方支付相应的工程进度款。

ⅵ. 工程进度款支付金额必须大于付款申请报表规定的最小限额，最小限额为＿＿＿万人民币（折合人民币）。如果在扣除保留金和其他金额之后的净额少于规定的付款申请报表的最小限额时，甲方没有任何义务开具任何支付证书。不予支付的金额将按月结转，直到达到或超过最低限额时才予以支付。

ⅶ. 乙方在报送本月付款申请报表时，必须将其审定的再承包商当月完成工程量及付款申请作为附件一并报送甲方。乙方必须保证按照甲方审定的工程进度款支付给再承包商，不得擅自挪作他用。若甲方发现乙方未将工程进度款如期支付给分包商，甲方有权在下一笔给乙方的进度款中保留扣除相应款项直至乙方与再分包商纠纷解决或直接将乙方挪用款支付给乙方的分包商，该支付视为对乙方的支付。

ⅷ. 合同总价应按进度、有计划地支付，每次付款都要按实际完成的工程量来支付已完成的工程进度款。

ⅸ. 每次甲方向乙方付款时，均应扣除：

a) ＿＿＿％的预付款及＿＿＿％的质保金。

b) 已支付的付款中甲方多支付的款额（可能因下列因素造成的结果：土建、安装工作不正确，或不符合，或含有未改正缺陷的工作，或土建、安装工作没执行，或费用/付款被错误计算等）。

c) 违约罚金。

d) 业主判断的某些不该付给的费用。

e) 业主有异议的那部分付款的金额。

f) 甲方替乙方垫付的费用。

g) 除以上扣除之外，如果乙方第一个月未能达到计划进度要求，甲方将暂缓支付当

174

月应付进度款的 5%；连续第二个月未能达到计划进度要求，将暂缓支付当月应付进度款的 10%；连续第三个月未能达到计划进度要求，将暂缓支付当月应付进度款的 20%，并处计划完成工程量的 0.1% 的进度罚金。

甲方在作出上述扣除时，将以书面形式通知乙方，并将对此扣除的理由，给以详细解释。如乙方对此扣除提出异议，可由甲方通知业主，乙方应继续执行此工程，各方应以诚恳的态度解决此争议。在解决此争议期间，在最终解决协议尚未达成之前，乙方和甲方仍将继续履行其义务，甲方不得停止无争议部分的支付，乙方也不得据此为由而拖延后续工程的施工。

x. 预付款及质保金应通过在进度付款中按比例扣减的方式付还。如果在颁发临时验收证书前，或根据终止条款、不可抗力的规定终止前，预付款仍未还清，则全部余额应立即成为乙方对甲方的到期应付款。

16.5 施工机具付款步骤

16.5.1 乙方应自合同签字之日起 14 天内，按照合同附件的格式提供施工机具费用的 50% 的银行预付款保函，有效期至全部施工机具运抵现场且开工后 10 天。甲方在收到乙方提交的合格的预付款保函、等额收据后 14 天内，将合同总价表中"施工机具费用"的 50% 支付给乙方。

16.5.2 全部施工机具运抵现场且开工、乙方提交了下列文件且提交的文件符合甲方要求后 10 天内，甲方支付剩余 50% 施工机具费用：

1）按照甲方要求开具的已装运施工机具费 100%（百分之百）的增值税发票；若增值税发票按照甲方要求已经开具并获得甲方确认，则乙方需提供已装运施工机具费 50%（百分之五十）的正式收据一份。

2）由甲方监理和仓储单位以及乙方代表共同验收并签字确认单副本。如因乙方无法及时开具上述增值税发票给甲方造成的损失，应由乙方全部承担。

16.6 保留金支付：

xi. 保留金的金额为合同总金额的____%。甲方从每笔支付给乙方的工程进度款中扣留____%的金额作为保留金。

xii. 在获得临时验收证书后满 12 个月的质量保证期结束，甲方获得业主/业主工程师签发的最终接收证书 F.A.C.，并且乙方所有的违约金（如有的话）也已结清，乙方可申请支付保留金。若仍有任何由乙方实施的任何未完工作，甲方有权拒付保留金。

16.7 甲方有权在任何付款申请报表中更正或修改以前签发的支付证书，并将修改书面通知乙方。

16.8 乙方在甲方每次支付工程进度款前不少于30天，向甲方开具相应款额的发票。

xiii. 合同人民币付款部分，乙方应向甲方开具税务局认可的建筑安装费发票，如有设备或材料出运，乙方应根据报关单中的数量和品名开具符合甲方要求的增值税发票。

xiv. 合同美元付款部分，如果在国内支付，则乙方应向甲方开具税务局认可的建筑安装费发票；如果在现场支付，乙方应向甲方开具形式发票。

16.9 甲方根据合同向乙方按期支付应付款项到乙方指定的银行账户，包括境内的人民币账户和境内、外的美元账户。

17. 竣工结算

17.1 在甲方获得业主颁发的最终接收证书 F. A. C. 及乙方违约金也已结清后，乙方应按甲方规定的格式报送竣工结算报表草案，竣工结算报表草案内容包括：

1）到工程移交证书指明的竣工日止，根据合同完成全部工程的最终价值。

2）乙方认为应该获得的其他款项，如应退还的部分保留金等。

3）乙方认为根据合同应支付给他的总费用，包括乙方认为还应支付给乙方的任何追加款项。

17.2 如果甲方不同意或者不能够确定最终草案的任何部分，乙方应提供甲方可能需要的进一步资料，甲方审核后与乙方协商，对最终报表草案进行适当的补充或修改后形成最终竣工报表。乙方将最终竣工报表送交甲方的同时，还需提交一份"结清单"进一步证实最终报表中的支付总额。

17.3 在收到最终竣工报表和"结算单"附件后 10 天内，甲方应签署最终支付证书，表明：

a）按合同最终应支付给乙方的款额（最终结算款）；

b）在对甲方以前支付过的所有款额和根据合同甲方有权得到的全部金额加以确认后，甲方还应支付给乙方，或者乙方还应支付给甲方的余额（如有的话）。

c）最终结算款在最终支付证书签发后的 28 天内支付。

18. 保函

18.1 乙方应自合同签字之日起 10 个工作日内，提供甲方要求格式的、金额为合同总价____％的不可撤销的银行履约保函和金额为合同总价____％预付款保函。

18.2 保函应由以下银行出具：

1）中国银行，或

2）甲方可接受的一家在中华人民共和国注册营业的银行。

18.3 如果乙方未能履行其合同项下的任何义务，甲方有权凭保函行使追索权。

18.4 开具保函的费用由乙方自行承担，保函格式见附件。

18.5 预付款保函的金额与预付款金额相同，预付款保函在收到预付款时生效，保函的金额可根据预付款扣回的金额而按比例相应递减。在颁发工程接收证书前，由于不可抗力或其他原因使预付款未扣清的，尚未扣清的预付款余额应作为乙方的到期应付款。

18.6 履约保函的金额将在最后一个项目获得临时验收证书递减 50％，即递减到合同总价的____％。在最后一个项目获得业主签发的最终验收证书，业主返还甲方提交的履约保函后 28 天内退还乙方履约保函。其间，乙方已根据合同履行并完成工程及缺陷消除，质保期结束。

18.7 无论履约保函中是否限定截止时间，只要因总工期延长或检验不合格或业主没有返还甲方提交的对外合同的履约保函，则乙方履约保函将随之自动延长。

（注意事项：若乙方不开预付款保函，相关预付款保函的表述内容予以删除。）

19. 暂停施工

19.1 若发生下列任何一种情况，甲方有权要求乙方暂停施工，乙方不能提出增加费用和延长工期的要求：

1）由于乙方违约引起的暂停施工。

2) 由于现场非异常恶劣气候条件引起的正常停工。

3) 为了本工程的合理施工调整部署，或为工程的合理施工和保证安全所必须的暂停施工。

4) 未得到监理人许可的乙方擅自停工。

5) 其他由于乙方原因引起的暂停施工。

19.2 监理人认为有必要时，可向乙方发布暂停工程或部分工程施工的指示，乙方应按指示的要求立即暂停施工。不论由于何种原因引起的暂停施工，乙方应在暂停施工期间负责妥善保护工程和提供安全保障。

19.3 乙方应立即通知发包人和监理人，并在发出该通知后的28天内，向监理人提交一份细节报告，详细说明发生该事件的情节和对工期的影响程度，修订进度计划和编制赶工措施报告报送监理人审批。若发包人要求修订的进度计划仍应保证工程按期完工，则应由发包人承担由于采取赶工措施所增加的费用。

19.4 若事件的持续时间较长或事件影响工期较长，当乙方采取了赶工措施而无法实现工程按期完工时，除应按上述规定的程序办理外，乙方应在事件结束后的14天内，提交一份补充细节报告，详细说明要求延长工期的理由，并修订进度计划。监理人应及时调查核实上述报告，并在审批修订进度计划的同时，与发包人和乙方协商确定延长工期的合理天数和补偿费用的合理额度，并通知乙方。

20. 违约与违约金

a) 如因乙方原因（非甲方原因），使本工程或其中任何单项工程未按照合同订明的时间或各段时间完成，则乙方应向甲方支付拖期违约金。拖期违约金金额按每拖期一天，支付本合同总额的_____%计算，违约金金额累计不超过本合同总价的_____%。

b) 如乙方违反本合同第17条的规定，未能按时提交履约保函和预付款保函，甲方有权没收其投标保函或投标保证金、宣布本合同无效，按照合同第20.3条向乙方追究进一步的法律责任。

c) 经确认因乙方工作质量原因而导致甲方向业主支付违约金，乙方应承担甲方所支付违约金的相应金额。

d) 上述所有违约金金额累计不超过乙方合同总价的_____%。

e) 如果延误的工期达到总工期的_____%，甲方将采取补救措施，其成本由乙方承担，在乙方进度款中扣除。

如果延误的工期达到总工期的_____%，甲方有权撤换施工单位。乙方接到甲方书面通知的15天内，必须撤出所有施工场地。

21. 合同终止

a) 出于下列原因，甲方可以有绝对的自主权书面通知乙方终止本合同：

i. 若业主由于非乙方原因终止与甲方的对外合同时，甲方将终止与乙方的合同；若甲方未发出开工令，乙方无权得到补偿。

ii. 若甲方发出开工令，乙方除有权接受相当于下述金额的补偿外，无进一步的追索权：

1) 到合同终止时已完成的项目；

2) 因从现场撤离人员所实际花费的、合理的、必须的，并经甲方确认的费用；

3）因终止合同，使乙方遭受的、不应由乙方承担的但与工程有关的、合理的、必须的开支，乙方对此发生的费用需提供证明资料。

但是，乙方报价书中的列表"施工工机具购置使用情况"中所列的施工工机具的所有权和处置权都归甲方，甲方将不再进行补偿；乙方在现场所购材料在得到甲方补偿之后，其所有权和处置权都归甲方。

b）如果乙方现场进度、施工质量、施工管理、合同履约、诚信施工等状况不能令业主/甲方满意，甲方在结合现场乙方的人力、设备、机械条件下，有权将部分或全部未完成的工程项目委托给第三方，并依据乙方分项报价中的价格从合同总价中扣除该项目的费用，乙方对此无任何追索权。且由此产生的费用、甲方通过招/议标另选施工单位的标价与乙方的价差、由此产生的工期总损失的违约金值等，全部由乙方承担。并没收履约保函。

c）因乙方违约而引起合同的终止：

i. 在下列乙方违约的情况下，甲方有权向乙方发出书面通知，要求其停止违约行为，并对其违约行为进行补救：

1）乙方未在规定的开工日开工；

2）乙方拒绝或不能按时执行工程中的重要部分；

3）乙方拒绝或不能提供足够的熟练工人或满足要求的材料按时执行工作；

4）违法向甲方人员或甲方代理直接或间接给付或企图给付任何贿赂、礼品、赏金、回扣、有价证券或其他贵重物品；

5）任何违约行为达到支付该违约金的上限限额；

6）甲方向乙方发出停工整改通知单已达两次且乙方整改不认真、效果不佳者，则甲方有权重新选择施工队伍；

7）乙方实质性违反本合同的其他行为；

8）乙方没有在应付日15天内支付应付给甲方的损失赔偿；

9）乙方破产或无力清偿债务。

ii. 如果乙方未在接到甲方通知后的30天内根据通知要求，完全补救违约行为，或违约行为无法在此时间内得到补救，或者，乙方未在接到通知后立即采取预计可以在一定合理时间内补救的措施，并且没有在此后继续努力采取措施在合理时间达到补救目的，则甲方有权通知乙方终止本合同。因乙方违约，甲方选择终止本合同并不影响甲方根据合同或其他规定所享有的其他权利，包括但不限于要求乙方支付违约金的权利。

d）根据20.3条，因乙方违约而引起甲方终止本合同或终止本合同部分项目后，乙方应立即终止与本合同有关的对甲方所做的全部工作或部分工作。此时乙方应撤离现场，并将任何已采购或运至现场的车辆、货物、设备和施工机具，以及乙方应提供的与乙方工作有关的文件及设计文件，已完成的工作等无任何保留地移交给甲方。

22. 保险

a）甲方负责本工程全险及第三方责任险。

b）乙方在国内按规定应保的各种险乙方自行办理，费用由乙方自负。乙方同时根据总承包合同中的有关规定条款为乙方工作人员办理国外人身健康和意外险等（包括为施工机械、车辆等购买保险），投保金额不低于_____万元人民币，费用自付，但办理保险由甲方提供必要的协助。

c) 如果经甲方检查，乙方未对乙方全部已在安哥拉现场人员投保人身健康和意外险或投保金额不足，甲方将代乙方为未投保人员或投保金额不足部分予以投保，保险费从当期应付乙方工程款中扣除。

d) 乙方应为由乙方雇用的任何人员或任何其他乙方人员包括乙方的分包商人员的伤害、生病或死亡引起的索赔、损害赔偿费、损失和开支（包括法律费用和开支）的责任投保，并保持有效。

e) 如果乙方未能履行本条规定的乙方的保险义务或因乙方原因造成乙方或甲方或其他乙方或相关人员的损失，则由乙方赔偿此损失。

注意事项：乙方采购的施工机具和代购项目材料的运输保险应根据项目情况规定谁负责投保。

23. 不可抗力

a) 定义

在本条中，"不可抗力"系指发生在项目所在地区或甲、乙方所在地且甲方和乙方均无法控制的、无法避免、在签约时无法合理预见的并使任何一方不能全部或部分继续履约或不能依法履约的事故，包括（但不限于）：

1）自然灾害，如地震、飓风、台风或火山爆发等且确实影响项目执行；

2）战争、武装冲突（不论宣战与否）、入侵、外敌行为、战时动员、征用或禁运；

3）叛乱、恐怖活动、革命、暴动、军事政变、篡夺政权或政变，或内战；

4）暴乱、骚乱、混乱、罢工或停业，但不包括完全发生在乙方或其乙方的雇员内部的此类行为；

5）军火、炸药、离子辐射、由核燃料或者由核燃料燃烧后引起的放射性污染，但不包括因乙方的使用造成的此类事件；

b) 不可抗力不应包括：

1）一方人员的疏忽或有意行为引起的事件；

2）有经验的一方（A）在签署合同时能合理考虑到的事件和（B）在履行合同义务时能避免或克服的事件（C）受影响方的财政发生困难（指乙方或其再分包商或其代理）或市场条件发生变化（D）现场上的或乙方的雇员举行的任何罢工。

c) 并非合同违约：只要不能履约是出于不可抗力事件，且遭受不可抗力影响的一方为了履行本合同中的合同义务采取了所有合理的预防措施、应有的小心和其他措施，则未完成合同项下的义务不应作为合同违约。

d) 需采取的措施：

1）受阻于不可抗力的一方应采取所有的合理措施消除无法履约的因素，以最少的延期完成其合同项下的义务。

2）受阻于不可抗力事件的一方应尽快通知另一方所发生的不可抗力事件，最晚不得晚于发生事件后14天，提供不可抗力的性质和发生原因的证明，取得对方的同意后，其无法履行的义务可以顺延，但一旦不可抗力终止，就应该恢复应有的工作。

3）各方应采取所有的合理措施将不可抗力事件的影响降低到最低程度。

4）如果乙方认为某一事故（事件）将构成不可抗力，并可能影响其履行义务，那么该事故一发生，乙方应立即通知甲方，同时，按实际可能尽最大努力继续履行其义务。乙方还应将其各种建议（包括其他合适的履约方法）通知甲方，但是，未经甲方同意，乙方不得将上述建议付诸实施。

e）延期：受不可抗力影响合同规定的需完成任务的时间应相应延长，所延长的时间应与不可抗力影响该方不能履行义务的时间相同。

f）费用增加处理原则：对于永久工程，包括运至现场的材料和设备，以及因工程损害造成的第三人伤亡和财产损害由甲方承担，其他均由乙方承担。

g）协商：在不可抗力发生后180天内仍然不能履行服务的主要部分时，各方应就不可抗力事件采取的适当措施达成一致意见。

24. 知识产权及其他法律事宜

a）乙方应保证甲方或业主免于承担为执行对外合同使用乙方设备、机械、工艺、材料、图纸、资料、乙方的徽标（LOGO）、商标、乙方内部的标准（BENCHMARK）及软盘被认为是侵犯了第三者的专利权、设计、商标、名称或其他任何受法律保护的权利，而引起的一切索赔和诉讼。保障甲方免于承担由此导致或与此有关的一切损害赔偿、诉讼费和其他有关费用。

b）乙方在履行同其再承包商的合同中，也同样应使甲方或业主不因乙方的行为而承担任何侵权等的法律责任。

c）万一此类纠纷发生，无论是执行合同期间或合同到期后的任何时间，乙方均应协助甲方办理有关应诉等事宜，并承担由此产生的索赔及诉讼等所有费用。

d）在以下条件下，乙方应对甲方因使用乙方供应的货物和服务所产生的对第三方知识产权的侵犯进行赔偿：

i. 甲方必须及时以书面通知乙方关于侵权的任何指控；

ii. 没有乙方的同意，甲方没有作出任何准许或不利的声明；

iii. 甲方在乙方的请求下必须允许乙方处理和/或解决所有谈判和诉讼，并且给予所有合理的帮助。谈判和诉讼发生的费用或收回的资金由乙方支付和处理。

e）当发生如23条款中所指的任何一种索赔、申诉或诉讼时，当临时的或永久制止令发出后，乙方应尽一切合理的努力，通过提供合适的担保或其他，取得停止执行制止命令或指令的要求。如果发生这类索赔、申诉或诉讼时，该项目或项目的一部分、组合或其过程均构成侵权并且是永久性的，乙方应立即采取一切合理的措施为甲方取得专利许可证（甲方不承担费用），使工程在侵权的过程中继续进行。如果乙方不能在合理的时间内取得这种专利许可证，乙方将自己出资，在不降低施工质量的前提下，要么更换整个或部分与侵权有关的工程，以非侵权部分来代替；要么进行全面更新使之变成不侵权。

f）甲、乙双方应保证所有专有技术和技术文件的机密性。

g）本合同项下乙方提供的所有图纸和文件的版权应仍然属于乙方，但甲、乙双方应有权使用这些仅与合同相关的图纸和文件。

h）甲方在执行本合同向乙方提供的图纸和文件均属于甲方财产，乙方不得为其他工程复制或使用。如甲方要求，在最终付款前应退还给甲方。甲方保证使乙方免于因甲方提供文件侵犯他人知识产权而承担与此有关的一切损害赔偿、诉讼费和其他有关费用。

25. 争议的解决

a) 因执行本合同所发生的或与本合同有关的一切争议，双方应通过友好协商解决。如协商不成的，应提交甲方所在地法院诉讼解决。在诉讼过程中，除正在进行裁决的部分外，合同其他部分应继续执行。

b) 本合同应按中华人民共和国的现行法律解释。

c) 除本合同第19.3规定的情况外，乙方与甲方发生可能的有关项目方面的争议时，乙方仍应按协议规定的进度表继续施工。

26. 其他

a) 条款标题的设立，仅仅是为了方便查阅，而对条款结构和意义不产生任何影响，既不影响所含内容，也不影响双方权利和义务。

b) 如果本协议的某些章节，或章节的一些部分，或申请表格，经有资格的法庭裁决后认为没有强制性或无效，则甲方和乙方应进行协商，对本协议的这些章节进行公正的调整，使之生效，但不能因此而影响协议中的其余章节或章节的某些部分，或申请表格的有效性和强制性。

c) 乙方在履行本合同的过程中应同时遵守甲方与业主签订的对外合同中对甲方工作的要求和规定。本合同未尽事宜（对外合同也无说明时），双方本着长期合作、友好相处、互惠互利的原则予以协商解决。

d) 本合同自合同协议双方法定代表人或法定代表人授权代表签字、盖章、对外合同生效、甲方签发生效指令后生效。

e) 本合同双方竣工结算、乙方将工程交付甲方、保修期满，甲方的履约保函撤回、双方结清所有剩余款项（包括保修金（尾款）），上述条件全部满足后本合同全部终止。

f) 本合同自双方签字、盖章、甲方签发生效指令之日起即正式开始生效，本合同一式10份，其中双方各执正本2份，副本3份。

g) 本合同是甲、乙双方的保密文件，未经双方许可，不得向第三方扩散，否则需承担由此引起的一切后果并赔偿由此引起的损失。

4.2.3 国际劳务合同

【基本概念】

1. 定义

国际工程劳务是指建筑业的劳务，在我国出国劳务人员主要是专业技术人员（高级和一般技术人员），管理人员和工人（熟练和非熟练工人）。专业技术人员指建筑师，土木工程师，设计师等，熟练工人指木工，砌砖工等，非熟练工人指一般未经过技术培训的工人。

劳务合同可以是劳动力本人与雇主直接签订，也可以通过双方劳务代理机构签订。劳务合同的类型按合同当事人所属国籍和其权利与义务关系的发生地，可分为国内劳务合同和国际劳务合同。

（1）国内劳务合同是指签订合同的当事人（雇主和劳务人员），双方权利与义务关系的发生均在同一国境内的劳务合同。

（2）国际劳务合同是指签订合同的当事人（雇主和劳务人员）分属不同的国家，或同当事人具有同一国家的国籍，但其权利与义务关系发生在另一个国家的劳务合同。

我国劳务资源丰富，是世界主要的劳务输出国之一。本章节从劳务代理机构的角度叙述劳务合同的有关内容。

2. 劳务合同

劳务合同是由劳务输出国的劳务人员和劳务输入国的雇主签订的确定劳动服务关系和明确双方权利和责任的一种具有法律效力的协议。在具体运作时，可由劳务输出国的劳务输出代理机构代表雇主与劳务人员签订劳务合同，但雇主应对代理机构进行相应的授权委托。

劳务合同的订立必须以国际公约和有关法律法规为基础：

（1）国际劳工组织通过的保护临时流动劳务及其家属权益的国际公约和建议书。作为国际劳工组织的成员国，只要是双方国家批准参加的国际公约和建议书，凡是涉及外派劳务人员合法权益的条款，在谈判时均可引用。

（2）我国的劳动法及对外承包工程和劳务的相关管理条例。

（3）劳务输入国的有关法律、法规。

3. 订合同应注意的问题

（1）有选择地使用合同条款，对于不同的项目所在国的具体情况，可对前述的合同条款内容进行增加、修改和删除。

（2）劳务市场千变万化，因此订立合同要考虑当时的市场行情，同时要考虑到既要使合同于己有利，又要具备一定的竞争性。因此，合同谈判要具有一定的灵活性，最好在不损害己方根本利益的前提下促成与对方的合作。这就需要准备让步性的备选方案。

如：国外雇用工人往往有试用期（无试用期对我方有利），由于语言和自然环境变化，试用期内我国工人可能不易达到对方的要求，如需规定试用期，可考虑期满后如不满意可调换工种或工程，如必须解雇，应说明返程路费由谁负担。

（3）有关合同条款的补充和修改，必须经过双方的协商，形成书面文件由双方的授权代表签字生效，并成为劳务合同的组成部分。

【内容与格式】

国际劳务合同的格式与主要内容如下：

1. 合同当事人

内容：劳务人员及其雇主双方的姓名、地址；本合同签订的时间。

说明：如果通过劳务代理机构进行劳务输出或输入，则应同时写明代理机构的名称、地址。

2. 合同期限

内容：合同期限、合同生效日期和劳务试用期限，试用期满后的处理规定等。说明：应明确说明合同的期限，一般为两年，或根据项目工期确定合同期限。经双方协商可延长合同期，合同中应规定延长合同期限的程序。

合同的生效日期一般从劳务人员自来源地出发前往就业地点的日期开始计算，即劳务人员出境时合同生效，合同期限起算日即为合同的生效日。

劳务的试用期是劳务合同的主要条款。劳务试用期一般为三个月。劳务输出方往往从有利于己方考虑，希望对此不作出明确规定。因为劳务人员经常由于生活和工作条件的变化（如工作要求变更、熟悉新的机械设备等），需要一段较长的时间才能适应，故在较短的试用期内，可能难以满足雇主的要求。如果雇主一定要求规定试用期时，应仔细斟酌在试用期满后，对不符合要求的人员的处理规定，一般可采取调换工种或降级使用等方法，应尽可能避免终止雇用合同。另外在合同中应规定，因试用不合格而终止合同时，哪一方负责劳务人员返回来源地的交通费用。

3. 工作内容和工作时间

内容：劳务工作范围，工作地点，工作日和工作时间。

说明：应明确规定劳务人员的工作范围，最好能规定工作的具体内容，承担职位等。同时应列明工作地点。

工作日是指每周工作几天。在合同中应写明每周工作的天数（通常每周不超过 6 天，有的国家的惯例是在公司办公室工作 5 天，在施工现场工作 6 天）。工作时间是指每天工作小时数的最高限度（以小时计，一般不超过 8 小时）和每周工作小时数的最高限度（以小时计，一般不应超过 48 小时）。例如新加坡法律规定，工人每周工作六天，每周工作总时数不超过 44 小时。上述时间均指正常工作时间（午饭时间除外）。

雇主应该每周为劳务人员提供至少一天带薪假日。

凡由于非劳务人员责任造成的停工，应计为工作时间，照付给工资。切记在工作时间上，一定要参照劳务输入国的有关法律法规。由于劳务人员不可能对劳务输入国相关法律有透彻的了解，必要时可就有关内容向律师进行咨询。

4. 假日和休假

内容：当地节假日、每周休息日和年度休假的规定。

说明：应具体说明按照劳务输入国的政府规定，每周的休息日是哪一天。另应说明劳务人员应享受劳务输入国政府颁布的法定节假日。

劳务人员工作期每满一年，应享受为期多少天（一般为 20 天）的回国年度休假及谁承担往返旅费。劳务人员工作不满一年。其休假天数可按工作月数作适当折减。

到达工作地点和本合同期满离开工作地点回来源地前，应享有的假期。

5. 工作报酬

内容：工资、额外津贴和小费，加班报酬和假日工作报酬。

说明：应明确规定劳务人员的基本工资金额，以及应享受的其他福利，如住房津贴、伙食津贴、交通补贴和其他补贴。劳务人员的工资应为上述各项的总和。

许多国家都规定了劳务人员的最低工资标准，在签订合同时应注意劳务人员的工资不应低于劳务输入国法律规定的最低工资标准。

应规定工资的支付方式，并应说明以何种货币支付工资（最好以美元支付）。如果雇主要求以当地币支付部分工资时，要确定出当地币和美元的比例。确定当地币所占比例时主要考虑在当地的费用支出。

考虑到通货膨胀的影响以及劳务人员工效和技能的提高，应要求雇主进行适当的工资调整，即给予一定的工资年递增。

工资支付的起止日期应从劳务人员从来源地出发之日始或从劳务人员抵达项目所在国之日始至离开项目所在国之日止。起止时间最好不要写成从到达"项目工地"始至离开"项目工地"止，此种写法对劳务人员不利。

应写明每月工资的具体支付时间，支付方式。如果雇主延期支付工资，应按延迟天数向劳务人员支付利息。每延迟一天支付的利息一般不少于工资总额的千分之一。

每月加班工作时间的最高限度：加班时间是指八小时以外以及每周工作时间超过工作时间最高限度的工作小时。主要考虑加班时间过多，将影响工作效率，且由于过度疲劳，易发生安全事故，因此对加班的最高限度作出规定。

加班费用：平日加班应为正常工作每小时工资乘以系数1.5；节假日加班应为正常工作每小时工资乘以系数2.0。

正常工作每小时工资计算方法：

合同工资（年）/（52周×每周工作时间最高限度小时数）。

6. 住宿和膳食

内容：提供的住宿条件和是否免费提供膳食或提供膳食津贴。

说明：雇主应免费提供适宜的住房（对使用面积可作出具体说明）及厨房和厨房用具（可视实际情况决定是否在合同中列明厨房用具的名称），并免费提供水、暖、电、燃料等。

对雇主是否免费提供膳食或提供膳食津贴也应作出说明。在提供膳食津贴时，需考虑项目所在国食品价格以及采购和运输条件。

7. 劳保和福利

内容：职工安全保护（Occupational Safety Provisions），医疗福利，社会保险。

说明：雇主应为劳务人员免费提供一般劳保用品和专用劳保用品，并应免费提供工作所需的各种工具。

雇主应为劳务人员在整个合同期间因病或因工伤提供免费医疗、药品和住院治疗（应说明是否免费提供牙科医疗服务，因为在一些国家，习惯上不为牙病患者提供免费医疗）。

因病或因工伤休假期间的工资如何支付。一般地，劳务人员非因行为不端而患病或发生工伤应享受有薪病假，但应持有医生签发的病假证明。如该人员被确认短期内不能痊愈，建议回来源地治疗，雇主应将其送回来源地并负担由项目所在国至来源地的交通费用。如果因行为不端而患病或非因工作而受伤，则不享受有薪病假。如需返回来源地治疗，雇主将不承担其有关交通费用。

雇主应为所有劳务人员投保人身意外险，费用由雇主承担。

8. 旅费和交通费用

内容：劳务人员前往和离开项目所在国的国际旅费，在项目所在国内平日上下班的交通费。

说明：劳务来源地的劳务输出代理机构应按本国政府的有关规定办理人员出入本国国境的一切必要手续，并承担有关费用。

劳务输入代理机构应按项目所在国的有关规定办理人员出入其国境、居留及工作许可等一切必要的手续，并承担有关费用。

写明办理上述手续需提供的全部必要的证件及其他具体事宜。

雇主应承担人员从劳务来源地至工作地点的往返路费以及免费提供人员从项目所在国的驻地至工作地点间的上、下班交通工具或提供相应的交通费用。

由于劳务人员出国工作时间较长，需携带一些必需的生活用品，其行李重量往往超过航空公司提供的 20 公斤免费行李，建议雇主和劳务人员双方分担超重部分的费用。

在下列情况下，雇主应提供劳务人员返回来源地的交通费：（1）本合同期满终止；（2）雇主没有正当理由而终止本合同；（3）劳务人员因受伤或疾病不能继续工作；（4）非劳务人员的过失而使本合同终止。

9. 缴税

内容：缴税种类和缴税责任。

说明：应对劳务输出国和输入国对劳务人员征收有关税费的缴税责任作出明确说明。

一般劳务来源地的代理机构应负责缴纳劳务来源地政府的一切税费，雇主应负责缴纳项目所在国政府所征收的一切税费。

10. 预付工资

内容：预付工资额及其扣回。

说明：雇主在劳务人员抵达工地后，应向劳务人员以当地币支付一定金额的预付工资作为劳务人员的生活安置费，该笔费用可分几次从劳务人员的薪金中扣回。合同中对是否给予预付工资，预付工资的金额以及扣回方法应作出具体规定。

有些雇主的习惯做法是劳务合同中对此不作规定，劳务人员抵达工作地点后，可从公司内借少量生活费，随后从支付给劳务人员的工资中分一至两次扣回。

11. 合同延期

内容：合同延期和合同延期后劳务人员的工资调整。

说明：如需延长劳务人员工作期限，则应在本合同期满之前的一定时间（至少提前一个月），经双方协商就有关内容达成一致时（主要指劳务人员延期后的工资和福利待遇），可延长合同期限。

12. 终止合同

内容：期满终止合同和中途终止合同的规定，以及合同终止后的费用结算。

说明：终止合同分为期满自然终止合同和由于某种原因中途终止合同。除非有正当理由，任何一方都不能单方面终止合同。否则，应负赔偿责任。

不可抗力因素：如战争、自然灾害或其他原因等。一方要求终止合同时，应在终止合同的事件发生后立即通知对方，并且双方就劳务人员的补偿问题达成协议时，可终止合同。

上述战争是指国家间或国家内部之间的武装敌对行动。如果发生战争，雇主应将劳务人员转移到安全地方，并尽快运送回国，雇主应承担由此产生的全部费用。

雇主应根据有关的战争保护法令，向劳务人员提供与劳务服务相关的工伤、疾病或死亡的补偿救济金。

关于终止合同的其他说明，见本节第（三）部分示例第六条

13. 职责和义务

内容：劳务人员的职责和义务（视需要也可同时列出雇主的一般义务）。

说明：劳务人员应该遵守项目所在国的有关法律法规，尊重该国的风俗和习惯；劳务人员应该严格遵守雇主公司的规章制度，严格执行本合同；不准罢工或以其他形式怠工；保守雇主秘密（商业和产业秘密）；合同期内，不可在外兼职或另行求职；合同期满，必

须按时返回来源地，不得以任何理由滞留不归。

14. 遗体的处理

内容：遗体的处理和处理费用。

说明：劳务人员在合同期间如因病或因工伤死亡，雇主应负责其遗体的妥善处理并承担死者遗物运回其来源地的费用。

15. 争议的解决

内容：争议解决方式和程序。

说明：凡因执行本合同所发生的或与本合同有关的争议，双方应通过友好协商解决；如果未能友好解决，可提交仲裁。双方签订合同时应协商确定出现争议时的仲裁地点并写入合同。仲裁裁决是终局的，对双方都有约束力。

在我国签订的劳务供应合同中，选择仲裁地点有以下三种方式：

（1）在中国由中国国际经济贸易仲裁委员会仲裁；

（2）由在被诉方所在国境内的仲裁机构进行仲裁；

（3）在双方同意的第三国进行仲裁。在采用该种方式仲裁时，最好选择瑞典斯德哥尔摩国际商会进行仲裁，因我国与该商会有仲裁业务关系，且对其仲裁规则和业务程序比较了解。

在选择仲裁地时应慎重。关于该条款可采用如下写法：

凡因执行本合同所发生的或与本合同有关的一切争议，双方应通过友好协商解决；如果未能友好协商解决，应提交设在瑞典斯德哥尔摩的国际商会，根据该商会的仲裁程序和规则进行仲裁。仲裁裁决是终局的，对双方均有约束力。

16. 其他

内容：编写合同的语言，适用的法律等。

说明：应规定劳务合同编写的语言。采用两种以上语言编写时，应规定以哪种语言为准。合同适用的法律等也应作出规定。

【文案范例】

劳务（雇用）合同

本合同由雇主和雇员双方缔结并实施。其中：

雇主名称_____；办公地址为_____；

雇员姓名_____；住址为_____；

双方达成下列雇用条款和条件。

第一条　基本条款

1. 雇员来源地

2. 就业地点

3. 雇员的职位或级别

4. 基本月工资_____元（每月应支付的工资为_____；续签合同时，根据公司的工资等级自动调整工资金额。）

5. 正常工作时间_____小时（午饭时间除外）

6. 加班费

（1）正常加班_____。

（2）星期日或指定休息日或官方假日_____。

7. 全薪假日

（1）假期_____（或不休假，发给报酬）。

（2）病假_____。

8. 合同期_____。

从雇员自来源地出发去就业地点开始。合同可以按雇主和雇员的选择延长合同期限。

9. 特殊津贴_____。

第二条　雇主的义务

雇主应向雇员

1. 提供至就业地点的免费交通。在下列情况下，提供雇员返回来源地的交通费：

（1）本合同期满终止；

（2）雇主没有正当理由而终止合同；

（3）雇员因为受伤或疾病不能继续工作；

（4）非雇员的过失导致本合同终止。

2. 免费提供伙食或发给伙食费____美元；免费提供合适的住宿；免费提供洗衣设施。

3. 免费提供急诊和牙科医疗服务包括药费。

4. 根据____法以及战争保护（无论何时适用）的有关法律，向劳务人员提供与服务相关的工伤、疾病或死亡的补偿救济金。战争是指国家间或国家内部之间的武装敌对行动。如果发生战争，雇主应将劳务人员转移到安全地方，并尽快运送回国，雇主承担由此产生的全部费用。

5. 提供公司补助金，补助金额等于公司发给相同工作岗位其他工人的补助金。

第三条　雇员的死亡

如果雇员死亡，雇主应承担费用将雇员的遗体及其个人财物运回雇员住址交给死者亲属。如果具体条件不可能将遗体运回，在事先与死者的直系亲属协商后，或同雇员本国使领馆或有关雇员国家有关部门协商后妥善处理。

第四条　遵守法律

雇员应遵守_____国家有关法律，尊重该国的风俗和习惯。雇员应该遵守雇主公司的规章制度。

第五条　义务汇款

雇员应将每月工资的____％通过银行系统汇寄给他的受益人（姓名）_____，（其关系为_____）。雇主应对雇员汇出的外汇给予帮助和监督。

第六条　合同终止

除非有正当理由，任何一方都不能单方面终止合同。

雇主有权以下列理由终止劳务合同：雇员的行为不端、智力或体力衰弱、不服从管理、嗜酒、煽动叛乱或颠覆活动、闹事或煽动闹事以及违反_____国的法律等。

雇员有权以下列理由终止劳务合同：雇主对雇员严重的污辱，残酷的不能容忍的折磨以及违反合同条款和条件。

雇主也可以其他理由终止合同，但需提前30天以书面或其他形式通知雇员。并向雇员支付终止雇用补助金相当于 30 天的工资。如果不是由于雇员的原因终止劳务合同，雇主还应向雇员另外支付离职补助金（相当于 1 个月的基本工资），服务满 6 个月按一年计算。

第七条　纠纷的解决

雇员有关劳务合同的索赔和申诉将依照_____国家和公司的有关政策、规则和规定进行处理；如果雇员对雇主的决定有异议，应在_____驻外使、领馆代表参与下，友好协商解决。如果未能友好协商解决，应该提交_____相应的政府机构裁决。

第八条　适用法律

本合同未尽事宜，按照_____国的有关法律办理。

本合同于_____年___月___日在___签字，本合同一式___份，双方各执___份。

雇主签字：　　　　　　　　　劳务人员签字：

附件：劳务合同保证书

劳务合同保证书

本保证书被视为雇主和劳务人员已经阅读了上述协议并完全理解了协议的各个条款，双方同意上述条款与劳务人员的注册申请组成的全部协议，承诺履行本劳务合同中的全部条款和规定。

双方自愿于　　年　月　日在　　签署此保证书。

雇主签字：　　　　　　　　　劳务人员签字：

鉴证人：　　　　　　　　　　年　月　日

4.2.4　材料设备采购合同

【基本概念】

1. 定义

材料设备采购合同也称供应合同（简称供货合同或采购合同），在国际工程中该合同是承包商或业主（需方）与材料设备生产厂或供应商（供方），经过双方谈判协商一致同意而签订的"供需关系"的法律性、商务性的契约文件。签订合同的双方都有各自的经济目的，材料设备采购合同属于经济合同，双方都受"经济合同法"的保护和承担责任。

2. 签订材料设备采购合同应注意的问题

在签订材料设备采购合同时，应注意以下几个问题：

（1）审查双方的基本情况

在采购谈判正式开始之前，要审查对方的营业执照，了解其经营范围，以及对方的资金、信用、经营情况、其项目是否合法等。如果有担保人，也要调查担保人的真实身份。若出面签约的是某业务人员时要注意查看对方提交的法人开具的正式书面授权委托证明，以确保合同的合法性和有效性。特别应注意在涉外商贸谈判中，要注意把子公司和母公司分开，若与子公司谈判，不仅要看母公司的资信情况，更要调查子公司的资信情况。因为母公司对子公司不负连带责任。

（2）严格审核采购合同主要条文

　　当谈判双方就交易的主要条款达成一致以后，就进入合同签约阶段。谈判所涉及的数量、质量、货款支付以及履行期限、地点、方式等，都必须严密、清楚，否则会造成不可估量的经济损失。特别应注意：

　　1）签订的合同对商品的标准必须明确规定。

　　签订合同时，双方对买卖商品的名称必须准确而规范。对所购产品的质量标准应当在合同中明确约定，以免所交货物因质量不符合所想要采购的标准而引起纠纷。

　　2）交货地点应明确

　　签订合同时，要写明交货地点，保证货物能够及时签收，避免丢失货物，尤其是在跨国采购时应注意。

　　3）接受货物时间应明确

　　为了避免所采购的产品因过期等原因失去原有的使用价值，在采购合同中应明确约定货物到交货地点后采购人的收货时间。

　　（3）合同必须明确双方应承担的义务和违约的责任

　　采购合同双方应就违约事项约定解决方式以及法律责任，以此来维护自己的合法权益。例如约定在违反合同事项时支付违约金。

【内容与格式】

　　材料设备采购合同是商务性的契约文件，格式与普通书面合同相同。其内容条款一般应包括：供方与分供方的全名、法人代表，以及双方的通讯联系的电话、电报、电传等；采购货品的名称、型号和规格，以及采购的数量；价格和交货期；交付方式和交货地点；质量要求和验收方法，以及不合格品的处理，当另订有质量协议时，则在采购合同中写明见"质量协议"；违约的责任。

【文案范例】

××××××××工程项目

供货合同

合同号：

需方：中国××有限公司

供方：

____年____月

目　　录

总则

第一章　合同标的

第二章　合同价格

第三章　付款方式和付款比例

第四章　交货

第五章　包装与运输

第六章　履约保函

第七章　技术服务和联络

第八章　质量见证与检验

第九章　保险

第十章　商品检验

第十一章　保证与索赔

第十二章　两年备品备件

第十三章　合同的变更、修改、暂停（中止）和终止

第十四章　不可抗力

第十五章　专利权、版权及其他法律事宜

第十六章　合同争议的解决

第十七章　合同生效及其他事项

附件

合同签订时间：年　月　日

合同签订地点：中国　北京

合同双方：中国××有限公司（以下简称需方）

_____（以下简称供方）

　　供需双方就×××××工程项目_____的供货和服务，按下列条款签订合同如下：

总　　则

1. 定义

本文件和附件中所用下列名词的含义在此予以确定。

1)"总合同"是指××国家×××××公司（下称"业主"）和中国××有限公司签署的_____合同（包括合同条款及附件）。

2)"需方"是指中国××有限公司，简称_____。

3)"供方"是指_____，简称____。

4)"本合同"是指本文件及其附件中的所有部分，优先次序为本文件、附件。

5)"技术资料"是指供方所供设备的设计、安装、调试、性能考核试验、验收、技术指导及服务的文件（包括图纸、各种文字说明及软件），以及供_____正常运行、维护和维修的所有相关文件。

6)"合同设备"是指供方根据合同要求所提供的机器、装置、材料、物品、备件和所有各种物品。

7)"现场"是指业主用以建造×××××工程项目的所有土地、场所以及相关的临时性办公室和设施。

8)"工程项目"是指总合同项下规定的由需方承包完成的工程项目。

9) 合同文件中的"批准"、"认可"、"指示"等诸如此类的字词意指为书面的批准、

认可和指示。

10)"服务"的含义是指由供方提供的与设计、接口设计、施工、安装、调试、试运行、性能试验、培训、设备验收直至最终完工证书签发等相关的现场技术指导、服务和技术澄清。

11)"质保期"是指总合同项下规定的自业主对_____工程项目签发临时验收证书之日起计算至业主签发最终完工证书期间。

12)"最终完工证书"是指根据总合同要求工程质保期满后由业主签发的对工程的验收证书。

13)"临时验收证书"是指：当工程项目根据总合同技术规范的规定调试成功和试运行成功后，且没有会中断或影响工程或合同设备安全及正常运行的缺陷时，业主为该工程项目签发的临时验收证书。

2. 本合同文件包括本合同、合同附件及相关的补充文件（含双方达成的与工程有关的一切书面同意、确认、备忘录、签字的会议纪要等）。如发生冲突，应以双方签署的文件为准。

3. 需方在工程实施过程中与业主达成涉及本合同的任何协议、确认或谅解备忘录之前，应尽可能与供方充分协商。如供方对工程实施过程中需方与业主达成的涉及本合同势必影响供方合同义务履行的任何协议、合同或谅解备忘录有异议，可向需方提出，但应先予执行，执行后双方应争取协商解决。确实无法达成一致时，供方可适用本合同第十六章有关条款。

4. 本合同签订时，供方将被认为已对所有的本合同文件清单中所列的合同文件以及构成本合同的价格和执行本合同所需的需方所应提供的一切条件、资料、信息有了充分的了解和认可，并已认真考虑了所有可能影响履行本合同义务和责任的全部风险。任何对上述文件、资料、信息的误解以及对条件、资料或信息的了解等是否正确、完整均由供方自行负责。

5. 未经需方事先书面同意，供方不得将本合同中的任何权利、利益、责任或义务分割、分包给第三方，并且供方应对其分包商的故意、过失、疏忽或其他任何违反本合同的行为承担全部责任。供方不得将其合同项下全部或部分权利、义务转让给任何第三方（包括其关联机构）。

6. 供方须将本合同设备中关键设备供货商（如有）的名单及其有关资料提交需方确认，但需方的这种确认并不减轻供方在此合同下的责任和义务。供方应对其所有分包商的故意、过失、疏忽或其他任何违反本合同的行为承担全部责任。

7. 本合同中任何一方发出的通知、同意、批准或决定，均指书面的通知、同意、批准或决定。若通知要求答复的，任何一方应在收到对方文件7天内予以书面答复，不得拖延或延误。如在上述规定时间内未予答复，视同对上述书面文件的认可。除非书面通知或其他文件中有特殊约定。

8. 需在图纸、标注及其他与合同有关的文件资料中体现需方名称时，应以"中国机械设备工程股份有限公司"的名称对外。

第一章 合同标的

本合同项下设备将用于××国家×××××工程项目。

1.1 供货范围

1.1.1 供货范围：详见附件一。

1.1.2 技术图纸和资料（详见附件十：技术资料清单）。

1.1.3 随机备件及专用工具（详见附件一）。

1.1.4 技术服务（包括但不限于：现场安装、调试以及相应的指导，质保期内的维护、维修的指导及人员培训等）。

1.2 供方供应的设备应是全新的、技术先进的并且是成熟可靠的，且符合国家标准及本项目所特别要求的技术标准。

1.3 在执行合同过程中，供方应及时答复需方提出的有关合同中技术上的问题，并为需方提供有关资料。

1.4 供方必须接受需方技术人员及×××业主人员到供方制造厂、供货商或分包商处进行设备监造、性能试验和工厂检验等要求。同时供方明确确认需方的上述行为并不免除供方应履行的设备监造、性能试验和工厂检验等合同项下的责任。

1.5 设备的总体要求、技术规范和技术性能指标应符合本合同附件一的要求。

1.6 下列附件是本合同不可分割的一部分。构成本合同的文件将被认为是互为说明的。如果在下述文件之间出现含糊或歧义时，需方将向供方发出必要的澄清或指示，以需方的澄清或指示为准。附件如下：

合同附件

附件一 供货范围及设备清单（包括随机备件、专用工具）

附件二 两年备品备件清单及分项价格

附件三 分项价格表

附件四 交货进度表

附件五 大件部件情况

附件六 技术服务和联络

附件七 履约保函格式

附件八 通用规范书

附件九 设备生产计划（中英文）

附件十 技术资料清单

附件十一 设备监造（检验）和性能验收试验

附件十二 设备安装监督项目表

第二章 合同价格

2.1 合同价：RMB¥   （人民币   整）。

2.1.1 上述合同价格包括专用工具、随机备件、设备（材料）包装费、技术图纸和资料费、商检费、国内税费、国内运输费、两年备品备件以及技术服务费等。

2.2 除本合同2.1条及第十三章明确规定的情形外，供方无权向需方要求本合同价以外的任何额外款项。

2.3 若根据总合同应调整价格时，按本合同第十三章规定执行。但价格的变动不影响本合同任何其他条款的效力。

2.4 由于本合同是国内采购合同，所以本合同项下设备的出口享受的退税待遇与供方无关。

2.5 随机备件、专用工具清单见附件一。供方应保证工程项目质保期结束前所有随机备件、专用工具满足工程项目运行要求。

第三章 付款方式和付款比例

3.1 本合同支付货币为人民币。

3.2 付款方式：□电汇 □支票。

3.3 合同款项按下列方式支付：

3.3.1 预付款

合同签字盖章后、供方已按合同规定提交了需方认可的履约保函并且提供了金额为合同总价格____％的正式收据一份后，经需方审核无误后 30 天内，需方支付给供方合同总价格的____％作为预付款，计人民币____万元。

3.3.2 完工付款

3.3.2.1 供方在规定的时间内按合同规定提供了设备，需方在货物抵达国内指定港口并验明下述文件无误后 30 天内，支付合同总价格的_____％。

(1) 全部技术文件、资料的签收回执（内容详见 4.2 条款）；

(2) 与合同设备清单一致的、符合退税条件并经税务局认证的增值税发票；

(3) 与合同设备清单一致的、符合退税条件的出口产品税收专用缴款书；

(4) 与合同设备清单一致的、符合退税条件的销货清单；

供方必须保证每批货物的增值税发票、出口产品税收专用缴款书、销货清单一一对应、单单相符，并按发运批次单独出票。为保证退税单据的相符性，原则上上述三类单据（增值税发票、出口产品税收专用缴款书、销货清单）应在需方办理完报关单并通知供方后再向需方提供。

(5) 设备出厂验证合格通知单；

(6) 商检换证凭证（如果需要）；

(7) 需方要求供方提供的其他文件。

如果为分批出运的货物，则在每批货物抵达国内指定港口后，提供对应该批出运设备的上述单据，需方审核无误后，支付给供方该批设备价格款的____％。

3.3.3 质保金

合同总价的____％作为设备质量保证金。待质保期满，需方收到业主签发的最终完工证书后，证明供方的设备性能试验合格，无质量问题，并在收到供方提交的金额为合同总价格____％的正式收据后 1 个月内，需方支付给供方合同总价格的 10％。

如果业主虽签发最终完工证书，但列明供方部分设备的质保期需要延长，则需方有权按比例扣留相应部分的质保金，直至该部分设备符合质保期的质量要求。

供方在履行合同后应按需方要求开具合同总价款的全额发票，包括货款和服务费发票（如有服务费发生）。

第四章 交 货

4.1 交货

4.1.1 交货日期

本合同设备交货期及交货顺序应满足工程建设设备安装进度和顺序的要求，具体交货时间见附件四交货进度表。

4.1.2 交货地点及交货方式：除需要航空运输外的一切工程设备材料，均采用陆路运输。供方在需方指定的____仓库交货。风险以车面边沿为界。

4.1.3 收货单位：设备包装箱外唛头号、收货单位应根据附件八"通用规范书"中的"包装储运规定"书写。但交货时箱件上还需挂上临时牌（由需方提供样式），收货单位名称将另行通知。

4.1.4 供方设备/产品铭牌须带有买方商标及以下用中英文标注的"总承包商"（Contractor）：中国××有限公司（英文：_____）字样，需方是买方商标唯一合法持有人，供方设备/产品上的买方商标必须与需方注册商标的文字、图形保持一致。设备铭牌应为金属铭牌，上面应用中英文两种文字表明，除了以上标注的买方商标和中国××有限公司外，还应包括设备名称、主要参数、型号、制造单位、制造国家、制造日期等。

4.1.5 交货责任

供方应按合同规定时间及时运交设备，交付装运单证，填报批次发运表，并承担设备、材料交接前的一切责任和风险。供方与需方国内的设备交接，依据4.1.2的规定，并以入库仓单或双方签字的交接文件为准，此日期为本合同11.4条计算迟交货物违约金的根据。若因设备（包括装运单证、技术文件等相关资料）交付延误而影响按期装运、延误工程进度，供方按11.4和11.9款承担违约金和赔偿金。

4.1.6 合同生效后_____天内供方向需方提供设计、制造、检验、试验、交货进度计划表（中英文版本）。同时，按照业主的要求，合同生效后_____天内供方还需单独提供"设备生产计划"英文版，格式见附件九。

4.1.7 合同生效后的_____天内供方向需方提供附件一"供货范围及设备清单"的英文版。

4.2 技术文件、资料交付（详见附件十）

4.3 除上述技术资料外，供方应在合同签字后十五个工作日内向需方提供执行本合同的项目经理、技术负责人和供方主管本项目领导的人员名单（包括资历）、联系方法等。若在项目实施过程中人员有变动，应事先通知需方。若上述人员在合同执行过程中有不尽职的行为发生，需方有权要求更换。

第五章 包装与运输

本合同生效后两个月内，供方需按附件八"通用规范书"中"包装储运规定"的要求，编制并向需方提交主要（重大）设备的包装设计方案，以达到设备防腐蚀（包括盐腐蚀）防雨、防震、防晒、防摔等要求。保证出口产品在长途海陆运输和多次起吊装卸中不致损坏。设备包装设计方案经责任部门签字盖章后，提交需方专业工程师审查备案。在设备发运前需方专业工程师有权对供方的出口产品包装设计和实物包装质量进行检查，发现与包装设计方案不符时，需方有权拒收货物。

具体操作详见附件八"通用规范书"中的"包装储运规定"。

第六章 履约保函

6.1 履约保函

6.1.1 作为供方忠实履行本合同的保证，供方应在本合同签字盖章后10日内自费出具无条件的、不可撤销的、见索即付的履约保函，递交给需方。保函应由需方认可的国内一流银行出具，金额为合同总价的_____％，保函格式见附件七。

上述履约保函将在质保期结束之日后 30 天内予以释放。当保函需要延期时，供方应根据需方要求无条件自费延展上述保函的有效期。若供方未能根据需方要求在保函到期前 15 天延长保函的期限，则需方有权兑现保函并改保函为现金存款，一直到业主签发最终完工证书时止。

6.1.2　供方无权向需方索取上述兑现保函后现金存款的利息。

6.1.3　上述保函为供方忠实履行合同的保证。如供方出现违约，需方有权没收保函，并以此作为对需方进行赔偿或补偿之用。

6.1.4　如供方未在合同规定的期限内开出履约保函，则构成违约，需方有权要求供方承担违约责任，违约金按合同总金额的_____％计算。同时需方有权要求供方立即履行其义务，并承担由此造成的直接损失。

第七章　技术服务和联络

7.1　供方应及时提供与本合同设备有关的工程设计、设备监造、检验、土建、安装、调试、验收、性能验收试验、运行、检修、质保期内等相应的技术指导、技术配合等全过程的服务。

7.2　供方应按正常情况派代表到现场进行技术服务（共计_____个人月），指导需方或业主人员按供方的技术资料进行安装、分部试运、调试、启动及商业运行。合同设备的关键部件（详见附件十二"设备安装监督项目表"）安装前，供方代表应首先向安装公司进行技术交底，随后监督安装，并作好记录。此外供方代表还需负责解决合同设备在安装调试、试运行及质保期内机组运行全过程中发现的制造质量及性能等有关问题。上述人员的技术服务费已包含在合同总价中，因此全部由供方自行负担。由于设备质量和性能引起服务人员数增加而产生的费用由供方自行负担。由于供方原因而引起的质保期内增加的维护、维修、指导的费用由供方承担。

7.3　供方应在合同生效后的 3 个月内，向需方提交执行 7.1 和 7.2 条款中规定的服务工作的组织计划一式两份。

7.4　供方派到现场的技术人员应是有资格、有实践经验、能胜任工作的专业技术人员。出国前三个月，供方应将出国人员的名单包括其职务、资历、技术背景等有关情况提供给需方审核、批准。出国服务的人月数和工作时间表由需方确认后，除非需方书面通知，供方应严格按计划执行。供方应对派出人员进行出国前教育，并对其在国外的工作和行为承担一切法律责任。若供方派遣人员无法胜任工作或有违规、违法行为，需方有权要求供方调换人员，由此发生的费用由供方承担。

7.5　供方派驻现场的代表和技术人员，必须根据需方的要求统一着装，身着印有需方公司司徽的工作服装，佩戴印有需方公司司徽的安全帽。

7.6　供方须对一切与本合同有关（包括分包与外购）的供货、设备及技术接口等负全部责任。凡与本合同设备相连接的其他设备装置，供方有提供接口和技术配合的义务，且并不由此而发生合同价格以外的任何费用。

7.7　供方根据上述 7.2 条规定提供的人月数为基础人月数，如在工程执行过程中因需方原因需增加服务人月数，产生的费用由需方承担。若因供方原因造成服务人月数的增加，由此产生的费用由供方承担。但无论如何，供方有义务根据工程进度要求及时派遣技术人员。如未遵守此项义务，供方无权要求任何补偿并应赔偿需方损失。

7.8　在合同签字后，供方应积极参加由需方组织的国内技术联络会，费用由供方自行承担。

7.9　供方有义务在必要时邀请需方参与供方的技术设计，并向需方解释技术设计。

7.10　如遇有重大问题需要双方立即研究协商时，任何一方均可建议召开会议，在一般情况下，另一方应同意参加。

7.11　各次会议及其他联络方式，双方均应签订会议或联络纪要，所签纪要双方均应执行。

7.12　供方提出的并经双方确定的安装、调试和运行技术服务方案，供方如有修改，须以书面形式通知需方，并经需方确认后方可进行。为适应现场条件的要求，需方有权提出变更或修改意见，并书面通知供方，供方应给予充分考虑，满足需方的要求。

7.13　技术服务和联络的具体要求见附件六。

第八章　质量见证与检验

8.1　需方将按照本合同附件十一中"设备监造（检验）和性能验收试验"对设备进行监造。此外在合同签字后＿＿＿日内，供方向需方提供本合同设备的设计、制造和检验用的标准目录。

8.2　需方有权在合同设备制造过程中随时派驻监造代表，监造合同设备的制造、组装、检验、试验和设备包装质量等情况及生产进度。同时，供方还必须接受、安排需方或其业主代表参加制造厂内的见证检验和性能试验。供方需提前两个月将见证检验和性能试验项目的日期书面通知需方，并提前一个月再次用传真形式正式通知需方见证检验和性能试验的日期和地点。对于见证检验和性能试验项目表中所列的 W、H 点（如有），供方须提前三个月将这些见证项目的计划执行日期书面通知需方，提前一个月再次用传真正式通知需方见证检验的日期和地点，并提前 10 天向需方确认需方来厂或业主来华的时间。对于需方或业主的现场见证、检查，供方应统一部署，计划、车间、质量部门应密切配合做好需方或业主的验收工作，除食宿外，免费提供一切所需的条件和方便使其履行其职责。供方应在设备准备包装前，按计划节点提前 60 天通知需方，需方将通知业主到厂检验、试验和验收。没有需方或其代表验收和颁发的设备发货放行证，任何设备不得发运。如需方未按时参加检验、试验和验收，则视同供方通过检验。

8.3　需方或业主代表在监造或见证中如发现设备和材料存在质量问题或不符合本合同规定的标准或包装要求时，需方或业主代表有权提出意见并暂不予签字，供方须尽快采取相应改进措施，以保证产品质量和工程进度。无论需方是否要求或是否知晓，供方均有责任及时向需方报告合同设备制造过程中出现的质量缺陷或问题，不得隐瞒。该缺陷或问题的处理方法需得到需方的批准，需方对该处理的批准并不解除或减轻供方对该设备质量以及交货迟延的责任。

8.4　若需方或业主收到参加制造厂内见证检验、性能试验的通知，但书面告知供方不派代表赴制造厂参加见证试验，供方可在需方或业主代表缺席的情况下自行进行试验并出具试验结果证明。试验结果有效，但是监造代表有权事后了解、查阅、复制、检查试验报告和结果（转为文件见证）。对于需现场见证的检验项目，如供方未及时通知需方监造代表而单独检验，需方将不承认该检验结果。

8.5 由供方供应的所有合同设备部件出厂时，应有制造厂签发的产品质量合格证。对附件十一规定的监造内容和性能验收试验内容，还应有全套需方监造代表签字认可的监造、检验和试验报告。如全部合格，则由需方监造代表签发"设备见证合格通知单"。

8.6 不论需方或业主代表是否参与监造和试验见证或者是否认可监造和试验报告，均不能被视为供方按本合同规定应承担的质量保证责任的解除，也不能免除或减轻供方对所供设备满足技术规范和有关适用标准应负的合同责任。

8.7 货物到达现场后，供方在接到需方通知后应及时委派工地代表到现场与需方一起根据运单和装箱单组织对货物进行开箱检验，检验货物的数量、规格、质量和箱内的技术文件，做好开箱记录，并由双方签字认可。若供方未能委派工地代表在通知指定的日期内到达现场，需方有权自行开箱检验，需方的检验结果和记录对双方同样有效。现场开箱记录作为需方向供方索取短缺件或提出修理或更换的最终的、有效依据。如开箱检验合格，则开具"设备开箱检验合格通知单"。

8.8 现场检验时，如发现设备或文件由于供方原因有任何损坏、缺陷、短少或不符合合同中规定的质量、数量标准和规范时，应做详细记录并由双方代表签字（供方代表没有到达现场按8.7条办理），各执一份，作为需方向供方提出修理和/或更换和/或索赔的依据，同时供方应按8.10条的规定及时修理、换货或补发短缺件，由此产生的制造、修理等相关费用均由供方负担。如果是因为运输的原因造成货物的丢失/损坏，则需运输保险代理机构出具证明，以便办理运输保险索赔，供方应予以必要的协助。如果供方委托需方修理损坏的设备，所有因修理设备而产生的费用由供方承担；如果供方未能及时或完全履行上述义务，需方有权直接采取其认为合适的措施加以解决，由此产生的费用将从应付供方的款项中扣除；如果由于非供方原因造成损坏或短缺，供方在接到需方通知后，应按需方要求，及时提供或替换相应的部件，但费用由需方负责。

8.9 如双方代表在现场的会同检验中对检验记录不能取得一致意见时，任何一方均可提请双方认可的产品质量检测机构进行检验。该机构出具的检验证书是具有法律效力的最终检验结果，对双方都有约束力，检验费用由责任方负担。

8.10 供方修理或换货的时间，以不影响工程建设进度为原则，且不迟于发现缺陷、损坏或短缺等之后一个月，对于关键部件重新供应的时间，由双为协商决定。

8.11 本章以上条款所述的各项检验是对合同设备的初步检验，尽管可能没发现问题或供方已按索赔要求对相关设备予以更换或修理，但均不能被视为供方按本合同及合同附件的规定应承担的质量保证责任的减轻或解除。

第九章 保　　险

9.1 供方将负责合同范围内的全部设备（材料、备件）到需方指定仓库的运输保险。对设备进行保险，只是为了使运输途中可能发生的损失得到弥补，并不能减轻供方应履行的合同义务。

9.2 如果设备在供方运输中丢失或损坏，供方应在需方可接受的时间内，完成对丢失/损坏设备的补充、修补或替换，并承担需方可能产生的相关损失。

第十章 商 品 检 验

10.1 对于列入国家出口商品检验目录的产品，供方在设备交货前必须向产地商检机构报验，对货物的质量、规格、性能、数量、包装、卫生等方面进行精确而全面的检验，并取得商检机构出具的检验预检单或换证凭单、出口商品运输包装性能检验合格单等证书，费用由供方自行负担。上述证书为需方向供方支付货款的必要条件之一，但不作为质量、规格、性能和数量/重量的符合总合同技术要求的最终依据。

10.2 供方应提供产品出厂进度安排，提前 90 天告知需方。

第十一章 保 证 与 索 赔

11.1 供方保证其供应的成套设备是全新的，技术水平是先进的，成熟的，质量优良的，设备的选型均符合安全可靠、经济运行和易于维护的要求，符合本合同及其附件的各项规定。供方保证所交付的技术资料和图纸清晰、完整统一且内容正确、准确，并能满足工程项目的设计、安装、调试、运行和维修的要求。

11.2 供方明确承认知道需方所订购的设备或部件的最终用户及该设备或部件运转地的自然条件，并对需方所提供的一切技术资料均进行了详细的研究。供方保证提供的设备或部件可在当地条件下正常运转。

11.3 本合同执行期间（包括质保期），如果供方提供的设备有缺陷或技术资料有错误，或者由于供方技术人员错误，造成工程返工、报废，供方应承担造成工期延误的责任并在尽可能短的时间内无偿修理或换货。如需换货，供方应承担到安装现场换货产生的国内外运输费用、保险费、进出口手续费、关税等一切费用。换货或修理期限应不迟于证实属供方责任之日起的 1 个月内，对于那些在 1 个月内不能修理或调换的货物，可经需方特殊允许另行规定期限。供方可委托需方在现场进行损坏设备的修理，所有费用由供方负担。如果供方未能及时提供上述服务或对其履约有疏忽，需方有权直接采取认为合适的措施（包括有权从国内、外其他制造厂家另行紧急采购或维修），由此产生的费用以及需方因此而遭受的实际损失将从应付供方的款项/保函或质保金中扣除。

11.4 供方应保证按合同规定的日期交货。当在供方工厂所做的有关试验不合格时，供方应保证所采取的修理、补救、重新试验等措施不影响整个合同交货进度。如果不是由于需方要求推迟交货而供方未按合同规定时间交货，则供方应向需方支付违约金。违约金为每周按迟交设备总价的_____％计算，不满一周按一周计算。如供方支付的违约金不足以抵偿因供方迟交货而给需方造成的实际损失，即造成总合同项下的工程延误时，供方还应向需方支付赔偿金以补偿需方因此而遭受的实际损失。供方支付迟交违约金及赔偿金，并不能解除供方按照合同履行交货义务。

11.5 由于需方未遵守供方所提供的技术资料、图纸、说明书及非供方原因造成的设备损坏，如需方要求，供方应先负责修理、更换，尽快提供修理的技术指导和/或所需更换的部件，对紧急部件，供方应安排最快的方式运输，因此发生的合理费用由需方根据书面凭证支付。

11.6 由于供方所提供的技术服务的严重延误、疏忽和/或错误，供方应承担违约金，违约金为每延误工期一周，供方须赔偿需方本合同总价的_____％，不满一周按一周计算。如供方支付的违约金不足以抵偿由此给需方造成的实际损失，即造成总合同项下的工程延误时，供方还应向需方支付赔偿金以补偿需方因此而遭受的实际损失。

11.7 供方应保证其所提供的合同设备从安装至全部质保期结束，各项技术性能指标均满足本合同的技术要求。需方对供方所提供设备质量进行最终检验并提出质量异议的期限为：

（1）在本合同规定的质保期内，需方有权随时对供方提供的设备提出质量异议。如在质保期内因供方设备修理或更换使整个机组停止运行，则供方所提供的合同设备的质保期将相应延长。

（2）在本合同规定的质保期内如需方对供方提供的合同设备提出质量异议，供方应立即无偿更换或修理。被更换或修理的设备质保期为更换或修理之日起12个月。如在上述时间内仍不能满足合同要求，需方有权选择要求供方赔偿损失或继续无偿更换或修理直至该设备符合合同规定。

（3）上述因需方提出质量异议而由供方无偿修理或更换的设备（部件）不动用两年备品备件。

11.8 在设备的调试、试运行、性能试验阶段，供方应保证按本合同规定的各项技术性能指标均能达到要求。如果由于供方原因，有一项或多项指标未能达到要求，供方应立即自费采取措施对此设备依照需方的要求进行改进和调整，使其达到要求。如果已经采取措施，该设备仍未达到保证值，需方有权向供方提出索赔，或直接从货款/保函或质保金中扣除适当金额作为赔偿。本合同项下的性能罚款指标规定如下：

对附件一中未规定具体性能考核的设备，供方也应保证质量。若因该设备质量问题，虽经两次修复仍未达到要求或导致相关设备性能考核不合格或由于该修复导致工程拖期的，则需方有权从保函/质保金或应付供方的任何款项中扣除相应金额。

11.9 所有与供方有关的标准、规范的认证、批准等皆由供方自行负责。供方应保证按合同规定提供技术文件，资料、装运单证、各类标准、检验记录表和安装监督项目表以及诸如产品质量证明书、人员名单等其他文件，如果供方提供文件不及时、有错漏或份数不足，应在接到需方通知后7天内补齐。若因供方原因未能按合同规定时间交付影响工程进度的技术文件、资料时，每迟交一周，需方将要求供方支付违约金_____万元/件，迟交时间的计算以第四章有关规定为准。

11.10 供方的赔偿金额不足以抵偿因供方原因造成业主对需方的罚款时，供方还应支付相应的金额予以补偿需方的损失。

第十二章 两年备品备件

12.1 合同执行期间包括质保期内，由于供方的原因造成的所供设备（或部件）的损坏或潜在缺陷，而挪用了需方/业主库存中的两年备品备件以调换损坏的设备和部件，则供方应负责免费在3个月内将挪用的备品备件补齐，运至现场并通知需方。

12.2 供方应保证合同设备在运行期间业主能采购到所需的备品备件。

12.3 两年备品备件必须单独包装，箱件编号由需方通知，发运时间见附件四：交货进度表。

12.4 供方应根据其所提供的合同设备各项性能指标及损耗要求，充分、有效地提供整个合同设备正常运行两年所需的备品备件。

12.5 供方推荐的两年备品备件清单及价格见附件二，并保证需方可在质保期后六年内按清单中所给价格采购备品备件。

第十三章 合同的变更、修改、暂停（中止）和终止

13.1 本合同一经生效，合同双方均不得擅自对本合同的内容（包括附件）作任何单方的修改，但需方有权根据总合同工程量的变化或工程实际进展情况或因为设计的较大修

改对合同内容提出变更、修改或补充。如果双方共同认为该项修改会对合同价格和交货进度有重大影响时，供方应在收到上述要求变更、修改或补充要求后的 14 个工作日内，提出影响合同价格和/或交货期的详细说明或凭证，并应充分考虑需方意见，与需方一起尽早完成合同变更、修改或补充并形成补充协议。补充协议经双方法定代表人或其授权代表签字后生效。

13.2　如果供方有违反或拒绝执行本合同规定的行为时，需方将用书面形式通知供方，供方在接到通知后 15 天内作出纠正，如果供方认为在 15 天内来不及纠正时，应提出书面纠正计划报需方确认。如果错误得不到纠正或供方不提供纠正计划，需方将保留暂停本合同的一部分或全部的权利。对于这种暂停，需方将不出具变更通知书，由此而发生的一切费用、损失和索赔将由供方负担。

13.3　根据 13.2 条款规定，需方行使暂停权利后，需方有权停付暂停部分的到期款项，并有权将在合同执行过程中预付给供方的暂停部分款项索回。

13.4　如因需方原因中途退货或终止合同且供方并无任何过错，供方接到通知后应立即停止生产，同时应尽量设法减少由此所产生的损失，并提供已经产生费用的相关证明文件，经需方审核后，由需方向供方赔偿。

13.5　因供方原因而不能交货，供方应向需方赔偿需方由此产生的直接经济损失。

13.6　如果供方破产或无偿还能力，或为了债权人的利益在破产管理下经营其业务，需方有权立即书面通知供方或破产清算管理人或合同继受人终止合同，或向该破产管理人、清算人或该合同继受人提供选择，按其提供的合理忠实履行合同的保证，执行经过同意的一部分合同。

13.7　若 13.6 中考虑的情况确实发生，或因供方违约等导致合同终止，供方应及时通知需方，需方有权从供方手中将与本合同设备有关的工作接管并收归己有，并在合理期限内从供方的现场房屋中迁出所有与本合同设备有关的设计、图纸、说明和材料，这些东西的所有权已属需方，供方应给需方提供全权处理并提供一切合理的方便，使其能搬走上述这类设计、图纸、说明和材料，需方对这种终止合同直接或间接引起的对供方的任何索赔不承担责任。

此外，双方应对供方已经实际履行的合同部分估价达成协议，并处理合同提前结束的一切后果。如因供方违约导致合同终止，需方有权没收供方保函且不承担进一步的付款义务。无论何原因终止，对已交付的设备，供方的原合同责任并没有免除。

第十四章　不可抗力

14.1　不可抗力是指合同生效后发生的合同双方当事人及工程项目业主无法控制的、并非合同方过失的、无法中止的、不能预防的事件，包括但不限于：严重的自然灾害和灾难（如台风、洪水、地震、火灾和爆炸等）、战争（不论是否宣战）、社会敌视行为、叛乱、破坏、暴动、核射线泄漏、核污染等等。供方人员的罢工不属不可抗力。

14.2　合同双方中的任何一方，由于不可抗力事件而影响合同义务的执行但已采取了合理有效的措施弥补不可抗力造成的影响时，将不得被视作违约或有过失。

14.3　受到不可抗力影响的一方应在不可抗力事故发生后，尽快将所发生的不可抗力事件的情况以传真或电报通知另一方，并在 [7] 天内用特快专递将当地公证机关出具的正式证明文件提交给另一方及业主审阅确认，受影响的一方同时应尽量设法缩小这种影响和由此而引起的延误，一旦不可抗力的影响消除后，应将此情况立即通知对方。

14.4 合同双方中的任何一方以及工程项目业主，由于不可抗力事件影响本合同义务的履行，则本合同的义务将根据总合同的有关规定予以调整，延迟履行合同义务的期限相当于不可抗力事件影响的时间，但是不能因为不可抗力的延迟而调整合同价格。

14.5 如不可抗力事件的影响持续到［180］天时，双方将通过协商决定是否继续履行合同。协商不成，需方有权终止合同并以书面形式通知供方，合同将自动予以终止。此时，双方应通过友好协商解决终止本合同而产生的遗留问题。若无法达成一致协议，应按合同第16章处理。

第十五章　专利权、版权及其他法律事宜

供方应保证不使需方或业主为执行总合同使用供方设备、机械、工艺、材料及软盘被认为是侵犯了第三者的专利权、设计、商标、名称、商业秘密或其他任何受法律保护的权利，而受到起诉或罚款。万一此类纠纷发生，无论是执行合同期间或合同到期后的任何时间，供方均应协助需方办理有关应诉等事宜，并承担由此给需方造成的经济损失（包括但不限于产生的索赔及诉讼等所有费用）。

需方必须严守任何关于供方在此合同下提供的所有技术秘密，为完成此项目有必要提供资料给其他方除外。

第十六章　合同争议的解决

16.1 本合同适用法律为中华人民共和国法律。

16.2 凡与本合同有关而引起的一切争议，双方应通过友好协商解决，如经协商仍不能达成协议时，任何一方有权向需方所在地有管辖权的人民法院起诉。

16.3 在进行审理期间，除提交审理的事项外，合同仍应继续履行。

第十七章　合同生效及其他事项

17.1 合同双方应各指定一名授权代表，负责直接处理涉及本合同的有关问题。

17.2 一切与合同标的有关的国内税费均由供方承担。

17.3 本合同项下双方相互提供的文件、资料，双方除为履行合同的目的外，均不得泄露给与"合同设备"工程无关的第三方。

17.4 如果本合同部分条款无效或应予修正，将结合该条款上下文作出安排，但不影响本合同其他条款的效力。

17.5 本合同生效条件在双方法人代表或授权代表签字并加盖合同专用章或在下列情况发生时生效：

☐ 需方收到供方履约保函时；

☐ 总合同生效并由需方通知供方时。

本合同有效期从合同生效之日起到合同所规定的全部义务履行完毕且所有款项结清之日止。但供方仍应按国家的有关规定，继续履行售后服务义务，并对最终完工书上提及的属供方范围内的质量遗留问题实行"三包"。

17.6 本合同一式4份，双方各执2份，具有同等效力。

17.7 如有未尽事宜，双方协商解决，达成的补充协议作为本合同不可分割的一部分，具有法律效力。

需方：中国××××有限公司　　　供方：

需方代表＿＿＿＿＿＿＿＿＿＿　　供方代表：＿＿＿＿＿＿＿＿＿＿

盖　章：　　　　　　　　　　　盖　章：

地　址：　　　　　　　　　　　地　址：

　　　　　　　　　　　　　　　开户银行：

　　　　　　　　　　　　　　　账　号：

电　话：　　　　　　　　　　　电　话：

传　真：　　　　　　　　　　　传　真：

邮政编码：　　　　　　　　　　邮政编码：

4.2.5　设备监造委托合同

【基本概念】

1. 定义

设备监造是指承担设备监造工作的单位（以下简称监造单位）受项目法人或建设单位（以下简称委托人）的委托，按照设备供货合同的要求，坚持客观，公正、诚信科学的原则，对工程项目所需设备在制造和生产过程中的工艺流程、制造质量及设备制造单位的质量体系进行监督，并对委托人负责的服务。

设备的制造质量由与委托人签订供货合同的设备制造单位（以下简称制造单位）全面负责在设备监造并不减轻制造单位的质量责任，不代替委托人对设备的最终质量验收。监造单位应对被监造设备的制造质量承担监造责任，具体责任应在监造服务合同中予以明确。

设备监造的前提是监造方对制造厂的高度控制能力，而完善的监造体系包括完善的管理程序及监督导则、高效的监造管理信息平台以及经验丰富的监造队伍则是成功设备监造的保障。

设备监造委托合同是承包商或业主委托监造单位，对工程项目所需设备在制造和生产过程中的工艺流程、制造质量及设备制造单位的质量体系进行监督、检查、验收等，并对委托人负责的契约，属于技术服务性的合同文件。

2. 设备监造的作用

设备监造单位依据与委托人签订的设备监造委托合同和设备订货合同对设备制造的过程进行的监督、检查、验收。这是委托人利用第三方高智能的专业技术人才，对设备制造质量实行全过程的监控，不断促进制造商加强内部管理，提高产品质量意识，以确保制造出的设备符合设计要求，满足承包商或业主的需求。一般来说，由于受各方面因素的制约，承包商或业主只能对订购的设备，尤其是较为复杂的大型设备进行出厂检查与验收，具体的制造过程根本无法掌握，所以就要委托第三方来完成对设备的监造工作。通过监造方派出具有较高专业技术水平的人员，对设计的合理性、选材的正确性、工艺方案的可行性、制造过程执行工艺的准确性、检验工作的真实性等进行全面的过程监督检查，这样就可以有效地保证产品的质量。

3. 监造工作的实施与管理

（1）签订监造合同

　　监造方应与委托方签订设备制造阶段的监造委托合同，而且应成立由总监造（或监理）工程师和专业工程师组成的项目监造（或监理）机构，并进驻设备制造现场。监造方必须尽最大努力在设备制造过程中提供高水平的专业技术服务，注重过程质量，实施制造过程的控制，确保设备按照设计要求生产。

　　（2）监造前准备

　　项目监造（或监理）机构进驻设备制造现场后，在设备制造开始前应做好以下准备：

　　①熟悉设备制造图纸及有关技术说明和标准，掌握设计意图和各项设备制造的工艺规程以及设备采购订货合同中的各项规定，并应组织或参加建设单位组织的设备制造图纸的设计交底。

　　②编制设备监造大纲。

　　③审查与设备制造有关的各种资料。包括设备制造生产计划和工艺方案；拟采用的新技术、新材料、新工艺的鉴定书和试验报告；设备制造的检验计划和检验要求，确认各阶段的检验时间、内容、方法、标准以及检测手段、检测设备和仪器；主要及关键零件的生产工艺设备、操作规程和相关生产人员的上岗资格，并对设备制造和装配场所的环境进行检查；设备制造的原材料、外购配套件、元器件、标准件以及坯料的质量证明文件及检验报告，检查设备制造单位对外购器件、外协加工件和材料的质量验收。

　　（3）对设备制造、装配过程的监控

　　项目监造（或监理）机构根据不同类型设备和制造的不同阶段，选派本行业具有一定知名度、高素质的专业技术人员或专家进行全过程监控。对主要及关键零部件的制造工序应进行抽检或检验。对制造工艺及工艺执行情况严格把关，组织专家会同制造厂家的技术员共同协商解决工艺中存在的问题，制定更合理可行、更具可操作性和指导性的工艺方案，以工艺制度约束工人操作，从而保证设备制造的过程质量。

　　要求设备制造单位按批准的检验计划和检验要求进行设备制造过程的检验工作，做好检验记录，并对检验结果进行审核，及时指出存在的内在质量问题和隐患。如果认为不符合质量要求，指令厂方按标准进行整改、返修或返工，以达到设计要求。

　　在设备的装配过程中，项目监造（或监理）机构要对整个过程进行检查和监督，参加设备制造过程中的调试、整机性能检测和验证，符合要求后予以签认。如果在设备制造过程中需要对设备的原设计进行变更，则要审核设计变更，并审查变更引起的费用增减和制造工期的变化。

　　（4）设备的验收

　　在设备运往现场前，项目监造（或监理）机构还要指定专人检查设备制造单位对待运设备采取的防护和包装措施，并检查是否符合运输、装卸、储存、安装的要求，以及相关的随机文件、装箱单和附件是否齐全。设备运到现场后，按合同规定做好与安装单位的交接工作，开箱清点、检查、验收、移交。验收小组要对设备按照设备的出厂质量验收标准和规范进行认真的验收，并签署出厂验收报告。报告内容包括验收依据、验收内容、验收实际情况、出现的问题及处理意见、验收结论及建议等。

　　（5）定期报告设备制造情况

　　监造方要定期书面报告制造过程情况，使承包商或业主能及时了解设备在制造过程中存在的问题、解决办法、处理结果，了解设备制造进度，利于工作安排。

（6）编写设备监造工作总结

在设备监造工作结束后，监造单位要根据监造过程的实际情况写出设备监造工作总结，实事求是地对监造中发现的问题作出全面回顾，对设备质量及性能作出公正评价，让用承包商或业主在使用设备时心中有数。

设备监造除了做好设备制造企业的进度、造价、材料、制造质量控制之外，还应对设备质量保修期、项目暂停、复工，项目变更，费用索赔，项目延期、延误，合同争议，合同解除等项目履行监理的职责。

监理、监造体系在我国刚刚开始，市场尚不够成熟，监理公司的人员结构也不尽理想，因此企业在选择监理、监造公司时，重点要考察该公司的资质、人才状况，监理与监造的经验等项目，以保障设备监理、监造的质量。

【内容与格式】

设备监造服务合同与监理委托合同的格式基本相同，其主要内容包括：监造项目及监造范围、监造的依据及标准、监造的方式、监造的责任和义务、违约责任、争议的解决、合同金额及付款方式、合同的修改和不可抗力等。

【文案范例】

设备监造委托合同

合同编号：

甲方：中国××有限公司

地址：＿＿＿＿＿＿＿＿＿＿＿＿＿＿＿＿＿＿＿＿＿＿＿＿＿＿

乙方：＿＿＿＿＿＿＿＿＿＿＿＿＿＿＿＿＿＿＿＿＿＿＿＿＿＿

地址：＿＿＿＿＿＿＿＿＿＿＿＿＿＿＿＿＿＿＿＿＿＿＿＿＿＿

根据甲方与＿＿＿＿＿于＿＿＿＿年＿＿＿月＿＿＿日与＊＊＊国家＊＊＊公司（简称业主）签订了《＿＿＿＿＿＿合同》（以下简称"主合同"），为使该主合同项下的＿＿＿＿＿＿工程所需＿＿＿＿＿＿设备能够优质、高效按照主合同、甲方与＿＿＿＿＿＿（以下简称制造厂）签订的《××××工程项目采购合同》（以下简称"采购合同"）规定的各项要求（包括质量、进度、试验、包装、运输、交货等各个环节）如期完成，甲方经与乙方友好协商，就乙方向甲方提供×××××设备监造专业技术服务事项，达成本合同如下：

1. 设备监造技术服务范围和内容

a) ＿＿＿＿＿＿＿

b) ＿＿＿＿＿＿＿

c) ＿＿＿＿＿＿＿

2. 执行依据及标准

设备监造技术服务执行过程中应遵行的依据、标准及优先解释顺序如下：

2.1 ＿＿＿＿＿＿＿

2.2 ＿＿＿＿＿＿＿

3. 设备监造质量要求

3.1 乙方应依据总合同和《采购合同》的规定，对×××××设备的制造进行全过程监督检查。

3.2 乙方应按照总合同和采购合同的质量控制要求，监督制造厂实施有效的质量控制。

3.3 乙方应确保每一阶段、每一部位和每一工序的设备质量，都符合总合同和采购合同技术规范的规定和甲方的要求。

3.4 乙方应负责组织对总合同和采购合同中约定的试验验收和部件的质量验收工作。

4. 设备监造服务时间

自本合同签订日起至全部设备港口发运完成。

5. 乙方的义务：

5.1 进度目标

根据主合同和采购合同中进度表的规定，乙方应监督设计、进料、投料、制造、验收和发运的各环节是否符合进度计划以及厂家供图进度是否满足设计需要，并就产生的问题提出技术建议。乙方应建立有效的保障措施以确保制造、交货进度达到总合同和采购合同的要求，并要求制造厂消除实际进度与计划的偏差。

5.2 控制方式

为达到以上质量及进度目标，乙方应对以下具体环节进行监督：

5.2.1 在制造厂投料前核对材料及其清单。

5.2.2 按以下方式，对制造过程进行检查和检验。

5.2.2.1 巡检：乙方监造人员要深入各车间，了解并监督加工人员执行工艺规程情况、工序质量状况、各种程序文件的贯彻情况、零部件的加工安装调试质量、不合格品的处置以及油漆、标识、发运等情况。

5.2.2.2 监检：乙方监造人员要随同制造厂检验、试验、探伤等人员，对工件及原材料的质量进行检验及试验，以便及时发现其中的问题，同时对检验与试验工作进行监督，并对合格产品进行见证。

5.2.2.3 抽检：乙方监造人员对制造厂提供的产品，按有关标准独立进行抽检，经抽检合格出具监造证明书。

5.2.3 参加制造厂有关被监造产品的各种计划会、协调会、座谈会。

5.2.3.1 了解产品质量、设计、生产进度以及有关问题的协调及处置情况，以便全面掌握该产品的加工情况，确定监造工作的重点环节。

5.2.3.2 及时向厂家负责领导反映制造过程中出现的各种问题，对于重大问题要组织厂家专门开会协调。

5.2.4 对于各项检验、验收环节要严格把关。

5.2.4.1 督促厂家按主合同规定提供各项检验报告格式，检查检验报告内容是否符合主合同、采购合同和监造标准要求。

5.2.4.2 按主合同、采购合同规定的各见证项目，进行部套试验、联动试验、总装和出厂验收等，并严格按合同和监造标准进行校核。

5.2.4.3 代表甲方履行见证手续。在设备关键监造点进行现场见证工作前，乙方提前以书面形式，通知甲方派人参加。如甲方人员不能按时到达，则在取得甲方同意后见证工作按期进行。

5.2.4.4 设备检验、试验或验收合格后，乙方人员应在见证记录单上签字。

5.2.5 进度报告评审

乙方对于制造厂按主合同、采购合同提交的月进度报告，要进行仔细的评审，并提出其中存在的问题及其解决办法。

5.3 技术联络

5.3.1 乙方要督促制造厂按时召开设计联络会，并负责监督检查设计联络会准备情况。

5.3.2 参加每次设计联络会、协调会，并负责督促各方落实会议中安排的工作。

5.3.3 审查制造厂的制造图纸，协调供图进度，确保图纸的准确、详尽和及时，并能达到设计单位的要求。

5.3.4 督促设计单位按主合同中规定的供图时间提供设计图纸。

5.3.5 及时将业主方面提出的技术要求转化给设计单位和制造厂。

5.3.6 落实主合同设备的设计修改和制造改进情况。

5.3.7 检验并校核制造厂最终完工资料（包括但不限于制造厂应提供的运行、维护、保养手册等技术文件）。

5.4 包装和运输监督

5.4.1 乙方负责督促制造厂按主合同规定的格式、份数提供合格的发运单据，并负责核对检查。

5.4.2 在制造厂发运前，乙方负责监督制造厂对设备应进行的防护、维护、入库保管和包装工作。

5.4.3 对于出厂设备，协助甲方进行清点，检查包装情况。

5.4.4 监督货物在港口的交接过程以及装船过程并核对唛头。

5.4.5 核对制造厂增值税发票等相关的付款及运输单据。

5.5 乙方监造人员

为实施本合同项下设备监造技术服务工作，乙方需委派有资质并经甲方认可的人员，同时，乙方须履行以下义务：

5.5.1 指定_____名执行经理负责本合同的执行。

5.5.2 在各制造厂委派不少于_____名专业工程师，驻制造厂进行设备监造工作。

5.5.3 除合同中规定的由制造厂为监造人员提供的便利条件和免费提供相应的检查、测量设备外，其余监造、检查所需条件、设备均由乙方自行解决。

5.5.4 合同执行期间，乙方人员均以甲方名义工作并应全力保障甲方权益。乙方需在传真、标注及其他与协议有关的文件资料中体现甲方名称时，应以"中国××有限公司"的名称对外。

5.6 汇报监造情况并提供相关资料

5.6.1 乙方应建立"设备监造日记"，详细记录监造情况。"设备监造日记"应装订成册，并在本合同执行完成后汇编提交甲方。

5.6.2 乙方应于每月25日前，向甲方项目部提交"监造月报"，通报本合同执行中的质量和进度情况。

5.6.3 如设计、产品材质违反合同规定或出现工艺失误等重大问题、突发事件，乙方应在 24 小时内向甲方项目部报告，甲方对情况的知晓并不免除乙方应承担的合同义务。

5.6.4 监造工作结束后，乙方应将下列资料整理、归类，并及时向甲方提交原件及复印件各一份：

- 监造设备的设计联络会会议纪要；
- 监造大纲及监造专题报告；
- 监造通知单和产品（部件）质量见证表、产品监造证书；
- 制造厂处理产品质量问题的书面意见及有关会议纪要；
- 设备出厂检测资料及验收会议纪要；
- 监造工作总结报告及需存档的文件；
- 提供所有与监造有关的资料、图片的光盘。

5.7 对于合同执行期间出现的各种问题，乙方应积极提出解决方案。在设备制造过程中如发现质量和进度问题或其他需要协调的问题时，乙方应立即以"设备监造过程工程联系单"的形式与制造厂有关方面联系，并督促制造厂提出整改方案，监督制造厂予以解决。

5.8 对制造厂付款提出意见

在各合同执行期间，乙方应根据采购合同的具体规定，审查制造厂提出的付款要求是否符合合同条件并提出是否付款的意见。

5.9 保密义务

5.9.1 乙方确认并保证在执行本合同期间及以后_____年内，乙方及其有关人员将对甲方提供给乙方的为执行本合同的一切文件、材料给予保密，上述文件、材料不得扩散给与执行本合同无关的人员，且未经甲方许可不得复印、复制，本合同执行完毕后，应将甲方提供的文件、材料全部退还甲方。如果由于乙方或乙方人员的原因，导致甲方文件、材料外泄并给甲方造成损失的，甲方有权追究乙方的责任，乙方应赔偿甲方所遭受的经济损失。

5.9.2 乙方对制造厂及甲方的文件、图纸等资料，应妥善保管，及时归还。乙方对制造厂的技术秘密和商业秘密负有保密责任。监造人员应严格遵守制造厂的有关规定及劳动纪律。

6. 甲方义务

6.1 甲方应将乙方派遣的执行经理和监造人员以书面形式通知制造厂，并保证乙方人员能够行使其权利。

6.2 甲方应向乙方提供执行项目所需的各种资料（包括合同等），要求制造厂能够按合同的规定为乙方执行本合同提供必要的条件和设施。

6.3 甲方按照本合同的规定按时向乙方支付款项。

7. 监造服务费用

7.1 根据本合同，甲方向乙方支付设备监造技术服务费为_____元人民币（大写：_____）。

7.2 甲方按以下支付条件付款：

7.2.1 合同金额_____%，在本合同生效后_____日内支付。

7.2.2 合同金额_____%，在进度过半时支付。

7.2.3 合同金额_____%，在本合同第一批货物交到港口时支付。

7.2.4 合同金额_____%，全部货物交货完成后15日内支付。

7.3 每次付款前_____日，乙方应向甲方开具正规服务费发票，甲方在收到乙方开具的合格的服务费发票后_____个工作日内向乙方支付相应的服务费。

8. 责任划分

8.1 乙方的监造工作不代替制造厂自行检验的责任，也不代替甲方对合同设备的最终检验，设备的质量和性能始终由制造厂全面负责。

8.2 由于乙方人员监造失误或隐瞒设备生产过程中的重大质量问题或进度迟延问题或有其他违反本合同义务的行为，从而造成设备性能、交货日期不符合合同要求，乙方应承担违约责任，并赔偿甲方所遭受的损失。

9. 争议的解决

本合同执行过程中如发生任何争议，双方应友好协商解决。不能友好协商解决的，任何一方均可向甲方所在地的人民法院提起诉讼。

10. 其他

10.1 本合同文件包括主合同，采购合同，上述合同的补充和修改以及甲乙双方达成的补充文件（包括双方达成的与工程有关的一切书面同意、确认、备忘录、签字的会议纪要等）。如发生冲突，应以后签署的文件为准。

10.2 未经甲方事先书面同意，乙方不得将本合同中的任何权利、利益、责任或义务分割、分包、转让给第三方，并且乙方应对其雇员的故意、过失、疏忽或其他任何违反本协议的行为承担全部责任。

10.3 本合同中任何一方发出的通知、同意、批准或决定，均指书面的通知、同意、批准或决定，并应送达对方。若通知要求答复的，任何一方应在收到对方文件_____天内予以书面答复，不得拖延或延误。如在上述规定时间内未予答复，视同对上述书面文件的认可。除非书面通知或其他文件中另有约定。

10.4 本合同一式_____份，甲乙双方各持_____份。

10.5 本合同经双方法定代表人或授权代表签字、加盖公章后生效。

甲　　方（盖章）：中国××有限公司

法定代表人（授权代表）：

乙　　方（盖章）：

法定代表人（授权代表）

年　月　日于北京

4.2.6 租赁合同

【基本概念】

1. 定义

"租赁"是指由物品所有者（出租方）按照租赁合同的规定，在一定期限内将物品出租给使用者（承租方）使用，承租方按期向出租方交纳一定的租金。在此交易中，出租方将物品的使用权出租给承租方，物品的所有权仍归出租方。

租赁合同是指出租人将租赁物交付给承租人使用、收益，承租人支付租金的合同。在当事人中，提供物的使用或收益权的一方为出租人；对租赁物有使用或收益权的一方为承租人。租赁物须为法律允许流通的动产和不动产。租赁合同包括房产租赁合同、融资租赁合同、租赁合同范本、房屋租赁合同、汽车或施工设备租赁合同、厂房租赁合同、土地租赁合同、商铺租赁合同等。

2. 租赁的类型

根据租赁贸易的特点，可划分为传统租赁和现代租赁。传统租赁是指出租方将自己已有财产出租给承租方。现代租赁则是以融物为其形式，以融资为其特征。现代租赁的当事人可能涉及出租方、承租方、供货方或设备的生产厂商，甚至涉及金融机构：

现代租赁的方式有融资租赁、经营性租赁、衡平租赁以及其他方式的租赁。其中：

融资租赁是由承租方自行向制造厂商或其他供货方选定需要的设备，确定其品种、规格、型号、交货条件等，然后由租赁公司再与承租方签订租赁协议后，向该制造厂商或其他供货方按已商洽好的条件，订购上述设备，购买费用由租赁公司自行融资解决。

经营性租赁或称服务性租赁，适用于一些需要专门技术保养或技术更新较快的设备。所有维修保养和管理等工作，都由租赁公司负责，承租方可提前一定的时间向出租方发出通知，中途解约。这种租赁方式，出租方不仅要承担设备陈旧过时的风险，而且要承担租约期满，承租方不愿继续租用或承购设备，或中途解约的风险，故其租金要比融资租赁高。

衡平租赁又称杠杆租赁，是租赁公司在投资购买租赁设备时，可享有衡平权利益。即租赁公司在购买价格昂贵的设备时，只需自筹该项设备所需资金的一部分，通常为20%~40%，其余60%~80%的资金则通过将该设备作为抵押品向金融机构贷款，然后将购进的设备租给承租方，并将收取租金的权利转让给贷款的金融机构，但该设备的所有权仍归租赁公司。这种租赁方式主要适用于价值大的租赁物件。

3. 租赁合同的类型

由于在国际工程承包中，承包商主要是租赁施工机械与周转性器具，而此种租赁主要属于传统租赁和融资租赁。为此本章节主要介绍传统租赁合同和融资租赁合同。其中：

传统租赁合同也称传统财产租赁合同，财产租赁合同是出租方将财产交付承租方使用，承租方给付一定的租金，并于租赁关系终止后将承租的财产返还给出租方的协议。

融资租赁合同是指出租方根据承租方对租赁物件所特定要求和选择的供货方及租赁委托，出资向供货方购买租赁物件并租给承租方使用。承租方支付租金，并可在租赁期届满时，在支付租赁物件的名义货价后取得租赁物所有权，或签订续租，或退租的协议。

融资租赁与传统租赁的区别是：

（1）交易的当事人：传统租赁的当事人只有出租方与承租方，而融资租赁的当事人则涉及出租方、承租方和供货方三方。

（2）租赁物的选择：传统租赁是出租方向承租方租赁自己已有的租赁物，承租方对租赁物几乎没有选择权，融资租赁则是出租方根据承租方提供的租赁设备清单和选定的供货方购买租赁设备，供货方将设备运到承租方指定的供货地点，并由承租方验收和出具验收合格证书，出租方根据承租方的验收合格证书向供货方支付设备款，因此租赁物的选择权在承租方。

（3）租赁期满后租赁物的处理：传统租赁在租赁期满后，租赁物一般归还出租方，如需要则可续租；融资租赁在租赁期满后，承租方可选择退还、续租和留购。

（4）传统租赁只涉及租赁合同，而融资租赁则涉及租赁合同、购买合同等。

4. 租赁合同的签订

租赁合同是在双方本着互利互惠原则，并在充分协商合同内容，达成一致意见，履行书面手续后，才能成立。租赁合同的签订必须遵守有关的法律法规。为避免和减少合同纠纷，合同当事人在签约前应注意：

（1）审查对方当事人的主体资格

租赁业务的当事人一般具有法人资格，但有时也可以是自然人。关于出租方和承租方的资格，已公布的法律尚无特别限定，故在签订租赁合同时，双方对此应给予考虑。

（2）审查对方当事人的履约能力和资信情况

承租方应善于利用租赁市场竞争激烈的特点，把握住时机，针对需租用的设备，认真选择经营对 1：3 而条件又比较优越的租赁公司。

由于出租方要承担承租方在丧失支付租金的能力时无法收回资金的风险，因而承租方的资信好坏至关重要。如果承租方资信状况良好，有一定的实力，则其对市场的应变能力强，对履行租赁合同就比较有保证。反之则需慎重。

（3）租赁物件的选择

在融资租赁合同中，承租方必须对租赁物件的技术性能和是否符合自己的需求负全部责任。因此，承租方必须对准备租用设备的设计、结构、性能、使用寿命、价格和交货日期等进行详细了解，作出慎重选择。在必要时，可请有关专业咨询机构帮助选择订货。

（4）租赁物件的交货期须与承租方的生产准备工作相衔接

承租方在签订租赁合同时，应妥善安排租赁物件的交货期，使其与企业的其他配套设施和各项准备工作相衔接。

【内容与格式】

一、传统租赁合同

传统租赁合同的主要内容与格式如下所示。在签订租赁合同时，需要根据租赁财产的特点，对条款的内容进行适当取舍和修改。

1. 合同开始部分

双方当事人的名称，合同编号，签订地点，签订时间。并说明签订该租赁合同所依据的法律。例如："根据××法律，为明确出租方与承租方的权利方协商一致签订本合同。"

2. 租赁财产

租赁财产及附件的名称、数量、质量与用途。当事人在签订财产租赁合同时，应详细、具体地写出租赁要时注明租赁财产的牌号、商标、品种、型号、等级等，以免因租赁的不具体而使双方发生误解。

在对租赁合同中租赁财产的数量和质量作出规定时，应注意：

（1）应精确规定租赁财产的数量和计量单位。

（2）对租赁财产的质量标准也必须规定清楚，这是确保承租方得物的关键。如果租赁的标的物是机械设备，在以下几种情况下不得出租：

1）起重机械经过鉴定已经报废；

2）机械设备有缺陷；

3）没有生产许可证的设备；

4）已淘汰设备；

5）专用设备无操作人员。

另外，在租赁合同期限较长时，要规定租赁财产因自然原因或正常使用造成的合理磨损和消耗标准，作为区分双方责任的主要依据。

租赁合同中还应写明租赁财产的用途，目的是为了保证承租方能够按照承租财产的性能正确、合理、合法地加以使用，避免由于使用不当使财产受到损失。

3. 租赁期限

租赁期限，租赁期限的起算日期，延长租赁期限。合同中应规定租赁期限，它标志着出租方和承租方的权利与义务产生、存在和结束的时间，双方必须按这一期限履行合同义务。

有意延长租赁期限的一方，应在租赁期满前合同规定的时间内，向对方发出延长期限的意向通知。在双方达成一致意见后，应重新签订合同。

4. 租金

租金标准，租金的交纳期限，租金支付方式和支付时间。租金是指承租方使用租赁财产而向出租方交纳的使用费和报酬，是租赁合同的重要条款。在合同中应明确规定租金的数额和支付方法。在订立租金条款时应注意：

（1）租金的标准：双方当事人应本着平等互利、等价有偿的原则，协商确定租金标准。构成租金的费用包括：租赁财产的维修费、折旧费、投资的法定利息、需缴纳的税费、必要的管理费、保险费和合理的利润等。

（2）租金的支付及结算方式：租金通常以货币支付，但双方也可在合同中约定以其他物件进行支付。在以货币支付时，应在合同中对租金的结算方式、结算银行、银行账号等作出规定。

（3）租金的支付时间：应明确规定租金支付的具体时间、支付的期限、每次支付的数额。如需预付租金也应在合同中写明。

5. 各当事人的权利义务

合同要规定双方应享受的权利和应履行的合同义务。

出租方的一般权利义务：

（1）有权按合同的有关规定，收取租金；

（2）按时将合格的租赁财产交承租方使用；

（3）维修租赁财产，保证租赁财产在租赁期内能够正常使用；

（4）租赁期满后，按合同规定时间返还承租方提供的押金或其他担保；

（5）在承租方未经同意已将租赁财产进行了任何改装时，出租方有权要求恢复原状；不能恢复原状时，有权要求承租方赔偿由此改装造成的损失。

承租方的一般权利义务：

（1）按合同规定交付租金；

（2）按合同规定，正当使用租赁财产；

（3）不得随意将租赁财产转让给任何第三者，确需进行转租时，须征得出租方的同意；

（4）合同期满或终止时，返还出租方原租赁财产；

（5）未经出租方同意，承租方不得将租赁财产进行任何改装。

6. 维修保养

租赁期间租赁财产的保管责任，维修保养责任，维修费用等。

租赁期间，承租方应对租赁财产妥善保管，租赁财产退还时，双方要进行检查验收。

除合同另有规定外，租赁财产的必要修理均应由出租方负责，这是因为租赁合同本身要求出租方应承担确保租赁财产符合使用标准的义务，因此在正常使用情况下，发生零件、附件的合理磨损致使租赁财产不能正常使用时，出租方应及时更换和维修。如出租方不及时履行维修义务，承租方可代为修理。代为修理的费用应从租金中扣除，当扣除租金不足以抵消修理费时，出租方应补偿给承租方差额部分。

双方对租赁财产应协商确定。一般应包括如下内容：

（1）正常使用下，对租赁财产的维修保养责任和费用；

（2）由于非正常使用造成租赁财产发生损坏、缺少时的维修责任和赔偿计算方法；

（3）区分正常使用和非正常使用租赁财产的标准；

（4）返还租赁财产的验收标准等。

7. 押金

押金的具体数额、用途、退还，出租方扣除押金的规定。押金是为了保证承租方严格履行租赁合同，由出租方向承租方收取的经双方商定的一定数额的保证金。双方也可协商确定其他的担保方式。

租赁期间不得以押金抵作租金。租赁期满，扣除应付租赁财产缺损赔偿金后，押金余额退还承租方。

合同中应写明租赁财产缺损赔偿金的计算方法。

8. 变更

出租方与承租方的变更，租赁合同内容的变更。在租赁期间，出租方如将租赁财产所有权转移给任何第三方，不必征求承租方的同意，但应正式通知承租方所有权的转移情况。在所有权转移后，租赁物新的所有权方即成为本合同的当然出租方，享有原出租方享有的权利，同时也应承担原出租方的各项义务。

在租赁期间，承租方不得将租赁财产转让、转租给任何第三方使用，也不可变卖或作为抵押品。如果承租方为了工作便利等原因需要将租赁财产转租时，应事先征得出租方的同意，并且不得利用转租进行违法活动。

租赁合同内容的任何变更，必须经过双方协商并达成一致意见后，以签订补充协议的方式进行合同内容的增加、修改或删减。

9. 违约

明确规定双方的违约责任；一方违约时，另一方应享有的权利；违约金的计算方法；

违约赔偿的限额。

一般违约责任如下：

（1）出租方违约责任

1）未按时间提供租赁财产；

2）未按质量提供租赁财产；

3）未按数量提供租赁财产；

4）未按合同规定委派合格的技术人员提供技术服务，未能保证租赁财产的正常使用。

在上述任一情况下，则视为出租方违约。在承租方违约时，致使承租方不能如期正常使用或在租赁期内不能正常使用租赁财产，出租方应向承租方支付一定数额的违约金。如果合同规定的违约金不足以补偿承租方由此产生的经济损失时，出租方应另外向承租方支付差额部分的赔偿金。

（2）承租方违约责任

1）不按时交纳租金；

2）逾期不归还租赁财产；

3）将租赁财产转让、转租或将租赁财产变卖、抵押；

4）其他违反合同的行为。如使用财产不当，或擅自拆改租赁财产等。

在上述情况下，则视承租方违约。在承租方违约时，出租方有权解除合同，限期按质按量收回租赁财产，并且承租方应向出租方支付一定数额的违约赔偿金。

在不按时交纳租金时。出租方有权追索欠款，并获得相应的利息补偿，同时还享有合同规定的其他权利。

10. 争议的解决

争议解决的程序、方式。在双方利益发生冲突时，必然产生争议。应在合同中明确规定争议的解决方式，包括争议解决的程序、地点，争议处理过程中采用的语言等。

友好解决是处理争议的最佳方式，但这种方法不是万能的，故应规定友好解决的期限。在规定期限内不能友好解决时，可采用合同规定的解决争议的其他方式。

11. 其他

适用法律、语言以及双方商定的其他约定事项。适用的法律，编写合同的语言，合同的生效以及合同正、副本份数和备案等。

本合同未尽事宜，应经双方共同协商，作出补充规定。

双方当事人签字、盖章。

二、融资租赁合同

融资租赁分为国内融资租赁和国际融资租赁。国内融资租赁是指租赁关系的当事人、标的物和权利义务的发生均在一国境内的租赁。国际融资租赁从广义上说是指租赁关系的当事人、标的物和权利义务的发生，这几项因素中至少有一项是分属不同国家的租赁；狭义上仅指出租方与承租方分属不同国家的租赁。

融资租赁合同的主要内容与格式如下：

1. 合同开始部分

合同号码，签订日期、地点。

出租方：名称、国别、办公地点（包括电话、传真号码）。

承租方：名称、国别、办公地点（包括电话、传真号码）。

双方经协商一致，自愿就以下条款签订本融资租赁合同，合同一经签订，在法律上对双方均具有约束力，任何一方无权单方面解约。

2. 租赁物件

租赁物件的名称、规格、型号、技术要求、数量及其使用地点，租赁物件的购买、交货和验收。

租赁物件是指由承租方选定的以租用、留购为目的，出租方融资向承租方选定的供货方购买的技术设备。

承租方必须向出租方提供必要的各种文件和担保函。

出租方和承租方共同参加有关的订货谈判，并与供货方（或生产厂商）共同商定租赁物件的价格、交货期、交货方、交货地点、支付方式等商务条款，承租方与供货方（或生产厂商）商定租赁物件的名称、规格、型号、数量、质量、技术标准、技术服务及设备品质保证等技术条款。出租方主签购买合同，承租方则副签。

如果供货方（或生产厂商）或出租方不能如期交付租赁物件，需规定拖期供货责任，以及何种情况下不承担责任。

出租方融资购买租赁物件，并办理进口许可证及进行有关支付。

应明确规定租赁物件在运抵安装和使用地点后，承租方根据购买合同的规定对租赁物件进行商检的具体开始时间和结束时间，并规定将商检结果在规定的时间内书面通知出租方。如果承租方不能在规定的期限内验收完毕，则将被视为租赁物件已按合同规定完整地由承租方验收完毕。

供货方（或生产厂商）延迟交货，提交的租赁物件与购买合同不符或在合同保证期内发生质量问题，则可在合同中规定：出租方在接到承租方附有公证机构证明的书面通知后，有责任协助承租方按购买合同的规定向供货方进行交涉或提出索赔等事宜。

3. 合同期限

合同期限，合同期限的起算日期，还租期限。

合同期限，指从合同生效之日至出租方收到承租方所有应付的租金和应付的其他一切款项后出具租赁物件所有权转移证明书之日。

合同中应明确规定租赁期限，一般按年计算。租赁期限是对租赁项目进行评价时主要考虑的因素之一。租赁期限一般为租赁物件使用年限的 75％，一般不少于 5 年。

租赁期限一般以租赁物件的收据交付之日为起算日。

还租期限，指从还租期限起算日（货到目的港日或其他商定的日期），至最后一期租金应付日止。双方可以商定还租期限的长短。

在整个合同有效期内，除非另有规定，双方当事人不得单方面无故解约。

4. 租金

租金的构成；租赁费率；租金的数额、支付方式、支付地点；起租日期：支付的货币和租金支付频率；提前或延迟偿还租金以及手续费和保证金等。

(1) 租金由以下几部分构成：①出租方为承租方购买租赁物件和向承租方交货所发生的购置成本（包括物件的价格、运费、保险费）；②租前息，指从出租方支付上述费用的支付日至还租期限起算日止所产生的利息；③双方商定的一致同意计入成本的其他费用。

(2) 租赁费率：由融资成本利率、融资手续费率、风险费率和出租方应得的收益率组成。国际金融市场的浮动利率决定融资成本利率。

在合同中有两种租赁费率，一是签订合同之日确定的暂定租赁费率；一是开立信用证之日确定的固定租赁费率，其在还租期内固定不变。

有时要附上《租金预算表》，《租金预算表》是出租方和承租方为签订本合同，根据预算成本和暂定租赁费率计算的财务预算表，只具有暂时性。承租方在还租期限内实际支付的租金是根据实际成本和还租期限内的固定租赁费率计算，并在《实际应付租金通知书》中作出规定的金额。除计算错误外，不论租赁物件使用与否，承租方均应以该通知书中写明的日期、金额、币种等向出租方支付租金。

(3) 租金的支付方式：主要指还租期限内，租金支付的时间间隔期和具体的租金金额。间隔期可以采用月、季、半年或年；如承租方提前偿还租金，则应至少提前一个月与出租方协商有关提前偿还的事项。如承租方未能按期偿还租金，应缴纳迟付利息，具体办法在租赁合同中应有明确规定。

(4) 手续费和保证金：融资租赁交易，从融通资金、购买租赁物件到租赁期满租赁物件的最终处理的全部过程，出租方会产生一大笔各种手续费，常要求承租方承担一定比例的手续费。手续费的比例通常为购买合同 CIF 价的 1.5%～3%，承租方一定要根据自己资金、外汇等实际情况，在签约前，商定承担的金额和支付的具体时间。

租赁保证金是为了保证承租方严格履行合同义务，承租方应在签约后按《租金预算表》中规定的金额向出租方交付租赁保证金，一般不超过购买租赁物件成本的 20%。如果承租方违反合同，则将从保证金中抵扣承租方应支付给出租方的款项。租赁保证金不计利息，在租赁期满时归还承租方或抵作最后一期租金的全部或一部分。

5. 租赁物件的所有权和使用权

租赁物件的所有权和使用权；租赁物件所有权的转移。

在本合同期限内，出租方拥有租赁物件的所有权，而承租方享有使用权。承租方除非征得出租方的书面同意，不得有转让、转租、抵押租赁物件或将其投资给第三者及其他任何侵犯租赁物件所有权的行为，也不得将租赁物件迁离合同中规定的使用场所或允许他人使用。

为保障承租方对租赁物件的使用权，在合同期限内，如任何第三者由于出租方的原因对租赁物件提出任何权利主张。概由出租方负责，承租方的使用权不得受到影响。

承租方负责保管、维修和保养租赁物件，并承担全部费用；承租方应为出租方在租赁期间内检查租赁物件的完好程度和使用情况提供方便；如果需要，由承租方与供货方或制造厂家签订租赁物件的维修保养合同。租赁物件本身及其设置、保管、使用、维修等发生的一切费用、税款等均由承租方承担。

在上述过程中，因租赁物件本身及其设置、保管、使用等原因致使第三者遭受损害或在租赁期间，因承租方责任事故导致租赁物件受损时，承租方应负赔偿责任。

租赁期满，在承租方向出租方付清全部租金和其他款项，并向出租方支付租赁物件的名义货价后，由出租方向承租方出具租赁物件所有权转移证明书，租赁物件的所有权即转归承租方所有。

6. 租赁物件的质量

租赁物件的质量品质；技术性能。

出租方在有关租赁物件的质量品质、技术性能、适用与否方面对承租方不承担任何责任。购买合同有专门条款规定供货商就合同货物的技术质量等问题直接对承租方负责；合同货物直接交付承租方，由承租方在目的港接收货物并验收。

如出现质量问题，出租方应根据承租方的书面要求和提交的有关证据、证明材料等，依据购买合同及时向供货方索赔或采取其他补救措施。索赔、仲裁等所产生的一切结果均由承租方承担或享有，所需一切费用也由承租方承担。无论采取何种措施、最终结果如何，均不能因此免除承租方按期缴纳租金的义务。

如因出租方原因未能向供货方索赔或索赔失败，其直接损失由出租方承担，但在此种情况下，不能影响租赁合同的继续履行。

7. 租赁物件的灭失及损毁

租赁物件的灭失及损毁的风险承担，出现租赁物件的灭失及损毁时的处理程序。

在本合同期限内，承租方承担租赁物件灭失或损毁的风险。不管发生任何情况，承租方均需按期交付租金。

如租赁物件灭失或损毁，承租方应立即通知出租方，出租方可选择下列方式之一。由承租方负责处理并承担一切费用：

（1）将租赁物件复原或修理至可完全正常使用的状态；

（2）更换与租赁物件同等状态和性能的物件；

（3）租赁物件灭失或损毁至无法修理的程度时，承租方应向出租方支付合同规定的损失赔偿金额，同时，出租方应将租赁物件（以其现状）的所有权，以及包括对任何第三者的权利转让给承租方。

8. 保险

保险范围；保险期限；保险事故。

合同应明确规定租赁物件必须保险以及应投保的险种。一般地，出租方应对租赁物件投保财产险，并使之在还租期限内持续有效，如需要，可加保安装险、对第三者损害事故责任险等。保险费由承租方负担，计入实际成本。

保险期限应从货到目的港之日起至合同期满日止。

如果发生保险事故，承租方应在事故发生后立即通知出租方和保险公司，并提供一切必要的证据和证明文件，以便出租方向保险公司索要保险金。取得的保险金应用于支付下列事项所需费用：

（1）将租赁物件复原或修理至可完全正常使用的状态；

（2）更换与租赁物件同等状态和性能的物件；

（3）租赁物件灭失或损毁至无法修理的程度时，承租方应向出租方支付合同规定的损失赔偿金额及其他应付给出租方的款项。

如果损失不在保险范围之内或保险金不足以弥补全部损失，承租方承担一切经济后果，这是融资租赁的特点。

9. 违约

双方的违约责任和赔偿方法。

租赁合同一经签订，未经对方书面同意，任何一方不得单方面变更或中途终止合同。

因出租方原因，造成租赁合同不能履行、不能完全履行、迟延履行或履行不符合约定条件，出租方应对此负责并赔偿承租方因此而受到的直接损失。

如承租方不按期支付租金或违反本合同的其他条款，出租方有权终止租赁合同；要求承租方即时付清租金和其他利息；或收回租赁物件自行处置，所得款项抵作承租方应付租金及迟延利息，不足部分由承租方赔偿。尽管出租方采取了上述措施，但并不因此免除本合同下承租方的任何责任和义务。

10. 权利的转让和抵押

在本合同期内，出租方有权将本合同赋予其的全部或部分权利转让给第三者，或提供租赁物件作为抵押，承租方不得有任何异议。

但出租方的上述转让不得影响承租方在本合同条件下的任何权利和义务。出租方对其权利的转让和抵押应及时通知承租方。

11. 重大变故的处理

重大变故的定义；发生重大变故后的处理。

承租方如发生关闭、停产、合并、分立、破产等情况，均属重大变故，须立即通知出租方，此种情况下承租方将被视为违约。

承租方和担保人的法定地址、法定代表人等发生变化，不影响本合同的执行，但应立即通知出租方。

12. 担保

提供担保的担保人；担保人的责任。

由承租方委托为本合同承租方的担保人应向出租方出具不可撤销的租金担保函（担保函的格式可以附件形式列在合同中）。承租方负责将本合同的复印件转交担保人。担保人对承租方不能按时交付租金或其他违约行为，应负督促承租方履行合同之责，并代付所欠租金。

13. 争议的解决

争议的解决程序；友好解决方式和仲裁裁决。

租赁合同双方当事人以及合同的担保人应协商争议的解决方式，并在合同中作出明确规定。

合同中一般包括如下内容："有关本合同的一切争议，双方首先应根据本合同规定进行友好协商解决，如协商不能解决时，可采取提交仲裁的方法或向法院提起诉讼"（合同中应写明将要提交仲裁的机构名称，仲裁地点等或提起诉讼的法院名称和地址等）。

14. 合同的更改

合同变更程序，变更后的法律效力。

对本合同进行的任何修改、补充或变更，必须以书面形式经双方或双方的授权代理人签字后，作为本合同的组成部分，对双方均具约束力。

15. 其他

合同适用的语言和合同附件；合同的生效；合同末尾由双方签字。

合同必不可少的附件包括融资租赁委托书、不可撤销的租金担保函、购买合同、《租金预算表》、《实际应付租金通知书》以及承租方提供批准文件和证明材料等。

应说明合同适用的语言，如果合同采用两种以上语言编写，应规定一种主导语言，在发生相互矛盾时，以主导语言为准。

一般地，合同在经双方或双方的授权签字代理人签字后生效，并要规定合同的份数以及出租方和承租方各执有的份数。

【文案范例】

（略）

4.2.7 运输合同

【基本概念】

运输合同是承运人将旅客或货物运到约定地点，旅客、托运人或收货人支付票款或运费的合同。其特征有：运输合同是有偿的、双务的合同；运输合同的客体是指承运人将一定的货物或旅客到约定的地点的运输行为；运输合同大多是格式条款合同。

在国际工程中，承包商或业主有时也采用货运代理的方式，委托货运代理承办运输业务。国际工程中主要是海运和陆地运输。

【内容与格式】

世界各国的运输公司（含海运、公路或铁路陆运）都有固定的运输合同格式，但其运输合同的条款和内容基本一致，主要有：

1. 托运人和收货人的名称或者姓名及住所；
2. 发货站与到货站的详细名称；
3. 货物的名称（运输标的名称）；
4. 货物的性质（是否属易碎、易燃、易爆物品等）；
5. 货物的重量；
6. 货物的数量（如车种、车数、件数等）；
7. 运输形式（零担、速递、联运等）；
8. 收货地点；
9. 违约责任；
10. 费用的承担；
11. 包装要求；
12. 合同纠纷解决方式；
13. 双方约定的其他事项等。

【文案范例】

国际货物运输委托代理合同

甲方：　　　　　　　（委托人）

法定代表人

法定地址

邮编：

经办人：

联系电话：

传真：

银行账户

乙方：　　　　　　　　　　（代理人）

法定代表人：

法定地址：

邮编：

经办人：

联系电话：

传真：

银行账户：

甲乙双方经过友好协商，就乙方代理甲方办理国际货物运输的有关事宜达成以下合同：

1. 甲方委托乙方代为办理订舱、报关、报验、装箱，转运、代垫代付海运运费等相关运输事宜。

2. 甲方委托乙方代为订舱时，甲方应及时送交或者传真给乙方正确、齐备的托运单据。托运单应明确标明甲方订舱单位名称、电话、传真及联系人并加盖公章。托运单内容应注明货物的件数、重量、体积、目的港、装船日期、货物品名、运费条款及特别要求。

3. 甲方委托乙方代理报关、报验时，应提供合法、合格、正确、齐全的报关报验单证。依贸易性质不同可包括：合同、发票，商检证书、许可证、核销文件、报关单、手册、装箱单及有关批文等。

4. 甲方委托乙方代为办理货物的装箱、中转运输时，应在托运单或者相关函电中予以明示。包括代为联系仓储、装卸、转运、短驳、装拆箱等事宜。

5. 为了维护甲方利益，乙方可以为甲方代垫代付海运运费，港口费用及其他代理代办费用。上述款项及运输代理费可采用包干费或者本合同规定的其他方式由甲方支付给乙方，如遇有关费率调整，应相应调整包干费。

6. 甲方在其委托乙方办理的出口代运货物中，不得夹带易燃、易爆物品及国家规定的禁止出口的物品。

7. 乙方在接到甲方的订舱单后，应立即前往船公司办理配载等手续。除甲方能证明乙方在配载上有过错外，乙方不承担任何责任。如果货物未能按如期配载，乙方应及时将有关情况通知甲方。

8. 乙方接到甲方的订舱单后，甲方要求变更订舱单所列事项的，应在货物装船_____天前向乙方出具书面更改单，注明日期并加盖甲方印章。因变更订舱事项所引起的各项费用，由甲方全部承担。

9. 除甲方能证明由于乙方的原因造成退税单、核销单等单据不能按期退交外，乙方不承担任何责任，但乙方应及时以口头或者书面形式告知甲方，并协助甲方尽快收回。

10. 甲方要求货物紧急出运时，应事先在托运单"特别要求声明"中注明或者以其他书面形式通知乙方，并由乙方最后确认航期，否则乙方不承担延误运输责任。

11. 甲方同意于船开后_____天内，将乙方代垫代付的海运运费、港口费用、其他代理代办费用及运输代理费以_____方式付给乙方。

12. 甲方如未按照合同的规定准时付费，每逾期一天，应向乙方支付未付部分万分之五的违约金。在甲方未按照合同约定支付乙方费用时，乙方有权滞留相应的运输单据，由此产生的所有损失和责任由甲方承担。

13. 甲方未及时付费造成承运人依法留置货物的，由甲方自行承担责任。

14. 如货物的灭失或损坏是由于我国《海商法》第五十一条所列明的原因造成的，乙方不承担任何责任。

15. 乙方在代理货物运输的过程中应尽心尽责，对于因乙方的过失而导致甲方遭受的直接损失和发生的费用承担责任，以上损失不包括货物因延迟等原因造成的经济损失。在任何情况下，乙方的赔偿责任都不应超出每件_____元人民币或每公斤_____元人民币的责任限额，两者以较低的限额为准。

16. 本合同项下发生的任何纠纷或者争议，应提交_____海事法院审理。

或者，

本合同项下发生的任何纠纷或者争议，应提交____仲裁委员会，根据该会的仲裁规则进行仲裁。仲裁裁决是终局的，对双方都有约束力。

（注：上述两条款，只能选择一项，请各单位自行决定。）

本合同的订立、效力，解释、履行、争议的解决均适用中华人民共和国法律。

17. 本合同经甲乙双方签字盖章之日起生效，合同有效期为一年。本合同期满之日前，甲乙双方如无异议，则自动延长一年；任何一方均可在期满前提出终止合同，但应以书面方式通知另一方。

18. 经甲乙双方协商一致，可对本合同进行修改和补充、修改及补充的内容经双方签字盖章后作为本合同的组成部分。本合同一式____份。

甲方：　　　　　　　　　乙方：

签字盖章：　　　　　　　签字盖章：

　　　　　　　　　　　　　　年　月　日

国际海上运输合同

合同号：

日期：

订单号：

买方：

卖方：

买卖双方签订本合同并同意按下列条款进行交易：

（1）品名及规格_____

（2）数量_____

（3）单价_____

（4）金额_____

合计_____

允许溢短装____％

（5）包装：

（6）装运口岸：

（7）目的口岸：

（8）装船标记：

（9）装运期限：收到可以转船及分批装运之信用证____天内装出。

（10）付款条件：开给我方100％保兑的不可撤回即期付款之信用证，并须注明可在装运日期后15天内议付有效。

（11）保险：按发票110％保全险及战争险。____由客户自理。

（12）买方须于____年____月____日前开出本批交易信用证，否则，售方有权：不经通知取消本合同，或接受买方对本约未执行的全部或一部分，或对因此遭受的损失提出索赔。

（13）单据：卖方应向议付银行提供已装船清洁提单、发票、中国商品检验局或工厂出具的品质证明、中国商品检验局出具的数量/重量签定书；如果本合同按CIF条件，应再提供可转让的保险单或保险凭证。

（14）凡以CIF条件成交的业务，保额为发票价值的110％，投保险别以本售货合同中所开列的为限，买方如要求增加保额或保险范围，应于装船前经售方同意，因此而增加的保险费由买方负责。

（15）质量、数量索赔：如交货质量不符，买方须于货物到达目的港30日内提出索赔；数量索赔须于货物到达目的港15日内提出。对由于保险公司、船公司和其他转运单位或邮政部门造成的损失卖方不承担责任。

（16）本合同内所述全部或部分商品，如因人力不可抗拒的原因，以致不能履约或延迟交货，售方概不负责。

（17）仲裁：凡因执行本合同或与本合同有关事项所发生的一切争执，应由双方通过友好方式协商解决。如果不能取得协议时，则在中国国际经济贸易仲裁委员会根据该仲裁机构的仲裁程序规则进行仲裁。仲裁决定是终局的，对双方具有同等约束力。仲裁费用除非仲裁机构另有决定外，均由败诉一方负担。仲裁也可在双方同意的第三国进行。

（18）买方在开给售方的信用证上请填注本确认书号码。

（19）其他条款：

卖方：   买方：

签字盖章：   签字盖章：

年   月   日   年   月   日

参 考 文 献

1. 国际咨询工程师联合会，中国工程咨询协会编译. 菲迪克（FIDIC）合同指南. 北京：机械工业出版社，2003 年 6 月.
2. 谢彪主编. 国际工程承包市场开发与项目管理. 北京：电子工业出版社，2011 年 1 月.